American Short Stories

Dans la même collection

Katherine Mansfield :
At the Bay and Other Short Stories.

Joseph Conrad :
Heart of Darkness.

R. L. Stevenson :
*The Strange
Case of Dr Jekyll and Mr Hyde.*

Franz Kafka :
Die Verwandlung.

Gabriel García Márquez :
Los Funerales de la Mamá Grande.

Alan Sillitoe :
Revenge and Other Short Stories.

Alberto Moravia :
Ritratti di donne.

Thomas Mann :
Der Tod in Venedig.

Adolfo Bioy Casares :
La invención de Morel.

Erskine Caldwell :
Selected Short Stories.

XXX :
Novelas Portuguesas Contemporâneas.

Jorge Luis Borges - Adolfo Bioy Casares :
Nuevos Cuentos de Bustos Domecq.

Dino Buzzati :
Bárnabo delle montagne.

LES LANGUES MODERNES / BILINGUE
Série anglaise dirigée par Pierre Nordon

American Short Stories

Nouvelles classiques américaines

Préface, traduction et notes
de Marie-Christine Lemardeley-Cunci
Ancienne élève de l'École Normale Supérieure
Agrégée de l'Université

Enregistrement sur cassette

Le Livre de Poche

La collection « Les Langues Modernes » n'a aucun lien avec l'A.P.L.V. et les ouvrages qu'elle publie le sont sous sa seule responsabilité.

© Librairie Générale Française, 1989, pour la traduction, la préface et les notes.

Sommaire

Préface 9

Mark Twain :
Baker's Bluejay Yarn - *L'histoire du geai bleu de Jim Baker* .. 21

Henry James :
The Real Thing - *De vrais modèles* 41

O. Henry :
An Unfinished Story - *Histoire inachevée* 133

Ambrose Bierce :
One of the Missing - *Celui qui manquait à l'appel* 157

Jack London :
To Build a Fire - *Le pourvoyeur de feu* 199

Tableau des signes phonétiques

1. Voyelles

iː	leaf		ɒ	not
ɪ	sit		ɔː	ball
e	bed		u	book
ə	actor		uː	moon
æ	cat		ʌ	duck
ɑː	car		ɜː	bird

Le signe ː indique qu'une voyelle est **allongée**.

2. Diphtongues

eɪ	day		aʊ	now
aɪ	buy		ɪə	here
ɔɪ	boy		eə	there
əʊ	boat		ʊə	poor

3. Consonnes

- Les consonnes p, b, t, d, k, m, n, l, r, f, v, s, z, h, w conservent en tant que signes phonétiques leur valeur sonore habituelle.
- Autres signes utilisés :

g	game		θ	thin
ʃ	ship		ð	then
tʃ	chain		ʒ	measure
dʒ	Jane		j	yes
ŋ	long			

4. Accentuation

ˈ accent unique ou principal, comme dans **actor** [ˈæktə]

ˌ accent secondaire, comme dans **geography** [dʒɪˌɒgrəfi]

Référence : Daniel JONES, **English Pronouncing Dictionary**, 14ᵉ édition revue par A.C. GIMSON (London, Dent, 1977).

PRÉFACE

Classiques parce que leurs auteurs ont acquis une notoriété indiscutable, ces nouvelles américaines ne sont en rien conventionnelles. Chacune propose un dépaysement complet, soit en nous faisant arpenter les vastes étendues du Grand Nord canadien (*Le pourvoyeur de feu*, de Jack London) soit au contraire en nous faisant observer comme à la loupe les subtilités de la communication et des codes sociaux (*De vrais modèles*, de Henry James). Chacune nous propose de respirer un air différent : si nous suivons les volutes verbales du geai bleu (*L'histoire du geai bleu de Jim Baker*, de Mark Twain), nous choisissons la légèreté de la fable contée sans esprit de sérieux ; si nous empruntons le chemin du soldat Searing (*Celui qui manquait à l'appel*, de Ambrose Bierce), nous serons vite cloués au sol, saisis par la pesanteur mais aussi par le *suspense* qui nous enchaîne au fil du récit. Avec O. Henry enfin (*Histoire inachevée*), nous devons faire preuve de souplesse devant un mode changeant : autant l'histoire de Dulcie est poignante, autant le ton de la narration est désinvolte.

Ce livre peut ainsi se parcourir sans ordre, si ce n'est un agencement propre à chaque lecteur, qui dépendra de son climat intérieur et de la couleur du temps.

L'histoire du geai bleu de Jim Baker, c'est l'anecdote embellie aux dimensions du conte, comme l'indique le mot *yarn*, qui, dans l'argot des matelots, se réfère à la fois au cordage et à une histoire dévidée comme un chapelet ou un écheveau. Une fois devenus pionniers, les marins ont transformé le *yarn* en *tall-tale* : celui-ci a gardé tous les ingrédients de la tradition orale. De même que Poe disait de la nouvelle qu'elle doit se lire d'un trait, le *tall-tale* est fait pour être entendu en une fois autour d'un feu de camp.

Pour convaincre, tous les moyens sont bons et Jim

Baker utilise avec allégresse toutes les ressources de son imagination pour séduire son auditoire. Ainsi, lorsqu'il décrit le geai bleu comme un véritable créateur de métaphores ou un puriste en matière de grammaire, l'anthropomorphisme est poussé à son paroxysme et le conte prend une dimension comique, surtout lorsque Baker prétend que les bagarres de chats nous écorchent les oreilles par leur syntaxe fautive. À mesure que Jim Baker avance dans le récit, les incongruités se multiplient : la langue est marquée par les incorrections d'un parler populaire. Outre la récurrence de *ain't*, on notera l'emploi des doubles négations, ou de participes passés à la place de prétérits. Les interjections et autres jurons qui émaillent le récit lui donnent un ton enlevé : on croirait entendre Davy Crockett lui-même retracer ses exploits réels ou imaginaires. Révélatrices de la condition sociale de cet homme fruste de la frontière, ces altérations par rapport à la norme ne suffisent pas à donner à la langue sa saveur orale et régionale. Celle-ci tient aussi à l'originalité de certaines tournures. Les comparaisons introduites par *like* font référence aux objets familiers de l'homme de l'Ouest (rasoir, cruche glacée, lame de couteau), et au contact avec les animaux (l'opossum, la chouette). Car la frontière est bien cette lisière où l'homme ''cultivé'' est tenu de faire bon ménage avec la sauvagerie inculte (*wilderness*). Du contact entre ces deux mondes naît une langue nouvelle plus souple et plus proche de la langue parlée.

Nul moralisme dans cette fable animalière qui égratigne au passage la bêtise des humains en général, et des hommes politiques en particulier — où l'on retrouve le Mark Twain journaliste et satiriste. De plus, l'innovation majeure de ce romancier à la fois classique et populaire est brillamment illustrée ici : il donne à la langue américaine débarrassée des carcans de la rhétorique une verve jubilatoire.

Si Mark Twain a infléchi définitivement le cours de la littérature américaine, c'est en la détournant de l'influence de la vieille Europe pour lui faire regarder sa propre réalité pittoresque et colorée comme le Yellowstone et le geai bleu.

C'est précisément à la charnière des deux mondes que se trouve Henry James, qui a lui-même choisi de devenir citoyen britannique et situe à Londres *The Real Thing*. Après l'air vif de la Californie, nous pénétrons dans l'atmosphère raréfiée d'un atelier de peintre où se déroule tout le drame. Venu se faire embaucher comme modèles, un couple désargenté, les Monarch, devient le centre d'un débat philosophique subtil, où l'artiste examine la ligne de partage ténue et pourtant visible entre le vrai et le faux, l'authentique et le simulacre.

Car les Monarch ont l'impression, de par leur passé mystérieux, mais qu'on devine oisif et mondain, de représenter ce que l'on fait de mieux, ou de plus authentique (*the real thing*). Ils ne comprennent pas pourquoi le peintre semble leur préférer des modèles sans lustre et qu'ils trouvent vulgaires. Cependant cette nouvelle n'aborde que rarement de front le débat philosophique; son texte ressemble d'abord à une comédie sociale. Grâce à des notations comme l'accent cockney de la jeune modèle, modeste et géniale, il verse dans le réalisme; avec ses attelages incongrus (comme l'Italien parti "avec un associé et une petite charrette verte", cf. note 5, p. 102), James touche au genre cocasse. Certains développements sur les mœurs des Monarch révèlent un sens du portrait, où par de menus détails le narrateur distille une émotion qui confine au pathétique.

Dès le premier paragraphe (p. 44) sont amorcés

d'emblée les grands thèmes de cette longue nouvelle. En précisant qui a ouvert la porte, le peintre narrateur de l'histoire évoque la question de son statut social résumée en une question : avoir ou non des domestiques. En ayant immédiatement l'intuition que ses visiteurs sont des modèles, il pose la distinction qui parcourt la nouvelle entre l'apparence concrète et la vision artistique. Mais c'est aussi la méthode de Henry James qui est ainsi mise en place : à l'argument il préfère l'image, à l'explicite, l'indirect.

Dans *The Real Thing*, H. James emprunte déjà tous les détours d'expression qui vaudront au style de sa phase majeure d'être qualifié d'abstrait, voire de difficile.

Ce qui rend certains passages parfois obscurs à la première lecture, c'est une certaine manière de faire jouer les différents sens d'un même mot. Ainsi pour un verbe en apparence banal : *do*. Il signifie tour à tour *faire* quelque chose (trouver un travail, p. 52), *aller bien* (comme dans l'expression : ''ça va bien'', qu'on emploie familièrement pour se débarrasser de quelqu'un, p. 82), *convenir* (être adapté, p. 112, *They won't do!*), et enfin, dans une sorte d'apothéose de l'ironie, au dernier paragraphe : *faire le ménage* (p. 130). On suivra aussi les dédoublements du sens de *fit* (p. 70) et de *make* (p. 78). Les mots les plus anodins semblent ainsi minés de l'intérieur, les clichés décapés et les métaphores mortes sommées de se réveiller. Le dialogue ne favorise pas la communication, il fait affleurer le malentendu sous-jacent partout.

En opposant l'authentique, c'est-à-dire une conception figée du chic et de la classe, à son contraire, le leurre et la mise en scène, Henry James opère un renversement, en plaçant le faux-semblant au-dessus d'une authenticité devenue enveloppe vide.

Quant au dénouement de la nouvelle, il atteint un sommet de l'humour grinçant. Le malaise s'épaissit pour envahir tout le texte. Le ton volontairement cynique du peintre, qui ne veut épargner aucune humiliation aux Monarch, fantômes émouvants d'une gloire déchue, nous fait un portrait de l'artiste en entomologiste, dont le passe-temps serait d'épingler l'âme humaine comme de beaux papillons morts (des Monarques, bien sûr).

L'humour de O. Henry dans *Histoire inachevée* consiste à encadrer une histoire "réaliste" par des considérations assez nébuleuses, sans lien apparent avec son propos. Dans le New York du début du siècle, les lumières de Broadway attirent les phalènes tandis que les chiens tiennent en laisse leurs humains. Au milieu de cette faune urbaine, Dulcie rencontre un représentant de la race porcine (Piggy), mais ses rêves d'une autre vie ne parviennent pas à la sortir de son meublé sordide. L'univers étriqué de cette victime ordinaire de l'isolement des villes montre ses coutures; le narrateur l'aide à évaluer ses maigres ressources, et de *dimes* en *cents*, le conte devient compte et le conteur comptable.

Dulcie survit grâce à des clichés et des chromos et le beau général qui veille sur elle lui sert à tout : père, amant, censeur et empêcheur de tourner dans les salles de bal où pourrait l'entraîner Piggy.

Sans jamais condamner, le narrateur adopte pourtant une distance ironique; il prend à témoin un lecteur potentiel pour se moquer doucement de cette version kitsch d'un rêve à la guimauve. Comme en passant il nous peint la vie d'une employée de grand magasin new-yorkais, à la lumière sordide d'un éclairage au gaz. L'univers de ses plaisirs se limite aux manèges de Coney Island, sorte de Foire du Trône locale, aux petits déjeuners du dimanche et à la lecture des journaux. Ses rêves de midinette pauvre l'entraîneraient hors de sa chambre si elle savait braver l'auto-censure.

O. Henry ne se contente pas de nous raconter une histoire, il montre l'acte de raconter. Une telle désinvolture vis-à-vis de l'illusion réaliste produit un effet de trompe-l'œil, comme si ce récit spéculaire n'était qu'un piège pour nos regards indiscrets. Avec son peignoir bleu, ses cols de fausse dentelle, et son bric-à-brac lugubre, Dulcie semble la victime innocente de ses fantasmes en polychromie. Quant au lecteur, placé par le narrateur en position de voyeur, il n'a strictement rien à voir, puisque la rencontre n'a pas lieu, si ce n'est dans un résumé succinct (p. 154), qui se termine sur un non-lieu : "et puis..." C'est bien ce que dit le titre : l'histoire est inachevée.

O. Henry semble ainsi se délecter à manipuler les rôles et à faire du lecteur sa chose, *framed*, c'est-à-dire encadrée, coffrée, piégée.

Cette hsitoire sans queue ni tête a un goût de cadavre exquis, et le rêve américain se voit mis à nu par ses célibataires mêmes.

Ambrose Bierce, quant à lui, remonte aux origines du rêve, en nous faisant vivre l'expérience cruelle d'un soldat de la guerre de Sécession. Cette guerre (en anglais *Civil War*, bien meilleure évocation de la déchirure nationale), n'est pas le prétexte à relater des actes de bravoure ni des faits d'armes héroïques. Au contraire la Providence apparaît comme un agencement dépourvu de sens qui mène à un gâchis total.

Plus virulente qu'un pamphlet anti-militariste, l'histoire du soldat Searing qui nous est contée dans *Celui qui manquait à l'appel* dérange par ce qu'elle ne dit pas.

Ambrose Bierce excelle dans les descriptions d'une minutie quasi photographique : nous voyons chaque détail du paysage perçu par le soldat Searing prisonnier de l'amas de décombres qui s'est effondré sur lui. Chaque geste du soldat, chacune de ses tentatives pour s'extirper de ce champ de ruines reçoit un traitement dénué de toute affectivité.

Cette neutralité du ton est modifiée par certains commentaires du narrateur (omniscient, puisqu'il lit les pensées du soldat). L'objectivité se change alors en sarcasme et s'il y a humour c'est de l'humour noir : ainsi lorsqu'il évoque l'"ambition" du soldat qui consisterait à accomplir l'exploit de faire une veuve, un orphelin et une mère éplorée d'un seul coup de fusil (pp. 170-172).

C'est de l'intérieur que nous vivons tout l'épisode : comme Searing nous restons dans le noir, comme lui jusqu'au bout nous espérons une issue heureuse. Car ni l'anneau de métal ni la douleur à la tête ne délivrent de message clair : la sensation ne fera jamais sens.

Finalement, ce que Bierce nomme les Puissances d'en haut transforme les acteurs de ce drame qu'on appelle la vie en simples marionnettes. Il subvertit l'idée de mission providentielle. Si les Fondateurs de la Nation américaine voyaient l'Amérique comme le lieu prédestiné pour la réalisation ici-bas du bonheur de l'humanité, Bierce choisit délibérément de décrire un terrain dévasté, lieu d'affrontements entre deux camps rivaux.

La force du ton neutre et dépouillé de Bierce vient de ce qu'il cerne avec une économie ciselée le noir de l'horreur absolue. Ce trou noir qui regarde le soldat, c'est le trou de non-sens que le récit ne tente pas un instant de combler.

Loin de rassurer le lecteur, Ambrose Bierce le mène au bord du gouffre, mais au lieu de l'y faire plonger comme dans un conte d'Edgar Poe, il en trace la lisière pour laisser exister le néant. Ces vingt-deux minutes d'éternité ont de quoi réveiller nos peurs les plus archaïques. Rien de plus humiliant que la peur de mourir, rien de plus réel que la peur du noir.

To Build a Fire, de Jack London, est proche de la nouvelle de Bierce par sa précision minutieuse et sa facture sobre. Jack London, cependant, élargit l'angle de vision : il ne s'agit plus d'un soldat en un temps et un lieu repérables historiquement, mais d'un homme et d'une bête sans nom cherchant une voie dans le Grand Nord. Si les lieux sont précisément indiqués, l'anecdotique (la fièvre de l'or des années 1870 à 1897) cède la place à l'universel. À mesure que les traces de piste s'effacent l'homme s'approche au plus près du blanc absolu.

La méthode de London est très efficace, par sa simplicité même. Le cadre est clair : il s'agit du Grand Nord où cinq degrés font la différence entre un homme vivant et un homme mort.

L'opposition entre l'homme et l'animal met en valeur la sagesse instinctive de la bête. L'homme, quant à lui, semble muré dans une conscience aiguë de sa supériorité, qui le rend, au sens propre, imbécile. Plus le froid devient intense, moins il s'interroge, et c'est paradoxalement le chien qui manifeste des nuances de sentiments. Comme un leitmotiv le narrateur utilise l'expression *he knew*, par antiphrase pour évoquer tout ce qui n'atteint même pas la conscience de cet homme trop sûr de lui. Jack London évoque l'inertie mentale et morale de l'homme par des récurrences de pensées simples au point de devenir inquiétantes. Rapportées au style indirect libre des phrases comme : "Pour sûr qu'il faisait froid", ou "Il n'était pas plus avancé pour autant" sont autant de sentences de mort, pour cet homme oublieux de sa condition de mortel.

L'homme reste passif face à la réalité et son seul sursaut de révolte l'anime de sentiments cruels vis-à-vis de la bête. Il établit aussi un dialogue intérieur avec l'ancêtre de Sulphur Creek qui l'avait mis en garde, mais sa pensée engourdie n'a pas plus de prise sur la réalité qu'une tautologie. La circularité de son absence de raisonnement le mène fatalement à l'aporie majeure qu'il n'évoque qu'à la fin : sa mort.

Loin d'exalter la virile énergie des chercheurs d'or pris au piège d'un enfer de blancheur, Jack London stigmatise la tentation humaine et dérisoire de se croire le plus fort.

Version moderne de l'*hybris*, ce conte ne mène nulle part si ce n'est au silence effrayant de la page blanche.

Ainsi, que ce soit pour peindre une farce enlevée (Twain), un débat philosophique raffiné (James), la confrontation du rêve à une réalité sordide (O. Henry), ou l'approche de la mort dans des conditions extrêmes (Bierce et London), les écrivains américains ici représentés contribuent chacun à leur manière à remodeler le mythe de la Terre Promise attaché aux premiers matins du Rêve américain. Hommes des marges et des lisières ils exaltent moins un tissu social unifié que la fissure et le hiatus en cartographiant les silences d'une Amérique toujours à écrire.

Marie-Christine Lemardeley-Cunci.

Mark Twain (1835-1910)

Journaliste, aventurier dans les mines de l'Ouest et pilote de navires à aubes, Samuel Longhorne Clemens inscrit dans son nom de plume toute l'aventure du Mississippi : Mark Twain (*deux brasses*), c'est le cri lancé par les mariniers du Mississippi signalant que le fond était suffisant pour les gros bateaux à vapeur.

Né en 1835 à Florida, petit village du Missouri, dans une famille de pionniers, Mark Twain passe son enfance aux confins du Far-West. Élevé dans une atmosphère puritaine à Hannibal, dans le Missouri, il côtoie la violence ordinaire du monde de la frontière.

Dans *Tom Sawyer* (*The Adventures of Tom Sawyer*, 1876) se lit une certaine nostalgie de l'enfance, tandis que *A Connecticut Yankee in King Arthur's Court* (1889) et *Les Naïfs à l'étranger* (*Innocents abroad*, 1869) exploitent une veine satirique qui lui assurera un énorme succès populaire de son vivant.

Mais c'est surtout *Huckleberry Finn* (*The Adventures of Huckleberry Finn*, 1884), dont Hemingway a pu dire qu'il fondait tout le roman américain, qui révèle la verve du conteur. Tous les conflits d'une Amérique prise entre ses rêves édéniques et les principes rigides de la morale du Sud se lisent dans les aventures en radeau d'un petit garçon blanc et de son ami noir.

L'humour de Mark Twain puise aux sources de la tradition orale et sa langue, teintée de dialectes, dépasse le simple réalisme pour donner à l'Amérique la voix qui lui manquait.

BAKER'S BLUEJAY YARN

L'HISTOIRE DU GEAI BLEU
DE JIM BAKER

Animals talk to each other, of course. There can be no question about that; but I suppose there are very few people who can understand them. I never knew but[1] one man who could. I knew he could, however, because he told me so himself. He was a middle-aged, simple-hearted miner who had lived in a lonely corner of California, among the woods and mountains, a good many[2] years, and had studied the ways of his only neighbors, the beasts and the birds, until he believed he could accurately translate any remark which they made. This was Jim Baker. According to Jim Baker, some animals have only a limited education, and use only very simple words, and scarcely ever a comparison or a flowery figure, whereas, certain other animals have a large vocabulary, a fine command[3] of language and a ready and fluent delivery[4]; consequently these latter[5] talk a great deal; they like it; they are conscious of their talent, and they enjoy "showing off[6]." Baker said, that after long and careful observation, he had come to the conclusion that the bluejays were the best talkers he had found among birds and beasts. Said he:

"There's more to[7] a bluejay than any other creature. He has got more moods, and more different kinds of feelings than other creatures; and, mind you, whatever a bluejay feels, he can put into language. And no mere commonplace language, either, but rattling, out-and-out[8] book-talk —and bristling with metaphor, too— just bristling!

---

1. **but**: *sauf, excepté*. **No one but me could do it**: *je suis le seul à pouvoir le faire*. **Anything but that**: *tout mais pas ça*.

2. **a good many**: *bon nombre (de)*; **a good deal (of)**: *beaucoup (de)*.

3. **command**: *maîtrise, possession*; **he has a command of three foreign languages**: *il maîtrise trois langues étrangères*.

4. **delivery**: 1) (ici) *débit, élocution* 2) *livraison*; **take delivery of**: *prendre livraison de* 3) *accouchement*.

5. **latter** (nom): *dernier, deuxième*. **Of these two books the former is expensive but the latter is not**: *le premier de ces deux livres est cher mais le second ne l'est pas*.

6. **show (showed, shown** ou **showed) off**: *poser, faire l'intéressant*.

Les animaux parlent entre eux, bien sûr. Il n'y a aucun doute là-dessus. Mais il existe probablement peu de gens qui savent les comprendre. Je n'ai connu qu'un seul homme qui sache. Et encore, c'est de lui-même que je tenais cette information. C'était un mineur de fond d'un certain âge, au cœur simple, installé depuis bon nombre d'années dans un coin perdu de Californie, au milieu des forêts et des montagnes. Il avait étudié les mœurs de ses seuls voisins, les bêtes et les oiseaux, au point de se sentir capable de traduire avec précision toutes leurs remarques. Il s'appelait Jim Baker. D'après Jim Baker, certains animaux ont une culture limitée : ils n'utilisent que des mots très simples, et rarement une comparaison ou une figure imagée, tandis que d'autres ont un vocabulaire étendu, une très bonne maîtrise de la langue, ainsi qu'une élocution alerte et aisée ; ces derniers, par conséquent, parlent abondamment. Ils aiment cela. Ils ont conscience de leur talent et aiment à en faire étalage. Après les avoir observés longtemps et avec minutie, Baker en avait déduit que les geais bleus étaient de toutes les bêtes et de tous les oiseaux ceux qui parlaient le mieux. Voici son histoire.

« Un geai bleu ce n'est pas un animal comme les autres. Il a plus d'états d'âme et des sentiments plus variés que les autres animaux, et, figurez-vous qu'un geai bleu sait traduire le moindre de ses sentiments en mots. Et pas non plus en mots ordinaires : il vous débite de vrais romans, débordant de métaphores, oui, un vrai débordement !

---

7. **to** : *en ce qui concerne.* **That's all there's it to it** : *c'est aussi simple que ça.* **There's more to it than meets the eye** : *c'est moins simple que cela n'en a l'air.*

8. **out-and-out** : *consommé, achevé ;* **an out-and-out liar** : *un fieffé menteur.*

And as for command of language —why[1] *you* never see a bluejay get stuck[2] for a word. No man ever did. They just boil out of him! And another thing: I've noticed a good deal, and there's no bird, or cow, or anything that uses as good grammar as a bluejay. You may say a cat uses good grammar. Well, a cat does —but you let a cat get excited once; you let a cat get to pulling fur with another cat on a shed, nights, and you'll hear grammar that will give you the lockjaw[3]. Ignorant people think it's the *noise* which fighting cats make that is so aggravating[4], but it ain't so[5]; it's the sickening grammar they use. Now I've never heard a jay use bad grammar but very seldom; and when they do, they are as ashamed as a human; they shut right down and leave.

"You may call a jay a bird. Well, so he is, in a measure — because he's got feathers on him, and don't belong to no church[6], perhaps; but otherwise he is just as much a human as you be[7]. And I'll tell you for why. A jay's gifts, and instincts, and feelings, and interests, cover the whole ground. A jay hasn't got any more principle than a Congressman. A jay will lie, a jay will steal, a jay will[8] deceive, a jay will betray; and four times out of five, a jay will go back on his solemnest promise. The sacredness of an obligation is a thing which you can't cram into no bluejay's head. Now, on top of all this, there's another thing; a jay can outswear[9] any gentleman in the mines.

---

1. **why** (interjection): **Why, it's you!** *Tiens, c'est vous!* **Why, I never said that**: *Voyons, je n'ai jamais dit cela.*

2. **be stuck (stick)**: *être coincé, bloqué.* **Get stuck in the mud**: *s'enliser dans la boue.*

3. **lockjaw**: *tétanos* (exemple d'exagération typique du **tall-tale**, *la galéjade*, récit fleuri des hommes de l'Ouest américain).

4. **aggravating** (faux ami): *exaspérant, agaçant.*

5. **it ain't so** = it isn't so.

6. **don't belong to no church**: double négation fréquente dans une langue qui imite le parler populaire.

7. **as you be** = as you are.

Quant à la maîtrise de la langue, ah mais c'est qu'on n'a jamais vu un geai bleu chercher ses mots. Personne n'a jamais vu ça. C'est comme si les mots jaillissaient hors de lui ! Autre chose encore : croyez-en mon expérience, il n'y a pas un oiseau, une vache ou un autre animal qui s'exprime aussi bien grammaticalement que le geai bleu. Vous me direz peut-être qu'un chat a une bonne grammaire. Bon, c'est vrai, mais laissez un chat s'énerver pour voir ; écoutez un chat se crêper le poil avec un autre chat sur les toits la nuit, et là vous entendrez de la grammaire à vous clouer sur place. Les ignares croient être énervés par le bruit des chats qui se bagarrent. Mais pas du tout : c'est cette grammaire atroce qui énerve. Je n'ai jamais entendu un geai faire des fautes de grammaire, ou alors très rarement ; et quand cela lui arrive, il est aussi penaud qu'un humain. Il la boucle aussitôt et s'en va.

« Vous me direz peut-être : un geai c'est un oiseau. Oui, c'en est un jusqu'à un certain point — parce qu'il a des plumes et qu'il ne va pas à la messe, soit. À part cela, il est aussi humain que vous et moi. Et je m'en vais vous dire pourquoi. Un geai a des dons, un instinct, des sentiments et des intérêts sans limites. Un geai n'a pas plus de principes qu'un homme politique. Un geai ça ment, ça vole, ça trompe, ça trahit ; et neuf fois sur dix un geai reviendra sur sa promesse la plus solennelle. Impossible de faire entrer dans le crâne d'un geai qu'un engagement c'est sacré. Et pour couronner le tout, il y a autre chose : un geai ça jure mieux que n'importe quel mineur de fond.

---

8. **will** : auxiliaire modal, grâce auquel l'énonciateur souligne une propriété inhérente au sujet de l'énoncé ; **iron will rust** : *le fer ça rouille*. Pas d'idée de futur.

9. **outswear (swear, swore, sworn)** : 1) (ici) *jurer, lâcher un juron* 2) *prêter serment ;* le préfixe **out—** indique le dépassement d'une limite : **outfox, outsmart** : *se montrer plus malin (-igne) que ;* **outdistance** : *distancer,* **outlast** : *survivre.*

You think a cat can swear. Well, a cat can; but you give a bluejay a subject that calls for[1] his reserve-powers, and where is your cat? Don't talk to *me* —I know too much about this thing. And there's yet another thing; in the one little particular of scolding[2] —just good, clean, out-and-out scolding— a bluejay can lay over anything, human or divine. Yes, sir, a jay is everything that a man is. A jay can cry, a jay can laugh, a jay can feel shame, a jay can reason and plan and discuss, a jay likes gossip and scandal, a jay has got a sense of humour, a jay knows when he is an ass just as well as you do —maybe better. If a jay ain't human, he better[3] take in his sign, that's all. Now I'm going to tell you a perfectly true fact about some bluejays.

"When I first begun[4] to understand jay language correctly, there was a little incident happened here. Seven years ago, the last man in this region but me moved away. There stands his house, —been empty ever since; a log house, with a plank roof —just one big room and no more; no ceiling— nothing between the rafters and the floor. Well, one Sunday morning I was sitting out in front of my cabin, with my cat, taking the sun, and looking at the blue hills, and listening to the leaves rustling[5] so lonely in the trees, and thinking of the home away yonder[6] in the states, that I hadn't heard from in thirteen years, when a bluejay lit[7] on that house, with an acorn in his mouth, and says, 'Hello, I reckon[8] I've struck[9] something.'

---

1. **call for**: *exiger, nécessiter.* **The situation calls for a new approach**: *il est nécessaire d'envisager la situation autrement.*

2. **scolding**: *réprimande*; **give somebody a scolding**: *gronder ou réprimander quelqu'un.*

3. **he better** = **he had better** (souvent **he'd better**): *il vaut mieux qu'il* ou *autant vaut qu'il.*

4. **begun** = **began** (prétérit de **begin**).

5. **rustling**: *bruissement, froissement, frou-frou.*

6. **yonder**: *là-bas*; **up yonder**: *là-haut*; **over yonder**: *là-bas.*

7. **lit (light, lighted** ou **lit) upon something**: *trouver quelque chose par hasard, tomber sur.*

Vous estimez qu'un chat sait jurer! C'est vrai, mais donnez donc à un geai l'occasion de puiser dans ses réserves, et votre chat sera enfoncé. Pas la peine de m'en conter, je sais tout cela par cœur. Et c'est pas fini : pour ce qui est d'enguirlander les autres, une franche engueulade bien sentie, le geai bleu ne connaît pas son pareil, homme ou dieu. Et oui, pardi, un geai, c'est comme un homme et pas moins. Un geai ça pleure, ça rit, ça ressent la honte, un geai ça raisonne, ça fait des projets, ça ergote, un geai ça aime les potins et les ragots ; un geai a le sens de l'humour, il sait aussi bien que vous quand il fait l'imbécile et peut-être même mieux. Si un geai n'est pas humain, il n'a plus qu'à fermer boutique, voilà tout. Et maintenant je vais vous conter une histoire véridique de geais bleus.

« À l'époque où je commençais à me débrouiller en langage geai bleu, il s'est produit ici-même un petit incident. Il y a sept ans, le dernier habitant de la région a déménagé. Sa maison est toujours là : elle est restée vide depuis tout ce temps-là. C'est une cabane de rondins avec un toit en planches : une seule grande pièce et rien de plus. Pas de plafond et rien entre les chevrons et le plancher. Par un beau dimanche matin, j'étais assis devant ma cabane avec mon chat. Je prenais le soleil en regardant les collines bleues. J'écoutais le bruissement solitaire des feuilles dans les arbres et je pensais à chez moi là-bas au pays, dont je n'avais aucune nouvelle depuis treize ans, lorsqu'un geai bleu se posa sur cette maison, un gland dans le bec, et dit : ''Tiens, on dirait que je suis tombé sur quelque chose.''

---

8. **reckon :** 1) (ici) *penser, croire, estimer, juger* 2) *compter, calculer.*
9. **struck (strike, struck, struck) :** 1) (ici) *découvrir, trouver* ; **strike oil :** *trouver du pétrole* ou au figuré : *trouver le filon* ; **strike it rich :** *faire fortune* 2) *frapper, donner des coups* 3) *frapper* ; **the news struck him :** *la nouvelle l'a frappé.*

When he spoke, the acorn dropped out of his mouth and rolled down the roof, of course, but he didn't care; his mind was all on the thing he had struck. It was a knot[1]-hole in the roof. He cocked[2] his head to one side, shut one eye and put the other one to the hole, like a 'possum[3] looking down a jug; then he glanced[4] up with his bright eyes, gave a wink or two with his wings —which signifies gratifications, you understand,— and says, 'It looks like a hole, it's located like a hole, —blamed if I don't believe it *is* a hole!'

"Then he cocked his head down and took another look; he glances up perfectly joyful, this time; winks his wings and his tail both, and says, 'Oh, no, this ain't no fat thing, I reckon! If I ain't in luck! —why it's a perfectly elegant hole!' So he flew down and got that acorn, and fetched it up and dropped it in, and was just tilting[5] his head back, with the heavenliest[6] smile on his face, when all of a sudden he was paralyzed into a listening attitude and that smile faded[7] gradually out of his countenance like breath off'n[8] a razor, and the queerest[9] look of surprise took its place. Then he says, 'Why, I didn't hear it fall!' He cocked his eye at the hole again, and took a long look; raised up and shook his head; stepped around to the other side of the hole and took another look from that side; shook[10] his head again. He studied a while, then he just went into the *details* —walked round and round the hole and spied[11] into it from every point of the compass[12].

---

1. **knot**: [nɒt] *nœud (ici, du bois)*.

2. **cock one's head**: *tourner la tête;* **cock one's ears**: *dresser les oreilles;* **cock one's eye at**: *glisser un coup d'œil*.

3. **'possum = opossum** (de l'algonquin: *oposon*) espèce de sarigue à beau pelage, noir, blanc et gris.

4. **glance (at)**: *jeter un coup d'œil, lancer un regard*.

5. **tilting**: **tilt**: *pencher, incliner*.

6. **heavenliest**: superlatif de **heavenly** (comme **queerest** plus loin, intensifie la valeur de l'adjectif): *céleste, divin, merveilleux*.

7. **fade**: 1) (ici) *baisser, diminuer* 2) *se faner, se flétrir* 3) *passer, se décolorer*: **guaranteed no to fade**: *garanti bon teint*.

En parlant il lâcha le gland qui, bien entendu, dévala la pente du toit, mais il n'en avait cure ; tout ce qui l'intéressait c'était de voir sur quoi il était tombé. C'était un trou du bois dans le toit. Il pencha la tête d'un côté, ferma un œil et colla l'autre contre le trou, comme un opossum qui regarde le fond d'un pichet. Puis il leva ses yeux brillants, battit une ou deux fois des ailes (en signe de satisfaction, vous comprenez) et dit : "Cela ressemble à un trou, c'est placé comme un trou, par ma foi cela doit bien être un trou !"

« Puis il penche de nouveau la tête vers le bas pour jeter un autre coup d'œil. Il relève les yeux très gaiement cette fois, bat des ailes et de la queue et dit : "Ah, ça c'est pas mal. Vous parlez d'un coup de veine : mais c'est un trou tout ce qu'il y a de plus chic !" Sur ce il s'envola pour récupérer le gland, qu'il rapporta et lâcha dans le trou. Il venait juste de relever la tête avec un sourire ravi, quand tout à coup il se figea, l'air attentif ; ce sourire béat s'effaça petit à petit comme la buée quitte une lame de rasoir, pour être remplacé par l'air de surprise le plus singulier du monde. Il dit alors : "Mais je ne l'ai pas entendu tomber !" Il recolla son œil contre le trou et regarda longuement. Il releva la tête, la secoua, fit quelques pas vers l'autre côté du trou, et regarda de nouveau par ce côté-là. Il secoua encore la tête. Au bout de quelques minutes de réflexion, il examina tous les détails : il tourna autour du trou plusieurs fois en l'observant depuis les quatre points cardinaux.

---

8. **off'n** = **off of a.**
9. **queer** : *étrange, bizarre.*
10. **shook (shake, shook, shaken)** : *secouer, agiter, faire trembler.*
11. **spied** : **spy (on)**, *espionner, épier.*
12. **compass** : (faux ami) *boussole.*

No use. Now he took a thinking attitude on the comb[1] of the roof and scratched the back of his head with his right foot a minute, and finally says, 'Well, it's too many for *me*, that's certain; must be a mighty[2] long hole; however, I ain't got no time to fool around[3] here, I got to[4] 'tend to business[5]; I reckon it's all right— chance it[6], anyway.'

"So he flew off and fetched another acorn and dropped it in, and tried to flirt his eye to the hole quick enough to see what become[7] of it, but he was too late. He held his eye there as much as a minute; then he raised up and sighed, and says, 'Confound it[8], I don't seem to understand this thing, no way; however, I'll tackle[9] her[10] again.' He fetched another acorn, and done[11] his level best[12] to see what become[13] of it, but he couldn't. He says, 'Well, *I* never struck no such a hole as this before; I'm of the opinion it's a totally new kind of a hole.' Then he begun to get mad. He held in[14] for a spell, walking up and down the comb of the roof and shaking his head and muttering to himself; but his feelings got the upper hand of him[15], presently[16], and he broke loose and cussed himself black in the face. I never see a bird take on so about a little thing. When he got through he walks to the hole and looks in again for half a minute; then he says, 'Well, you're a long hole, and a deep hole, and a mighty singular hole altogether —but I've started in to fill you, and I'm d— d if I *don't* fill you, if it takes a hundred years!'

---

1. **comb**: 1) (ici) *crête* (comme la crête d'un coq) 2) *peigne*.
2. **mighty**: (fam.) *rudement, sacrément, bougrement*.
3. **fool around**: ou **fool about**, *perdre son temps*.
4. **I got to** = **I've got to**: *il faut que je...*
5. **tend to business** = **business to attend to**: *des affaires à traiter*.
6. **chance it** = **I'll chance it**: *je cours le risque*.
7. **become** = **was becoming**: *ce qu'il devenait*.
8. **confound it!**: (fam.) *la barbe!*; **confound him!** *qu'il aille au diable!*
9. **tackle**: *aborder, s'attaquer à*.
10. **her** = **it**.

Rien à faire. Puis, perché sur l'arête du toit, il prit un air pensif, se gratta un instant l'arrière de la tête avec la patte droite, et finit par dire : "Bon, pour sûr, ça me dépasse ; ça doit être un trou sacrément profond. Mais je n'ai pas de temps à perdre par ici, j'ai à faire. Disons qu'il n'y a pas de problème. En tout cas je prends le risque."

« Alors il s'envola chercher un autre gland qu'il laissa tomber dans le trou, et essaya de coller son œil sur l'ouverture assez vite pour voir ce qu'il devenait. Il arriva trop tard. Il laissa son œil en place pendant une bonne minute, puis il releva la tête et dit avec un soupir : "Nom de nom, on dirait que quelque chose m'échappe. Mais je n'ai pas dit mon dernier mot." Il alla chercher un autre gland et fit tout ce qu'il put pour voir où il passait, mais en vain. "Par ma foi, dit-il, jamais je ne suis tombé sur un trou de ce genre, et à mon avis il s'agit d'un genre tout à fait nouveau." Puis il commença à se mettre en colère. Il put se contenir pendant un court instant, arpentant le faîte du toit en marmonnant. Mais ses émotions prirent bientôt le dessus : il se mit dans une colère noire et lâcha une bordée de jurons. J'avais jamais vu un oiseau se mettre dans un état pareil pour si peu. Quand il a eu fini, il est allé vers le trou et a regardé dedans trente secondes avant de dire : "T'as beau être un grand trou, un trou profond, et l'un dans l'autre, un drôle de fichu trou, puisque j'ai commencé à te remplir, je te remplirai coûte que coûte, dussé-je y passer cent ans !"

---

11. **done** = **did**.
12. **done his level best** = **did his level best** : *faire tout son possible, faire de son mieux.*
13. **become** = **was becoming**.
14. **held (hold, held, held) in** : *retenir, se contenir.*
15. **get the upper hand of somebody** : *prendre l'avantage, le dessus sur quelqu'un.*
16. **presently** (faux ami) : *bientôt, au bout d'un certain temps.*

"And with that, away he went. You never see a bird work so since you was born[1]. He laid into[2] his work like a nigger, and the way he hove acorns into that hole for about two hours and a half was one of the most exciting and astonishing spectacles I ever struck. He never stopped to take a look any more —he just hove 'em[3] in and went for more. Well, at last he could hardly[4] flop his wings, he was so tuckered out[5]. He comes a-drooping down, once more, sweating like an ice-pitcher, drops his acorn in and says, 'Now I guess I've got the bulge on[6] you by this time!' So he bent down for a look. If you'll believe me, when his head come up again he was just pale with rage. He says, 'I've shoveled acorns enough in there to keep[7] the family thirty years, and if I can see a sign of one of 'em I wish I may land in a museum with a belly full of sawdust in two minutes!'

"He just had strength enough to crawl[8] up on to the comb and lean his back agin the chimbly[9], and then he collected his impressions and begun to free his mind. I see in a second that what I had mistook[10] for profanity in the mines was only just the rudiments, as you may say.

"Another jay was going by, and heard him doing his devotions, and stops to inquire what was up[11]. The sufferer told him the whole circumstance, and says, 'Now yonder's the hole, and if you don't believe me, go and look for yourself.' So this fellow went and looked, and comes back and says, 'How many did you say you put in there?'

---

1. **you never see... since you was born** = you have never seen... since you were born.

2. **he laid (lay, laid, laid) into**: (fam.) *foncer sur, tomber sur*.

3. **hove 'em in** = hove (heaved, heaved et hove) them in: *lever, soulever avec effort;* **heave-ho!**: *oh-hisse!*

4. **hardly**: *à peine, ne... guère*.

5. **tuckered out**: (fam.) *vanné, éreinté*.

6. **have, get the bulge on someone**: (fam.) *remporter l'avantage sur quelqu'un*.

7. **keep (kept, kept) the family**: *entretenir, faire vivre la famille*.

« À ces mots, il s'en fut. De votre vie, vous n'avez jamais vu un oiseau trimer autant. Il s'est attelé à la tâche comme un forcené et l'un des spectacles les plus étonnants et les plus passionnants auxquels j'aie jamais assisté fut de le voir lancer des glands à l'intérieur du trou pendant deux heures et demie. Il ne s'arrêtait plus jamais pour regarder : il ne faisait que lancer des glands et repartir en chercher d'autres. Tant et si bien qu'il ne pouvait plus battre une aile, tellement il était flapi. Encore une fois, il s'est traîné vers le trou, suant comme une cruche glacée, il a lâché son gland et a dit : ''Voilà maintenant j'en ai peut-être fini avec toi.'' Alors il s'est penché pour regarder. Croyez-moi si vous voulez, quand il a relevé la tête, il était blême de rage et il a dit : «J'ai balancé là-dedans assez de glands pour nourrir une famille pendant trente ans, et je veux bien être mis tout de suite dans un musée, le ventre plein de sciure, si j'en vois la queue d'un !''

« Il lui restait tout juste assez de force pour se hisser jusqu'au faîte, et s'adosser à la cheminée. Puis il rassembla ses idées et commença à vider son sac. En une seconde, je vis bien que ce que j'avais pris pour du blasphème chez les mineurs, c'était de la roupie de sansonnet, si l'on peut dire.

« Un autre geai qui passait par là l'entendit proférer ses patenôtres et s'arrêta pour demander ce qui se passait. Le malheureux lui fit le récit détaillé de son infortune et dit : ''Le trou est là-bas et si tu ne me crois pas, vas-y voir par toi-même.'' Son camarade y alla, regarda, revint et dit : ''Combien as-tu dit que tu avais mis de glands là-dedans ?''

---

8. **crawl** : *se traîner, ramper.*
9. **chimbly** = chimney.
10. **mistook** = **mistaken, mistake (mistook, mistaken) A for B** : *confondre A avec B.* **If I am not mistaken** : *sauf erreur, si je ne me trompe.*
11. **what was up : what is up ?** *quoi de neuf ? qu'est-ce qui se passe ?*

'Not any less than two tons,' says the sufferer. The other jay went and looked again. He couldn't seem to make it out[1], so he raised a yell[2], and three more jays come. They all examined the hole, they all made the sufferer tell it over again, then they all discussed it, and got off as many leather-headed opinions about it as an average crowd of humans could have done.

"They called in more jays; then more and more, till pretty[3] soon this whole region 'peared[4] to have a blue flush[5] about it. There must have been five thousand of them; and such another jawing[6] and disputing[7] and ripping and cussing, you never heard. Every jay in the whole lot put his eye to the hole and delivered a more chuckle-headed[8] opinion about the mystery than the jay that went there before him. They examined the house all over, too. The door was standing half open and at last one old jay happened to go and light on it and look in. Of course, that knocked the mystery galleywest[9] in a second. There lay[10] the acorns, scattered all over the floor. He flopped his wings and raised a whoop[11]. 'Come here!' he says, 'Come here, everybody; hang'd if this fool hasn't been trying to fill up a house with acorns!' They all came a-swooping down like a blue cloud, and as each fellow lit on the door and took a glance, the whole absurdity of the contract that that first jay had tackled hit him home[12] and he fell over backwards suffocating with laughter, and the next jay took his place and done the same.

---

1. **make (made, made) out**: *comprendre, discerner.* **I can't make it out at all**: *je n'y comprends rien du tout.*

2. **yell**: *hurlement, cri;* **a yell of fright**: *un cri d'effroi.*

3. **pretty** [prɪtɪ]: *assez, passablement;* **I am pretty well**: *cela ne va pas trop mal.*

4. **'peard** = appeared.

5. **flush**: 1) (ici) *éclat* 2) *lueur rouge, rougeoiement.*

6. **(to) jaw**: (fam.) « *laïusser* », *sermonner* (**jaw**: *mâchoire*).

7. **(to) dispute**: 1) *discuter, débattre* 2) *attaquer, contester.*

8. **chuckle-headed**: (fam.) *lourd, benêt, sans cervelle.*

"Deux tonnes au bas mot", répondit le pauvre hère. L'autre geai repartit voir. Il semblait ne pas comprendre, aussi poussa-t-il un cri et voilà que trois autres geais rappliquent. Ils examinent aussi le trou ; ils demandent au malheureux de répéter son histoire, puis ils tiennent conseil et sortent autant d'âneries qu'un échantillon moyen d'hommes interrogés sur le sujet.

Ils appellent d'autres geais, puis d'autres et encore d'autres, si bien qu'à force toute la région avait l'air nappée de bleu. Il devait y en avoir cinq mille. On n'avait jamais entendu autant laïusser, palabrer, tempêter, ou jurer. Tous les geais les uns après les autres mirent un œil sur le trou et chacun donna du mystère une interprétation plus idiote que celle du précédent. Ils examinèrent la maison de haut en bas, aussi. La porte étant restée entrouverte, un vieux geai finit par se poser dessus. Il regarda à l'intérieur. Naturellement en un clin d'œil le mystère en fut tout chamboulé. Les glands étaient là, éparpillés sur toute la surface du plancher. Il battit des ailes et lança un cri de triomphe. "Venez, dit-il. Venez tous. Nom d'un p'tit bonhomme, ce fou a essayé de remplir de glands toute une maison !" Ils arrivèrent tous en piqué comme un nuage bleu, et chaque geai qui se posait sur la porte et jetait un coup d'œil était saisi par l'absurdité de la tâche à laquelle s'était attaqué ce premier geai : il en était convulsé de rire, et le geai suivant prenait sa place pour faire la même chose.

---

9. **galley west : knock something galley west** (argot américain) : *chambarder, mettre la pagaille dans quelque chose.*

10. **lay (lie, lay, lain) :** intransitif, 1) (ici) *se trouver, être* 2) *être allongé, étendu.*

11. **whoop :** (ici) *cri* (de joie, de triomphe) 2) *toux aspirante ;* **whooping cough'** ['huːpɪŋkɒf] : *coqueluche.*

12. **home :** *à fond ;* **drive a nail home :** *enfoncer un clou à fond ;* **hit (hit, hit) home :** *porter* (se dit pour un coup), *piquer au vif* (pour une allusion).

"Well, sir, they roosted[1] aroung here on the house-top and the trees for an hour, and guffawed[2] over that thing like human beings. It ain't any use to tell me[3] a bluejay hasn't got a sense of humour, because I know better[4]. And memory, too. They brought jays here from all over the United States to look down that hole, every summer for three years. Other birds, too. And they could all see the point, except an owl that come from Nova Scotia[5] to visit the Yo Semite[6], and he[7] took this thing in on his way back. He said he couldn't see anything funny in it. But then he was a good deal disappointed about Yo Semite, too."

---

1. **roost**: *se percher, se jucher.*
2. **guffaw**: [gʌˈfɔː] *partir d'un gros rire, rire bruyamment.*
3. **it ain't no use to tell me** = it is no use telling me, it is no use + ing: *inutile de...*
4. **I know better**: *je ne suis pas dupe;* **I know better than to give advice**: *je me garde bien de donner des conseils;* **you should know better at your age**: *à ton âge tu devrais avoir plus de bon sens.*

« Eh bien, ils sont restés perchés là au sommet de la maison et dans les arbres pendant une heure, à s'esclaffer comme des êtres humains. Pas la peine de me raconter que les geais bleus n'ont pas le sens de l'humour, vous ne me la ferez pas à moi. Ou qu'ils n'ont pas de mémoire. Tous les étés, pendant trois ans, ils ont amené des geais de tous les coins des États-Unis, pour regarder par le trou. Et même d'autres oiseaux. Ils voyaient tous bien ce qu'il y avait de drôle, sauf une chouette venue de Nouvelle-Écosse pour visiter Yosemite, et qui a fait la visite sur son trajet de retour. Elle a dit qu'elle ne voyait rien d'amusant là-dedans. Mais d'un autre côté, elle avait été très déçue par Yosemite, alors... »

---

5. **Nova Scotia** [nəʊvə'skəʊʃə] *la Nouvelle-Écosse,* province du sud-est du Canada.

6. **Yo Semite** [jəʊ'semɪtɪ] : vallée glaciaire au centre-est de la Californie, connue pour la beauté de ses points de vue et ses chutes d'eau spectaculaires. Le **Yosemite National Park** a été fondé en 1890.

7. **he** : le genre des animaux n'est pas le même en anglais.

Henry James (1843-1916)

Né à New York en 1843, issu d'une famille presbytérienne, Henry James côtoie l'élite intellectuelle de Nouvelle-Angleterre. Empêché de participer à la guerre de Sécession par une "obscure blessure", il choisit l'Angleterre comme patrie d'adoption, s'y installe dès 1876 et y mourra citoyen britannique en 1916.

Son œuvre, qui comprend une vingtaine de romans, plus d'une centaine de nouvelles, des récits de voyage, des textes de critique littéraire et des récits autobiographiques, traite des relations difficiles entre les Américains du Nouveau-Monde et la culture de la vieille Europe (le "thème international").

À travers le regard de chacun des personnages, la technique du "point de vue" analyse les relations humaines et les intermittences du cœur avec subtilité et finesse. *Portrait de femme* (*Portrait of a Lady*, 1881) est le premier de ses grands romans.

Ses œuvres les plus célèbres sont celles de la maturité, dont l'écriture privilégie l'équivoque et le non-dit. *Le Tour d'écrou* (*The Turn of the Screw*, 1898) est un classique de la littérature fantastique. *Les Ailes de la colombe* (*The Wings of the Dove*, 1902), *Les Ambassadeurs* (*The Ambassadors*, 1903) et *La Coupe d'or* (*The Golden Bowl*, 1904), ainsi que la nouvelle "La Bête dans la jungle" ("The Beast in the Jungle", 1903), explorent les nuances tragiques de l'aventure intime.

THE REAL THING

DE VRAIS MODÈLES

I

When the porter's wife, who used to[1] answer the house-bell, announced "A gentleman and a lady, sir," I had, as I often had in those days —the wish being father to the thought— an immediate vision of sitters[2]. Sitters my visitors in this case proved[3] to be; but not in the sense I should have preferred. There was nothing at first however to indicate that they mightn't have come for a portrait. The gentleman, a man of fifty years, very high and very straight, with a moustache slightly grizzled and a dark grey walking-coat admirably fitted, both of which I noted professionally —I don't mean as a barber or yet as a tailor— would have struck[4] me as a celebrity if celebrities often were striking[4]. It was a truth of which I had for some time been conscious that a figure[5] with a good deal of frontage[6] was, as one might say, almost never a public institution. A glance at the lady helped to remind me of this paradoxical law: she also looked too distinguished to be a "personality". Moreover one would scarcely[7] come across[8] two variations together.

Neither of the pair immediately spoke —they only prolonged the preliminary gaze suggesting that each wished to give the other a chance.

---

1. **used to** : implique que ce n'est plus vrai au moment où le narrateur entame son récit, ce qui s'éclairera par la suite.

2. **sitter** : *modèle ;* **sit (sat, sat) for a painter** : *poser pour un peintre.*

3. **prove** : *se montrer, se révéler, s'avérer ;* **it proved very useful** : *cela s'est avéré très utile.*

4. **struck/striking** (du verbe **strike, struck, struck**) : *frapper ;* James affectionne ce genre de jeu sur les mots, qui repose sur la reprise du même terme employé dans un sens légèrement différent la deuxième fois (**striking** a le sens de *saisissant, impressionnant*).

5. **figure** : (faux ami) *silhouette.*

6. **frontage** : *devanture, façade.* Comparaison implicite entre une personne et une bâtisse.

I

Lorsque la femme du concierge, qui ouvrait d'habitude la porte, annonça : « Un monsieur et une dame, Monsieur », je vis instantanément surgir des modèles, ainsi qu'il m'arrivait alors souvent d'en imaginer, la pensée étant fille du désir. Et, de fait, mes visiteurs du jour s'avérèrent être des modèles, mais pas dans le sens qui m'eût le mieux convenu. Rien cependant n'indiquait à première vue qu'ils n'étaient pas venus pour un portrait. L'homme, un quinquagénaire de très haute taille et au maintien très droit, la moustache légèrement grisonnante et vêtu d'une redingote admirablement ajustée (deux détails que j'enregistrai par habitude du métier, bien que je ne sois ni barbier ni tailleur), m'aurait frappé comme étant une célébrité si les célébrités avaient eu quelque chose de frappant ; or j'avais depuis un certain temps découvert que les personnages présentant la meilleure « façade » étaient rarement ceux qui étaient pour ainsi dire les mieux établis. Un simple coup d'œil en direction de la dame m'aida à me remémorer ce principe paradoxal, car elle aussi avait l'air trop distingué pour être une « personnalité ». De plus, il est rare de rencontrer deux exceptions ensemble.

Aucun des deux ne prit tout de suite la parole. Ils se contentèrent de prolonger la phase préliminaire d'échange de regards comme si chacun voulait laisser à l'autre l'occasion de parler le premier.

---

7. **scarcely** [skəslı] : *à peine ;* **I scarcely know what to say** : *je ne sais trop quoi dire ;* **I can scarcely believe it** : *j'ai peine à le croire.*
8. **come (came, come) across** : *trouver, rencontrer par hasard ;* **I came across this old photograph in the back of the drawer** : *j'ai trouvé cette vieille photo au fond du tiroir.*

They were visibly shy; they stood there letting me take them in[1] —which, as I afterwards perceived, was the most practical thing they could have done. In this way their embarrassment served their cause. I had seen people painfully reluctant to[2] mention that they desired anything so gross[3] as to be represented on canvas; but the scruples of my new friends appeared almost insurmountable. Yet the gentleman might have said[4] "I should like a portrait of my wife", and the lady might have said "I should like a portrait of my husband." Perhaps they weren't husband and wife —this naturally would make the matter more delicate. Perhaps they wished to be done together —in which case they ought to have[5] brought a third person to break the news[6].

"We come from Mr. Rivet," the lady finally said with a dim[7] smile that had the effect of a moist sponge passed over a 'sunk' piece of painting, as well as of a vague allusion to vanished beauty. She was as tall and straight, in her degree, as her companion, and with ten years less to carry. She looked as sad as a woman could look whose face was not charged with expression; that is[8] her tinted oval mask showed waste[9] as an exposed surface shows friction. The hand of time had played over her freely, but to an effect of elimination. She was slim and stiff, and so well-dressed, in dark blue cloth, with lappets and pockets and buttons, that it was clear she employed the same tailor as her husband.

---

1. **take (took, taken) in**: *juger, comprendre*; **take in the situation**: *se rendre compte de la situation*; **take in everything at a glance**: *tout embrasser d'un coup d'œil*.

2. **reluctant (to)** [rɪ'lʌktənt]: *peu disposé (à), peu enthousiaste*.

3. **gross** [grəʊs]: *grossier, fruste*.

4. **might have + ed**: **might** indique que la possibilité (de dire) n'avait même pas été envisagée.

5. **ought to have + ed**: avec **ought to** l'énonciateur constate un état de fait : selon l'usage ils *auraient dû* se faire accompagner.

Ils étaient d'une timidité évidente, et restaient là devant moi, me donnant la possibilité de les regarder à loisir, ce qui, ainsi que je devais m'en aviser par la suite, était ce qu'ils pouvaient faire de plus utile. Leur gêne devenait par là même un atout. Certes, j'avais déjà vu des gens éprouver une douloureuse répugnance au moment de formuler un souhait aussi vulgaire que celui d'être représenté sur la toile, mais les scrupules de mes nouveaux amis semblaient quasi insurmontables. Et pourtant il eût été facile au monsieur de dire « Je désirerais un portrait de ma femme », ou à la dame de dire « Je désirerais un portrait de mon époux ». Peut-être même n'étaient-ils pas mari et femme, ce qui ne manquerait pas de rendre l'affaire plus délicate. Peut-être souhaitaient-ils être peints ensemble, auquel cas ils auraient dû se faire accompagner d'une tierce personne qui eût annoncé la nouvelle.

« Nous venons de la part de Mr. Rivet », finit par dire la dame avec un pâle sourire qui fit le même effet qu'une éponge humide passée sur une peinture ternie, évocation vague d'une beauté perdue. Elle était aussi grande et droite, à sa manière, que son compagnon, avec dix ans de moins à porter. Elle avait l'air aussi triste que peut l'être une femme dont le visage est dénué de toute expression ; c'est-à-dire que la désolation se lisait sur ce masque ovale et coloré comme l'usure sur une surface exposée. Le temps avait fait son œuvre sans retenue, mais pour produire l'effet d'une soustraction. Elle était mince et guindée, le corps si bien pris dans un costume de drap bleu avec basques, poches et boutons, qu'à l'évidence elle faisait appel au même tailleur que son mari.

---

6. **break (broke, broken) the news**: *révéler, annoncer* (**news** est toujours singulier, **what's the news?**: *quoi de neuf?*; **no news is good news**: *pas de nouvelles, bonnes nouvelles*).

7. **dim**: *faible* (lumière), *pâle, sans éclat*.

8. **that is = that is to say**: *c'est-à-dire*.

9. **waste**: *gaspillage, gâchis*; **go/run to waste**: *être gaspillé, se perdre inutilement*.

The couple had an indefinable air of prosperous thrift[1] — they evidently got a good deal of luxury for their money[2]. If I was to be one of their luxuries it would behoove[3] me to consider my terms.

"Ah Claude Rivet recommended me?" I echoed and I added that it was very kind of him, though I could reflect that, as he only painted landscape, this wasn't a sacrifice.

The lady looked very hard at the gentleman, and the gentleman looked round the room. Then staring[4] at the floor a moment and stroking[5] his moustache, he rested his pleasant eyes on me with the remark: "He said you were the right one."

"I try to be, when people want to sit."

"Yes, we should like to," said the lady anxiously.

"Do you mean together?"

My visitors exchanged a glance. "If you could do anything with *me* I suppose it would be double," the gentleman stammered.

"Oh yes, there's naturally a higher charge for two figures than for one."

"We should like to make it pay[6]," the husband confessed.

"That's very good of you," I returned, appreciating so unwonted[7] a sympathy —for I supposed he meant pay the artist.

---

1. **prosperous thrift**: ainsi accolés ces deux termes antithétiques (prospérité et parcimonie) forment un oxymore (ex : « cette obscure clarté »). Cette figure de style permet de dire beaucoup en peu de mots, et traduit l'impression trouble produite par ce couple que le narrateur n'arrive pas à situer socialement.
2. **a good deal of luxury for money**: expression construite sur le modèle de **it is good value for money**: *on en a pour son argent, le rapport qualité-prix est bon.*
3. **behoove** (U.S.) [bɪˈhuːv], **behove** (G.B.) [bɪˈhəʊv]: **it behooves somebody to do something**: *il incombe à quelqu'un de faire quelque chose.*

Il émanait du couple un air indéfinissable de prospère parcimonie car ils réussissaient visiblement à tirer beaucoup de luxe de leurs ressources. Si j'étais prévu dans leurs dépenses de luxe, il me faudrait peser mes tarifs.

« Ainsi, Claude Rivet m'a recommandé ? » dis-je en écho. Et d'ajouter que c'était bien gentil à lui, même si je pouvais me dire qu'il n'avait pas fait un gros sacrifice, vu qu'il ne peignait que des paysages.

La dame lança un regard appuyé à son compagnon, qui, lui, se mit à examiner la pièce. Puis, ayant gardé les yeux fixés au sol pendant un instant tout en lissant sa moustache, il posa sur moi un regard aimable et eut cette réflexion : « Il nous a dit que vous étiez l'homme qu'il nous fallait.

— J'essaie de l'être, quand on vient me voir pour poser.

— Oui, c'est ce que nous voudrions faire », s'empressa de dire la dame.

« Voulez-vous dire ensemble ? »

Mes visiteurs échangèrent un regard, et le gentleman balbutia :

« S'il vous était possible de m'utiliser aussi, ce serait le double, n'est-ce pas ?

— Oui, bien sûr, le tarif est plus élevé pour deux personnages que pour un.

— Nous voudrions que cela vaille la peine, avoua le mari.

— C'est très aimable à vous », dis-je, touché d'une marque si inusitée de compréhension, car je supposai qu'il voulait dire que cela vaille la peine pour l'artiste.

---

4. **stare (at)** : *regarder fixement, dévisager.*
5. **stroke** : *caresser ;* fig. : **stroke somebody (up) the wrong way** : *prendre quelqu'un à rebrousse-poil.*
6. **make it pay** : **make** + verbe : *faire faire ;* il y a ambiguïté sur le sens de **pay** : *rapporter* (de l'argent) sans préciser pour qui.
7. **unwonted** [ʌn'wɔʊntɪd] : *peu commun, inaccoutumé.*

A sense of strangeness seemed to dawn[1] on the lady. "We mean for the illustrations —Mr. Rivet said you might put one in."

"Put in —an illustration?" I was equally confused.

"Sketch her off[2], you know," said the gentleman, colouring.

It was only then that I understood the service Claude Rivet had rendered me; he had told them how I worked in black-and-white, for magazines, for storybooks, for sketches[3] of contemporary life, and consequently had copious employment for models. These things were true, but it was not less true —I may confess it now; whether because the aspiration was to lead to everything or to nothing I leave the reader to guess— that I couldn't get the honours, to say nothing of the emoluments, of a great painter of portraits out of my head[4]. My "illustrations" were my pot-boilers[5]; I looked to[6] a different branch of art —far and away[7] the most interesting it had always seemed to me— to perpetuate my fame[8]. There was no shame[9] in looking to it also to make my fortune; but that fortune was by so much further from being made from the moment my visitors wished to be "done[10]" for nothing. I was disappointed; for in the pictorial sense I had immediately *seen* them. I had seized[11] their type —I had already settled what I would do with it. Something that wouldn't absolutely have pleased them, I afterwards reflected.

---

1. **dawn on**: *naître, se faire jour;* **an idea dawned (up) on him**: *une idée lui vint* (**dawn**: *aube*).

2. **sketch her off**: *la dessiner à grands traits.*

3. **sketches** ['sketʃɪs]: *scènes, saynètes.*

4. **get... out of my head**: *cesser de penser à.*

5. **pot-boiler**: *œuvre* (de littérature ou d'art) *qui fait bouillir la marmite* (de son auteur).

6. **look to**: *compter sur;* **I look to you for help**: *je compte sur ton aide.*

7. **far and away**: *beaucoup, bien;* **he is far and away above the others**: *il est à cent pieds au-dessus des autres.*

Un sentiment de malaise sembla naître chez la dame :
« C'est-à-dire pour les illustrations... Mr. Rivet disait que vous pourriez peut-être en insérer une.

— Insérer... une illustration ? » Moi aussi j'étais dans la plus grande confusion.

« Une esquisse d'elle, quoi », dit le gentleman dont le visage s'empourpra.

Et c'est seulement alors que je compris le service que Claude Rivet m'avait rendu : il leur avait dit que je travaillais en noir et blanc pour des revues, des livres de contes ou des chroniques de la vie quotidienne, et que pour ce faire j'avais recours à de nombreux modèles. Ce qui était vrai, mais il n'était pas moins vrai, je puis maintenant l'avouer (parce que mon ambition devait mener à tout ou à rien, je laisse au lecteur le soin de le deviner), que je ne pouvais pas m'empêcher de songer aux honneurs et encore moins aux honoraires d'un grand portraitiste. Mes « illustrations » me servaient de gagne-pain, mais c'est dans une autre branche de l'art, à mes yeux infiniment plus intéressante, que je nourrissais l'espoir de me faire un nom. Il n'y avait pas de honte, non plus, à espérer aussi faire fortune, mais cet espoir avait été relégué au second plan à partir du moment où mes visiteurs m'avaient exprimé le vœu d'être « croqués » pour rien. Ma déception était grande car esthétiquement parlant, je les avais tout de suite *saisis*. J'avais apprécié leur genre et j'avais déjà décidé comment j'allais l'employer. Quelque chose qui n'aurait pas eu leur plein agrément, comme je m'en avisai après coup.

---

8. **fame** : *gloire, renommée ;* **this book brought him fame** : *ce livre l'a rendu célèbre.*

9. **shame** : *honte ;* **put somebody to shame** : *faire honte à quelqu'un ;* **shame on you !** *honte à toi !*

10. **« done »** : toute la nouvelle joue sur la polysémie de *do* : ici *être croqués, dessinés.*

11. **seize** [si:z] : *saisir, s'emparer de ;* **be seized with rage** : *avoir un accès de rage.*

"Ah you're —you're— a?" I began as soon as I had mastered my surprise. I couldn't bring out[1] the dingy[2] word "models": it seemed so little to fit[3] the case.

"We haven't had much practice," said the lady.

"We've got to *do* something, and we've thought that an artist in your line[4] might perhaps make something of us," her husband threw[5] off. He further mentioned that they didn't know many artists and that they had gone first, on the off-chance[6] —he painted views of course, but sometimes put in figures; perhaps I remembered— to Mr. Rivet, whom they had met a few years before at a place in Norfolk where he was sketching.

"We used to sketch a little ourselves," the lady hinted.

"It's very awkward[7], but we absolutely *must* do something," her husband went on.

"Of course we're not so *very* young," she admitted with a wan smile.

With the remark that I might as well know something more about them the husband had handed me a card extracted from a neat new pocket-book —their appurtenances were all of the freshest— and inscribed with the words "Major Monarch". Impressive as these words were[8] they didn't carry my knowledge much further; but my visitor presently added: "I've left the army and we've had the misfortune to lose our money. In fact our means are dreadfully small."

---

1. **bring (brought, brought) out**: 1) (ici) *faire sortir*, 2) *faire valoir, mettre en valeur*; **it brings out the best in him**: *c'est ainsi qu'il se montre sous son meilleur jour.*

2. **dingy** ['dɪndʒɪ]: *défraîchi, minable, miteux*; **dingy hotel**: *hôtel d'une propreté douteuse.*

3. **fit (fit, fit)**: *correspondre, concorder*; **his account does not fit the facts**: *son explication ne colle pas avec les faits.*

4. **line**: *métier, partie*; **what's your line (of business, of work)?** *qu'est-ce que vous faites dans la vie?*

5. **throw (threw, thrown) off**: (ici) *faire (poème), écrire, dire, au pied levé.*

52

« Donc, vous êtes... vous êtes des... », dis-je une fois ma stupéfaction surmontée. Je ne parvenais pas à articuler le mot de « modèles », tant il me paraissait sordide et déplacé.

« Nous n'avons pas beaucoup d'expérience », dit la dame.

« Il faut absolument que nous fassions quelque chose », lança son mari, « et nous avons pensé qu'un artiste de votre genre pourrait peut-être trouver à nous utiliser. » Et il précisa qu'ils ne connaissaient pas beaucoup d'artistes et qu'ils s'étaient d'abord adressés à tout hasard à Mr. Rivet, car il peignait des paysages, bien sûr, mais ajoutait parfois des silhouettes. Mr. Rivet, il l'avait rencontré quelques années auparavant dans un endroit du Norfolk où il faisait des esquisses.

Sa femme glissa qu'ils avaient eux-mêmes quelque expérience du dessin, et il ajouta : « C'est fort gênant, mais il faut absolument que nous fassions quelque chose.

— Bien sûr, nous ne sommes plus très très jeunes », reconnut son épouse avec un faible sourire.

Et tout en remarquant qu'il valait mieux, après tout, que j'en sache un peu plus sur eux, le mari me tendit une carte extraite d'un portefeuille neuf et élégant — tous leurs accessoires frappaient d'ailleurs par leur caractère très soigné — sur laquelle étaient inscrits ces mots : « Major Monarch ». Il y avait certes de quoi être impressionné mais je n'en fus pas éclairé pour autant. Mon visiteur s'empressa d'ajouter : « J'ai quitté l'armée et nous avons eu le malheur de perdre notre fortune. À vrai dire, nos ressources sont très modestes.

---

6. **on the off-chance :** *à tout hasard ;* **I came on the off-chance of seeing her :** *je suis venu avec l'espoir de la voir.*

7. **awkward** [ɔ:kwəd] : *peu commode, peu maniable, gênant, embarrassant.*

8. **impressive as these words were :** tournure (adj. + **as** + substantif + verbe) marquant la concession : *malgré...*

"It's awfully trying[1] —a regular strain[2]," said Mrs. Monarch.

They evidently wished to be discreet —to take care not to swagger[3] because they were gentlefolk[4]. I felt them willing to recognize this as something of a drawback, at the same time that I guessed at an underlying sense —their consolation in adversity— that they *had* their points[5]. They certainly had but these advantages struck me as preponderantly social; such for instance as would help to make a drawing-room[6] look well. However, a drawing-room was always, or ought to be, a picture.

In consequence of his wife's allusion to their age Major Monarch observed: "Naturally it's more for the figure that we thought of going in. We can still hold ourselves up." On the instant I saw that the figure was indeed their strong point. His "naturally" didn't sound vain[7], but it lighted up the question. "*She* has the best one," he continued, nodding at his wife with a pleasant after-dinner absence of circumlocution. I could only reply, as if we were in fact sitting over[8] our wine[9], that this didn't prevent his own from being[10] very good; which led him in turn to make answer: "We thought that if you ever have to do people like us we might be something like it. *She* particularly —for a lady in a book, you know."

I was so amused by them that, to get more of it, I did my best to take their point of view;

---

1. **trying**: *pénible, douloureux;* **to have a trying time**: *traverser une mauvaise période.*
2. **strain**: 1) (ici) *tension nerveuse, effort* 2) *foulure, entorse.*
3. **swagger**: *plastronner, parader, se vanter.*
4. **gentlefolk**: *des gens de bonne famille, bien nés.*
5. **point**: *caractéristique;* **good points**: *qualités;* **he has his points**: *il a ses bons côtés; il n'est pas sans qualités.*
6. **drawing-room**: *salon, salle de réception.*
7. **vain**: 1) (ici) *vaniteux* 2) *vain, inutile, illusoire;* **it was all in vain**: *cela n'a servi à rien.*

— C'est terriblement accablant, c'est un véritable déchirement », dit Mrs. Monarch.

De toute évidence, ils souhaitaient rester discrets — éviter de mettre en avant leur classe. Je les sentais prêts à y reconnaître une forme d'inconvénient tout en devinant leur certitude profonde — leur réconfort dans l'adversité — qu'ils avaient tout de même leurs avantages. Ceux-ci étaient indéniables, bien qu'ils me parussent avant tout d'ordre mondain : ils avaient toutes les qualités requises pour faire honneur à un salon. Toutefois un salon c'est toujours, en principe du moins, un tableau.

Faisant suite à l'allusion de sa femme à leur âge, le Major Monarch fit observer : « Bien entendu, c'est surtout pour la silhouette que nous pensions nous proposer. Nous avons encore une bonne prestance. » Je vis sur-le-champ que c'était en effet la silhouette qui était leur principal atout. Son « bien entendu » n'avait rien de présomptueux, il éclairait la question. « La sienne surtout », continua-t-il en désignant sa femme de la tête avec cette aimable désinvolture propre aux réunions de fin de soirée. Je ne pus que répondre sur le même ton, comme si nous étions effectivement en train de déguster un verre de porto, que cela n'empêchait pas la sienne d'être fort avantageuse. Ce qui entraîna la réponse suivante : « Nous nous sommes dit que si vous aviez à représenter des gens comme nous, nous pourrions peut-être convenir. Surtout elle, pour une dame dans un livre, vous voyez. »

Je les trouvais si divertissants qu'afin de prolonger l'expérience, je m'efforçai d'adopter leur point de vue.

---

8. **over** : *devant* (boisson, aliments) : **they discussed it over a cup of tea** : *ils en ont parlé en prenant le thé* ; *pendant* (repas) : **let's talk about it over dinner** : *on en parlera ce soir au dîner*.

9. **wine** : **(port wine)** *porto* : habitude britannique de boire un verre après dîner entre hommes dans le fumoir.

10. **prevent somebody from** + **-ing** : *empêcher de* ; **it never prevented him from painting** : *cela ne l'a jamais empêché de peindre*.

and though it was an embarrassment to find myself appraising[1] physically, as if they were animals on hire[2] or useful blacks, a pair whom I should have expected to meet only in one of the relations in which criticism is tacit, I looked at Mrs. Monarch judicially enough to be able to exclaim after a moment with conviction: "Oh yes, a lady in a book!" She was singularly like a bad illustration.

"We'll stand up, if you like," said the Major and he raised himself before me with a really grand air.

I could take his measure at a glance —he was six feet two[3] and a perfect gentleman. It would have paid any club in process of formation and in want[4] of a stamp to engage him at a salary to stand in the principal window. What struck me at once[5] was that in coming to me they had rather missed their vocation; they could surely have been turned to better account[6] for advertising purposes. I couldn't of course see the thing in detail, but I could see them make somebody's fortune —I don't mean their own. There was something in them for a waistcoat-maker, an hotel-keeper or a soap-vendor. I could imagine. "We always use it" pinned on their bosoms with the greatest effect; I had a vision of the brilliancy with which they would launch[7] a table d'hôte.

Mrs. Monarch sat still, not from pride but from shyness, and presently her husband said to here: "Get up, my dear, and show how smart you are."

---

1. **appraise** [əˈpreɪz] : *évaluer, estimer, jauger.*
2. **on hire** : *en location ;* « **for hire** » : *à louer, libre* (taxi).
3. **six feet two (inches)** : *six pieds deux pouces ;* **1 foot = 12 inches** : *un pied = douze pouces = 30,48 cm ; un pouce = 2,54 cm.* Il s'agit donc d'un homme très grand (environ 1,90 m).
4. **want** : *manque ;* **for want of anything better** : *faute de mieux.*
5. **at once** : 1) (ici) *tout de suite, immédiatement ;* **come at once !** *venez tout de suite !* 2) *en même temps,* **don't all speak at once** : *ne parlez pas tous à la fois.*

Bien qu'étant gêné de jauger physiquement (comme s'il se fût agi d'animaux de louage ou de serviteurs noirs) un couple que je n'eusse dû m'attendre à rencontrer qu'à l'une de ces occasions où la critique reste tacite, je regardai Mrs. Monarch avec assez de discernement pour m'écrier au bout d'un moment avec conviction : « Oui, c'est cela. Une dame dans un livre ! » Elle avait tout d'une illustration médiocre.

« Si vous voulez, nous allons nous mettre debout », dit le Major et il se dressa devant moi. Il avait indéniablement grande allure.

Il me suffisait d'un coup d'œil pour l'évaluer : il mesurait six pieds deux pouces, et c'était un parfait gentleman. N'importe quel club en cours d'installation et à la recherche d'un cachet aurait eu intérêt à l'engager contre salaire pour le mettre en vitrine. Je fus immédiatement frappé de voir qu'en s'adressant à moi, ils avaient au fond manqué leur vocation. On eût incontestablement tiré d'eux un meilleur parti dans le monde de la publicité. Sans aller jusqu'à imaginer les choses en détail, je les voyais bien faire la fortune de quelqu'un, mais pas la leur. Un giletier, un hôtelier ou un savonnier eût trouvé en eux de quoi se mettre en valeur. J'imaginais bien l'étiquette : « Nous ne voulons rien d'autre », épinglée sur leur poitrine avec un effet irrésistible. J'avais des visions du brio avec lequel ils participeraient au lancement d'une table d'hôte. Mrs. Monarch restait assise sans bouger, non par orgueil, mais par timidité, et son mari ne tarda pas à lui dire :

« Levez-vous, ma chère, et montrez-nous comme vous êtes chic. »

---

6. **account :** 1) (ici) *profit, avantage ;* **turn/put something to good account :** *mettre quelque chose à profit, tirer parti de* 2) *compte ;* **open an account :** *ouvrir un compte.*

7. **launch :** [lɔ:ntʃ] : *lancer* (un satellite, une entreprise).

She obeyed, but she had no need to get up to show it. She walked to the end of the studio and then came back blushing, her fluttered eyes on the partner of her appeal. I was reminded of[1] an incident I had accidentally had a glimpse[2] of in Paris —being with a friend there, a dramatist about to produce a play, when an actress came to him to ask to be entrusted[3] with a part[4]. She went through her paces[5] before him, walked up and down as Mrs. Monarch was doing. Mrs. Monarch did it quite as well, but I abstained from applauding. It was very odd to see such people apply for such poor pay. She looked as if she had ten thousand[6] a year. Her husband had used the word that described her: she was in the London current jargon essentially and typically "smart". Her figure was, in the same order of ideas, conspicuously[7] and irreproachably "good". For a woman of her age her waist was surprisingly small; her elbow moreover had the orthodox crook[8]. She held her head at the conventional angle, but why did she come to *me*? She ought to have tried on jackets at a big shop. I feared my visitors were not only destitute[9] but "artistic" —which would be a great complication. When she sat down again I thanked her, observing that what a draughtsman[10] most valued in his model was the faculty of keeping quiet.

"Oh *she* can keep quiet," said Major Monarch.

---

1. **remind somebody of something**: *rappeler quelque chose à quelqu'un.*
2. **glimpse**: *aperçu;* **catch (caught, caught) a glimpse of**: *entrevoir, entr'apercevoir.*
3. **entrust**: *confier;* **entrust somebody with a task**: *charger quelqu'un d'une tâche.*
4. **part**: (ici) *rôle;* **we all have our part to play**: *nous avons tous notre rôle à jouer;* **take part in**: *participer à.*
5. **pace**: *pas;* **put a horse through its paces**: *faire parader un cheval;* (fig.) **put somebody through his paces**: *mettre quelqu'un à l'épreuve, voir ce dont il est capable.*
6. **ten thousand** (invariable): sous-entendu « **pounds** ».

Elle s'exécuta bien qu'elle n'eût point besoin de se lever pour le prouver. Elle fit quelques pas vers le fond de l'atelier, revint, le rouge au visage, jetant des regards affolés en direction de celui qui l'accompagnait dans sa requête. Il me revint à la mémoire un incident dont j'avais été par hasard le témoin lors d'un passage à Paris : j'étais avec un ami, un dramaturge sur le point de monter une pièce, lorsqu'une actrice s'était présentée à lui dans l'espoir de se voir confier un rôle. Elle avait déployé toutes ses grâces, et arpenté la pièce comme Mrs. Monarch. Cette dernière y mettait tout autant de talent, mais je me retins d'applaudir. Il était étrange de voir des gens de ce milieu postuler à un emploi si mal rémunéré. Elle avait l'air d'avoir dix mille livres de rente par an. Son mari avait eu le mot juste pour la décrire : dans le parler londonien en vogue, elle incarnait le type même du « chic ». Dans le même ordre d'idées, elle avait une silhouette ostensiblement « impeccable ». Pour une femme de son âge, elle avait la taille remarquablement fine et l'arrondi de ses coudes était irréprochable. Son port de tête avait l'inclinaison qu'il faut, mais pourquoi diable était-ce à moi qu'elle s'adressait ? Elle aurait dû essayer des jaquettes dans une boutique de luxe. Je redoutais que mes visiteurs ne fussent pas seulement désargentés mais qu'ils aient des prétentions artistiques, ce qui entraînerait de grandes complications. Lorsqu'elle se rassit, je la remerciai tout en faisant remarquer que la qualité la plus appréciée par un dessinateur chez son modèle était l'aptitude à se tenir tranquille.

« Là-dessus pas de doute, elle sait se tenir tranquille », dit le Major Monarch.

---

7. **conspicuously** [kən'spɪkjʊəslɪ] : *d'une manière à se faire remarquer ;* **he was conspicuously absent** : *il brillait par son absence.*

8. **crook** [krʊk] : 1) (ici) *angle, courbure* 2) *escroc.*

9. **destitute** : *indigent, sans ressource ;* **to be utterly destitute** : *être dans le dénuement le plus complet.*

10. **draughtsman** (G.B.) ['drɑːftsmən] : **draftsman** (U.S.) : *dessinateur.*

Then he added jocosely[1]: "I've always kept her quiet."

"I'm not a nasty[2] fidget[3], am I?" It was going to wring[4] tears from me, I felt, the way she hid her head, ostrich-like, in the other broad bosom.

The owner of this expanse[5] addressed his answer to me. "Perhaps it isn't out of place to mention —because we ought to be quite business-like, oughtn't we?— that when I married her she was known as the Beautiful Statue."

"Oh dear!" said Mrs. Monarch ruefully[6].

"Of course I should want a certain amount of expression," I rejoined.

"Of *course*!" —and I had never heard such unanimity.

"And then I suppose you know that you'll get awfully[7] tired."

"Oh we *never* get tired!" they eagerly[8] cried.

"Have you had any kind of practice?"

They hesitated —they looked at each other. "We've been photographed —*immensely*," said Mrs. Monarch.

"She means the fellows have asked us themselves," added the Major.

"I see —because you're so good-looking."

"I don't know what they thought, but they were always after us."

---

1. **jocosely** [dʒəʊˈkəʊslɪ]: *en plaisantant, d'un ton goguenard.*

2. **nasty**: *désagréable, méchant, mauvais.*

3. **fidget**: se dit d'un enfant très remuant, ou d'un adulte très nerveux, qui ne tient pas en place; **have the fidgets**: *avoir la bougeotte.*

4. **wring (wrung, wrung) out**: 1) (ici) *arracher, extorquer;* **they wrung the truth out of him**: *ils lui ont arraché la vérité* 2) *serrer, tordre;* **wring a chicken's neck**: *tordre le cou à un poulet* 3) *essorer;* « **do not wring** »: *ne pas essorer.*

5. **expanse**: *étendue*, exagération qui renvoie à **broad bosom** comme pour accentuer le ridicule de cet homme qui se met pathétiquement en avant en prenant un air protecteur avec sa femme.

6. **ruefully** [ruːfʊlɪ]: *d'un air piteux, avec regret;* adj. **rueful**: *lugubre;* **The Knight of the Rueful Countenance**: *le chevalier de la Triste Figure.*

Puis il ajouta d'un ton badin :

« J'ai toujours su la tenir.

— Je ne suis pas trop remuante, au moins ? »

C'était à vous arracher les larmes de la voir se cacher la tête, à la manière d'une autruche, contre la poitrine imposante de son partenaire.

C'est à moi que le détenteur de ce vaste refuge adressa sa réponse :

« Peut-être n'est-il pas inopportun de souligner (car autant dire les choses comme elles sont) que lorsque je l'ai épousée, on la surnommait la "Belle Statue".

— Hélas ! » soupira tristement Mrs. Monarch.

« Bien sûr, je recherche une certaine expressivité », répliquai-je.

« Mais bien sûr ! » dirent-ils en chœur. Je n'avais jamais entendu pareille unanimité.

« Et puis vous savez sans doute que ce sera extrêmement fatigant.

— Oh ! mais nous ne sommes jamais fatigués », s'écrièrent-ils avec ardeur.

« Avez-vous la moindre expérience en la matière ? »

Après une hésitation et un échange de regards, Mrs. Monarch dit : « Nous avons énormément été photographiés.

— Elle veut dire que ce sont les photographes qui sont venus nous solliciter », ajouta le Major.

« Je vois, pour votre beauté.

— Je ne sais pas ce qu'ils pensaient, mais ils ne nous laissaient pas en paix.

---

7. **awfully** : *terriblement* ; **I am awfully sorry** : *je suis vraiment désolé* ; **I am awfully glad** : *je suis rudement content*.
8. **eagerly** ['iːgəlɪ] : *avec empressement* ; adj. **eager** : *désireux, avide* ; **eager to help** : *très désireux d'aider*.

"We always got our photographs for nothing," smiled Mrs. Monarch.

"We might have brought some[1], my dear," her husband remarked.

"I'm not sure we have any left. We've given quantities away," she explained to me.

"With our autographs and that sort of thing," said the Major.

"Are they to be got in the shops?" I inquired as a harmless pleasantry.

"Oh yes, *hers* —they used to be[2]."

"Not now," said Mrs. Monarch with her eyes on the floor.

II

I could fancy[3] the "sort of thing" they put on the presentation copies of their photographs, and I was sure they wrote a beautiful hand[4]. It was odd how quickly I was sure of everything that concerned them. If they were now so poor as to[5] have to earn shillings and pence they could never have had much of a margin. Their good looks[6] had been their capital, and they had good-humouredly made the most[7] of the career that this resource marked out for them.

---

1. **might + have brought some**: la tournure **might have** souligne que cette possibilité ne l'avait jamais effleuré.

2. **they used to be**: même valeur qu'à la p. 44: allusion à un passé révolu.

3. **fancy**: *imaginer* ou *s'imaginer*; **I rather fancy he's gone out**: *je crois bien qu'il est sorti.*

4. **hand**: (ici) *écriture*; **he writes a very good hand**: *il a une écriture lisible, une belle main*; **longhand**: *écriture normale, courante.*

5. **so poor as to**: *assez pauvres pour*; **he so arranged matters as to please everyone**: *il arrangea les choses de manière à contenter tout le monde*; **he is not so foolish as to believe it**: *il n'est pas assez fou pour le croire.*

— Toutes nos photos ont été faites pour rien », dit Mrs. Monarch en souriant.

« Nous aurions pu en apporter quelques-unes, ma chère », reprit son mari.

« Je ne sais pas s'il nous en reste. Nous en avons distribué des quantités », m'expliqua-t-elle.

« Avec notre autographe et ce genre de choses », dit le Major.

« Est-ce qu'on les trouve dans le commerce ? » demandai-je en guise de plaisanterie innocente.

« Oui, la sienne, on la trouvait autrefois.

— Mais plus maintenant », dit Mrs. Monarch, les yeux rivés au plancher.

II

Je n'avais aucun mal à imaginer le « genre de choses » qu'ils inscrivaient sur les photographies distribuées à titre gracieux. J'étais, de plus, persuadé qu'ils avaient une écriture magnifique. C'était étrange de voir avec quelle rapidité j'avais acquis des certitudes sur tout ce qui les concernait. S'ils étaient devenus si pauvres qu'il leur fallait maintenant gagner quelques centimes, c'est que leur marge de sécurité n'avait jamais été bien grande. Leur belle allure était leur capital, et ils avaient avec bonhomie tiré le meilleur parti possible de la carrière toute tracée que cet atout leur offrait.

---

6. **(good) looks** : *belle mine, beauté, avantages physiques* ; **this actress is losing her looks** : *cette actrice n'est plus aussi belle qu'autrefois.*

7. **make the most of** : *ne pas perdre, profiter au maximum de* ; **he certainly made the most of the story** : *il a su exploiter cette histoire à fond.*

It was in their faces, tle blankness, the deep intellectual repose of the twenty years of country-house[1] visiting[2] that had given them pleasant intonations. I could see the sunny drawing-rooms, sprinkled[3] with periodicals[4] she didn't read, in which Mrs. Monarch had continuously sat; I could see the wet shrubberies in which she had walked, equipped to admiration for either exercise. I could see the rich covers the Major had helped to shoot and the wonderful garments in which, late at night, he repaired[5] to the smoking-room to talk about them. I could imagine their leggings and waterproofs, their knowing tweeds and rugs, their rolls of sticks and cases of tackle and neat umbrellas; and I could evoke the exact appearance of their servants and the compact[6] variety of their luggage[7] on the platforms of country stations.

They gave small tips, but they were liked; they didn't do anything themselves, but they were welcome. They looked so well everywhere; they gratified the general relish[8] for stature, complexion and "form". They knew it without fatuity or vulgarity, and they respected themselves in consequence. They weren't superficial; they were thorough and kept themselves up —it had been their line. People with such a taste for activity had to have some line. I could feel how even in a dull house they could have been counted on for the joy of life.

---

1. **country-house**: *manoir, petit château.*
2. **visiting**: *faire des visites* ou *séjourner chez quelqu'un*; **I know him but I am not on visiting terms with him**: *je le connais mais nous ne nous rendons pas visite.*
3. **sprinkle**: 1) (ici) *éparpiller, disséminer*; **there are sprinkled about here and there**: *ils sont éparpillés çà et là* 2) *asperger, arroser*; **a rose sprinkled with dew**: *une rose couverte de rosée*; **sprinkle sand on the road**: *sabler la route.*
4. **periodical**: *journal, publication périodique.*
5. **repair**: 1) (ici) (litt.) *aller, se rendre* 2) *réparer, raccommoder.*
6. **compact** ['kɒmpækt]: *compact, dense, serré*; **the house is very compact**: *il n'y a pas de place perdue dans cette maison.*

On lisait sur leur visage la vacuité sereine et le profond repos intellectuel dus à vingt ans de séjours dans des manoirs à la campagne, qui avaient donné à leur voix ces intonations agréables. Je voyais les salons ensoleillés où Mrs. Monarch passait ses journées, entourée de revues illustrées éparses qu'elle n'ouvrait jamais. Je voyais les bosquets trempés de pluie entre lesquels elle déambulait, toujours vêtue à la perfection, pour chaque activité. Je voyais les riches battues auxquelles le Major avait pris part et les tenues superbes qu'il arborait en fin de soirée pour les commenter dans le fumoir. J'imaginais leurs jambières et leurs imperméables, leurs tweeds et leurs plaids bien choisis, leurs jeux de cannes et leur matériel de pêche ainsi que leurs parapluies élégants. J'allais même jusqu'à imaginer avec précision leurs domestiques, ainsi que la sobriété de leurs bagages sur les quais de gare.

Ils donnaient de petits pourboires mais ils étaient très aimés. Ils ne levaient jamais le petit doigt mais ils étaient partout les bienvenus. Il faut dire qu'ils présentaient bien ; leur simple présence comblait le désir universel de prestance, de belle mine, en un mot de « forme ». De tout cela, ils avaient conscience sans fatuité ni vulgarité et s'en estimaient d'autant. Ils n'avaient rien de superficiel : ne rien laisser au hasard et ne pas se laisser aller, telle avait toujours été leur ligne de conduite. Car il faut en avoir une quand on a tant de goût pour l'activité. J'imaginais bien qu'il avait dû être facile de compter sur eux pour animer une morne assemblée.

---

7. **luggage** [lʌgɪdʒ] : (invariable) *bagages ;* **luggage in advance** : *bagages non accompagnés ;* **luggage locker** : *consigne automatique.*

8. **relish** : 1) (ici) *goût, penchant ;* **do something with great relish** : *faire quelque chose avec délectation* 2) *condiment, assaisonnement, saveur.*

At present something had happened —it didn't matter what, their little income had grown less, it had grown least— and they had to do something for pocket-money. Their friends could like them, I made out[1], without liking to support[2] them. There was something about them that represented credit —their clothes, their manners, their type; but if credit is a large empty pocket in which an occasional chink reverberates, the chink at least must be audible. What they wanted of me was to help to make it so. Fortunately they had no children —I soon divined that. They would also perhaps wish our relations to be kept secret: this was why it was "for the figure" —the reproduction of the face would betray them.

I liked them —I felt, quite as their friends must have done— they were so simple; and I had no objection to them if they would suit. But somehow with all[3] their perfections I didn't easily believe in them. After all they were amateurs, and the ruling[4] passion of my life was the detestation of the amateur. Combined with this was another perversity — an innate preference for the represented subject over the real one: the defect of the real one was so apt[5] to be a lack of representation. I liked things that appeared; then one was sure. Whether they *were* or not was a subordinate and almost always a profitless question. There were other considerations, the first of which was that I already had two or three recruits in use,

---

1. **make (made, made) out**: (ici) *comprendre, discerner;* **I can't make out what he is trying to say**: *je ne comprends pas où il veut en venir;* **I can't make her out, she is a real mystery**: *je ne la comprends pas, elle reste un mystère pour moi.*

2. **support** (faux ami): 1) *subvenir aux besoins de;* **support a family**: *faire vivre une famille* 2) *être partisan de;* **his friends supported him in his refusal to obey**: *ses amis ont pris son parti lorsqu'il a refusé d'obéir.*

3. **with all**: *malgré;* **with all his faults I still like him**: *malgré tous ses défauts je l'aime bien quand même.*

4. **ruling**: *souverain, dominant, dirigeant;* **the ruling classes**: *les classes dirigeantes;* **ruling party**: *parti au pouvoir.*

Mais désormais, après ce qui s'était passé (quoi que ce fût), leurs faibles revenus avaient décliné puis s'étaient taris, et il leur fallait faire quelque chose pour subvenir à leurs menues dépenses. Leurs amis pouvaient bien tenir à eux sans pour autant tenir à les faire vivre, devinai-je. Il y avait en eux, je ne sais quoi pour donner l'assurance du crédit : leur mise, leurs manières ou leur genre ? Mais si le crédit est une grande poche vide dans laquelle se laisse parfois entendre un tintement, encore faut-il que le tintement soit audible. C'est à cela qu'ils attendaient que je contribue. Heureusement, comme je le compris vite, ils n'avaient pas d'enfants. Peut-être désiraient-ils préserver l'anonymat de nos relations : voilà pourquoi ils étaient venus « pour la silhouette » — une représentation du visage les eût trahis.

J'avais de la sympathie pour eux. J'avais le sentiment, tout comme leurs amis devaient l'avoir, qu'ils étaient si simples. Je n'avais rien contre eux s'ils pouvaient convenir. Mais toujours est-il que, malgré toute leur perfection, je ne parvenais pas à les trouver crédibles. Au fond, ce n'étaient que des amateurs et la haine de l'amateur était ma passion dominante. À cela s'ajoutait une deuxième marotte : une préférence innée pour le sujet représenté par rapport au sujet réel, le défaut du sujet réel étant souvent une insuffisance de la représentation. J'aimais les apparences. On pouvait au moins s'y fier. Que les choses existent ou non était une question annexe qui s'avérait presque toujours oiseuse. D'autres considérations entraient aussi en jeu, la première étant que j'avais déjà deux ou trois recrues à mon service,

---

5. **apt :** 1) *susceptible de ;* **he is apt to be late :** *il a tendance à être en retard* 2) *probable ;* **is he apt to come ? :** *est-il probable qu'il vienne ?* 3) *approprié, juste ;* **an apt remark :** *un commentaire pertinent* 4) *intelligent ;* **one of my aptest students :** *un de mes meilleurs étudiants.*

notably a young person with big feet, in alpaca, from Kilburn, who for a couple of years had come to me regularly for my illustrations and with whom I was still — perhaps ignobly— satisfied. I frankly explained to my visitors how the case stood, but they had taken more precautions than I supposed. They had reasoned out their opportunity, for Claude Rivet had told them of the projected *édition de luxe* of one of the writers of our day —the rarest of the novelists— who, long neglected by the multitudinous vulgar[1] and dearly prized by the attentive[1] (need I mention Philip Vincent?), had had the happy fortune of seeing, late in life, the dawn and then the full light of a higher criticism; an estimate in which on the part of the public there was something really of expiation. The edition preparing, planned by a publisher of taste, was practically an act of high reparation; the wood-cuts with which it was to be enriched were the homage of English art to one of the most independent representatives of English letters. Major and Mrs. Monarch confessed to me they had hoped I might be able to work *them* into my branch[2] of the entreprise. They knew I was to do[3] the first of the books, *Rutland Ramsay*, but I had to make clear to them[4] that my participation in the rest of the affair —this first book was to be a test[3]— must depend on the satisfaction I should give. If this should be limited[5] my employers would[6] drop me with scarce common forms.

---

1. **the... vulgar, the attentive**: the + adj. désigne une classe d'individus ; **the blind** : *les aveugles,* **the poor** : *les pauvres.* Mais, *un pauvre :* a poor man, *un aveugle :* a blind man.

2. **work them into my branch** : work somebody or something into : *s'arranger pour introduire ;* **he worked the story into his speech** : *il a réussi à placer cette histoire dans son discours.*

3. **I was to do** et **this first book was to be a test** : is + to indique ce qui est prévu d'avance, arrangé au préalable.

4. **make it clear to them** : *leur préciser ;* **do I make myself quite clear ?** *est-ce que je me fais bien comprendre ?*

notamment une jeune personne aux grands pieds vêtue d'alpaga et originaire de Kilburn, qui venait régulièrement poser pour mes illustrations depuis un ou deux ans. J'avais la faiblesse d'en être encore satisfait. Je fis état de la situation à mes visiteurs en toute franchise, mais ils avaient pris plus de précautions que je ne l'aurais cru. Ils avaient déjà évalué leurs chances de succès car Claude Rivet leur avait parlé de mon projet de réaliser une édition de luxe d'un écrivain contemporain, romancier de très grande valeur, qui, longtemps méprisé par la foule du commun et tenu en plus haute estime par les gens avertis (est-il besoin de nommer Philip Vincent ?), avait eu l'heur de voir, sur le tard, poindre puis se darder les feux des projecteurs de la critique lettrée, ce qui prenait valeur quasi expiatoire de la part du grand public. L'édition qui se préparait, commanditée par un éditeur de goût, devenait pratiquement un acte solennel de réparation ; les gravures sur bois qui devaient l'orner étaient l'hommage rendu par le monde de l'art à l'un des représentants les plus indépendants du monde des lettres en Angleterre. Le Major Monarch et son épouse me confièrent leur secret espoir de pouvoir être associés à ma contribution au projet. Il était prévu que je réalise le premier volume, *Rutland Ramsay*. Ils le savaient mais il me fallut leur préciser que ma participation à la suite de l'entreprise — ce premier volume devant être un essai — dépendrait de la satisfaction que j'aurais donnée. En cas de succès mitigé, mes employeurs sauraient me remercier sans autre forme de procès.

---

5. **if this should be limited** : le choix de **should** à la place de **were** indique que le peintre ne souhaite pas que cela arrive *(si jamais, par malheur* ou *À Dieu ne plaise)*.

6. **would** : (will+-ed-) pose une sorte d'équivalence logique entre le sujet **(my employers)** et le prédicat **(drop me with scarce common forms)**, comme si le narrateur savait qu'en cas d'échec la sanction serait automatique et sans appel.

It was therefore a crisis[1] for me, and naturally I was making special preparations, looking about for new people, should they be necessary[2], and securing the best types. I admitted however that I should like to settle down to two or three good models who would do for everything.

"Should we have often to —a— put on[3] special clothes?" Mrs. Monarch timidly demanded.

"Dear yes —that's half the business."

"And should we be expected to supply our own costumes?"

"Oh no; I've got a lot of things. A painter's models put on —or put off[4]— anything he likes."

"And you mean —a— the same?"

"The same?"

Mrs. Monarch looked at her husband again.

"Oh she was just wondering," he explained, "if the costumes are in *general* use." I had to confess that they were, and I mentioned further that some of them —I had a lot of genuine greasy[5] last-century things— had served their time, a hundred years ago, on living world-stained men and women; on figures not perhaps so far removed, in that vanished world, from *their* type, the Monarchs', *quoi!* of a breeched[6] and bewigged age[7]. "We'll put on anything that *fits*[8]," said the Major.

"Oh I arrange that —they fit[8] in the pictures."

---

1. **crisis** ['kraɪsɪs]: pluriel **crises** [kraɪsiːz]: *crise, point critique.*

2. **should they be necessary**: *pour le cas* (peu probable) *où ils/elles seraient nécessaires.*

3. **put (put, put) on**: *mettre, passer* (vêtements).

4. **put off**: *enlever, retirer.*

5. **greasy** (deux prononciations: [griːsɪ] *gras,* et (ici) [griːzɪ] *graisseux* U.S.: **greasy spoon**: *gargote.*

6. **breeched** et **bewigged,** adjectifs formés sur **breeches** ['brɪtʃɪz]: *hauts de chausses,* et **wig**: *perruque.*

7. **age**: *époque, siècle;* **the Age of Enlightenment**: *le siècle des Lumières.*

Il s'agissait donc pour moi d'une expérience cruciale, qui me demandait bien sûr des préparatifs particuliers : je cherchais de nouvelles têtes pour parer à toute éventualité, et retenais les personnages les plus typés. Cependant je reconnaissais aussi que je souhaitais m'arrêter à deux ou trois bons modèles qui s'adapteraient à toutes les situations.

« Est-ce qu'il nous faudra souvent, euh, revêtir... des tenues spéciales », demanda timidement Mrs. Monarch.

« Mon Dieu, oui, cela fait partie du jeu.

— Et aurons-nous à fournir nous-mêmes ces costumes ?

— Non, j'ai tout ce qu'il faut. C'est au peintre de décider ce que ses modèles doivent porter ou enlever.

— Et voulez-vous dire que ce sont... les mêmes ?

— ... Les mêmes ? »

Mrs. Monarch regarda de nouveau son mari qui expliqua :

« Oh, elle se demandait simplement si les mêmes costumes servaient à tout le monde. » Je dus avouer que oui et j'ajoutai que certains (car j'avais d'authentiques reliques crasseuses datant du siècle dernier) avaient rempli leurs fonctions, cent ans auparavant, sur des hommes et des femmes marqués par la vie, sur des silhouettes peut-être guère différentes de la leur, dans ce monde disparu : les Monarch, *quoi*!, d'une ère de pourpoints et de perruques. Le Major dit : « Nous mettrons tout ce qui ira.

— C'est moi qui m'en charge : cela ira une fois dans les dessins.

---

8. **fits... fit** : exemple de figure souvent utilisée par James : l'antanaclase, qui consiste à reprendre les mots de l'interlocuteur en leur donnant un sens légèrement différent. Ici il y a ambiguïté entre le sens d'*aller* (pour la taille) et de *convenir, s'adapter* (pour le style). Le procédé permet à James de faire jouer l'incompréhension qui marque l'échange entre le peintre et ces modèles depuis le début, mais sans la commenter, en la montrant à l'œuvre pour ainsi dire « entre » les mots.

"I'm afraid I should do better for the modern books. I'd come as you like," said Mrs. Monarch.

"She has got a lot of clothes at home: they might do for contemporary life," her husband continued.

"Oh I can fancy scenes in which you'd be quite natural." And indeed I could see the slipshod[1] rearrangements of stale[2] properties[3] —the stories I tried to produce pictures for without the exasperation of reading them— whose sandy tracts the good lady might help to people. But I had to return to the fact that for this sort of work —the daily mechanical grind[4]— I was already equipped: the people I was working with were fully adequate.

"We only thought we might be more like *some* characters," said Mrs. Monarch mildly, getting up.

Her husband also rose; he stood looking at me with a dim wistfulness[5] that was touching in so fine a man. "Wouldn't it be rather a pull sometimes to have —a— to have—?" He hung fire[6]; he wanted me to help him by phrasing what he meant. But I couldn't —I didn't know. So he brought it out awkwardly: "The *real* thing[7]; a gentleman, you know, or a lady." I was quite ready to give a general assent — I admitted that there was a great deal in that. This encouraged Major Monarch to say, following up his appeal with an unacted gulp:

---

1. **slipshod**: (mot à mot *en savates*) *négligé, bâclé.*
2. **stale**: *vieux, défraîchi*; **that's stale news!** *c'est du réchauffé!*
3. **properties**: (théâtre) *accessoires;* **property-man**: *accessoiriste.*
4. **the daily grind**: (cliché) *le train-train, la routine.*
5. **wistfulness**: *nostalgie, mélancolie, regret.*
6. **he hung fire**: **hang (hung, hung) fire**: *faire long feu, traîner en longueur.*
7. **the real thing**: l'expression qui donne son titre à la nouvelle signifie: *ce qui est authentique*, et *ce qui convient le mieux*. **It is the real thing**: *c'est du vrai de vrai.* Le malentendu principal vient du sentiment qu'ont les Monarch d'être ce qu'il y a de mieux (par leur classe et leur prestance), alors que le peintre préfère des modèles sachant s'adapter à

— Il me semble que je serais plus utilisable dans des livres modernes. Je viendrais habillée comme vous le voudrez », dit Mrs. Monarch.

Et son mari d'enchaîner : « Elle a toute une garde-robe à la maison, qui irait très bien pour des scènes de la vie contemporaine.

— Oui, j'imagine sans peine des scènes où vous auriez l'air très naturel. » Et de fait, je voyais bien ces histoires réécrites à la va-vite, pleines d'effets éculés — ces histoires pour lesquelles je tâchais de fournir des images sans m'imposer l'irritant pensum de les lire — dont la dame pourrait aider à peupler les plages désertes. Mais il fallait me rendre à l'évidence et reconnaître que pour ce genre de travail, le traintrain quotidien, j'étais déjà pourvu. Les gens avec qui je travaillais faisaient très bien l'affaire.

« Simplement nous pensions qu'il y aurait des personnages pour lesquels nous serions mieux », glissa timidement Mrs. Monarch en se levant.

Son mari se leva aussi et resta à me regarder avec un air de vague nostalgie fort touchant de la part d'un homme de cette qualité. « Ne serait-ce pas tout de même un avantage d'avoir, euh, d'avoir... » Il hésitait, espérant mon aide pour formuler sa pensée à sa place. Mais c'était impossible car je n'en avais pas la moindre idée. Aussi finit-il par lâcher maladroitement : « De vrais modèles : un vrai gentleman, quoi, ou une vraie dame. » Je m'empressai d'exprimer un assentiment d'ordre général : je reconnaissais que cela représentait un intérêt considérable. Ce qui encouragea le Major Monarch à poursuivre, sa requête étant suivie d'un hoquet non simulé :

---

toutes les situations. Le thème de l'apparence et de la réalité (**real thing**) est développé ici pour faire triompher le faux-semblant, d'où la valeur ironique du titre.

"It's awfully hard —we've tried everything." The gulp was communicative; it proved too much for his wife. Before I knew it[1] Mrs. Monarch had dropped[2] again upon a divan and burst into tears. Her husband sat down beside her, holding one of her hands; whereupon she quickly dried her eyes with the other, while I felt embarrassed as she looked up at me. "There isn't a confounded job I haven't applied for[3] —waited for—prayed for. You can fancy we'd be pretty bad first. Secretaryships and that sort of thing? You might as well[4] ask for a peerage. I'd be *anything* —I'm strong; a messenger or a coalheaver. I'd put on a gold-laced cap and open carriage-doors in front of the haberdasher's; I'd hang about a station to carry portmanteaux; I'd be a postman. But they won't[5] *look* at you; there are thousands as good as yourself already on the ground. *Gentlemen*, poor beggars, who've drunk their wine, who've kept their hunters[6]!"

I was as reassuring as I knew how to be, and my visitors were presently on their feet again while, for the experiment, we agreed on an hour. We were discussing it when the door opened and Miss Churm came in with a wet umbrella. Miss Churm had to take the omnibus to Maida Vale and then walk half a mile. She looked a trifle[7] blowsy[8] and slightly[9] splashed[10].

---

1. **before I knew it**: mot à mot : *avant que je me sois rendu compte ;* signifie à peu près *en moins de temps qu'il n'en faut pour le dire* (se dit aussi : **before you can say Jack Robinson**).

2. **drop**: *se laisser tomber, s'affaisser, tomber ;* (théâtre) **the curtain drops**: *le rideau tombe ;* **you could have heard a pin drop**: *on aurait entendu voler une mouche*.

3. **apply for a job**: *faire une demande d'emploi*.

4. **you might as well**: *autant vaut* (ou *valait*) ; **you might as well say that...**: *autant dire que...* ; **Shall I tell him ? — You might as well !** : *Je lui dis ? Tant qu'à faire, oui*.

5. **won't** = **will** + **not**: a le sens de *refus ;* **this window won't open**: *cette fenêtre ne s'ouvre pas* (refuse de s'ouvrir).

6. **hunter**: (ici) *cheval de chasse*.

7. **a trifle**: *un peu, un rien ;* **a trifle difficult**: *un tantinet difficile*.

« C'est effroyablement dur. Nous avons tout essayé. » Le hoquet fut contagieux : sa femme n'y résista pas. Mrs. Monarch ne tarda pas à s'effondrer en larmes sur un divan. Son mari s'assit auprès d'elle, lui tenant une main, pendant que de l'autre elle se séchait rapidement les yeux. J'étais bien confus lorsqu'elle leva les yeux vers moi.

« Il n'y a pas un seul maudit emploi que je n'aie brigué, attendu, sollicité à genoux. Vous imaginez sans peine qu'il faut que nous soyons tombés bien bas pour en arriver là. Des postes de secrétaire ou autre ? Autant demander un titre de noblesse ! Robuste comme je suis, je suis prêt à tous les métiers... coursier, charbonnier. Je suis prêt à mettre une casquette à galons dorés pour ouvrir les portes des calèches devant l'entrée d'un marchand de chemises. Je suis prêt à traîner dans les gares pour porter les malles. Je suis prêt à faire le facteur. Mais c'est qu'ils ne vous regardent même pas. Avant que vous n'arriviez, il y en a déjà mille aussi bien que vous sur la place. Des gens de bien, pauvres diables, qui ont possédé leur cave et leur écurie ! »

Je me montrai aussi rassurant que je pus, et bientôt mes visiteurs furent de nouveau sur pied, tandis que, pour tenter l'expérience, nous convenions d'une heure. Nous étions en train de la fixer lorsque la porte s'ouvrit et Miss Churm entra, un parapluie mouillé à la main. Pour venir chez moi, Miss Churm devait prendre l'omnibus jusqu'à Maida Vale et faire ensuite un demi-mile à pied. Elle était un tantinet dépenaillée et quelque peu crottée.

---

8. **blowsy** ou **blowzy** ['blaʊzɪ] : *mal coiffé, ébouriffé.*

9. **slightly** : *légèrement, un peu ;* **I know her slightly** : *je la connais à peine.*

10. **splash** : *éclabousser ;* (fig.) **the news was splashed across the front page** : *la nouvelle a fait cinq colonnes à la une.*

I scarcely ever saw her come in without thinking afresh[1] how odd it was that, being so little in herself, she should yet be so much in others. She was a meagre little Miss Churm, but was such an ample heroine of romance. She was only a freckled[2] cockney[3], but she could represent everything, from a fine lady to a shepherdess; she had the faculty as she might have had a fine voice or long hair. She could'nt spell[4] and she loved beer, but she had two or three "points", and practice, and a knack[5], and mother-wit[6], and a whimsical[7] sensibility, and a love of the theatre, and seven sisters, and not an ounce of respect, especially for the *h*[8]. The first thing my visitors saw was that her umbrella was wet, and in their spotless perfection they visibly winced[9] at it. The rain had come on since their arrival.

"I'm all in a soak[10]; there *was* a mess of people in the 'bus. I wish you lived near a stytion," said Miss Churm. I requested her to get ready as quickly as possible, and she passed into the room in which she always changed her dress. But before going out she asked me what she was to get into this time.

"It's the Russian princess, don't you know?" I answered; "the one with the 'golden eyes', in black velvet, for the long thing in the *Cheapside*."

---

1. **afresh**: *de nouveau;* **start afresh**: *recommencer.*

2. **freckle**: *tache de rousseur* ou *de son.*

3. **cockney**: originaire de la région est de Londres (l'**East End**), et caractérisé par un langage et une prononciation populaires.

4. **spell (spelt ou spelled)**: *épeler, orthographier.*

5. **knack**: [næk]: *truc, tour de main;* **she's got a knack of saying the wrong thing**: *elle a le chic pour dire ce qu'il ne faut pas.*

6. **mother-wit**: *bon sens inné.*

7. **whimsical** ['wɪmzɪkl]: *fantasque, saugrenu.*

8. **not an ounce of respect, especially for the h**: l'effet comique est ici produit par cette liste aux éléments disparates, et la surprise de la chute après la virgule. En escamotant les « h » aspirés, la jeune fille paraît manquer de respect à la langue.

À chacune ou presque de ses arrivées, je ne pouvais m'empêcher de penser qu'il était bien étrange de voir une personne n'être rien en soi et valoir tellement quand elle incarnait d'autres personnages. Miss Churm était un tout petit bout de femme mais elle s'étoffait comme héroïne romanesque. Elle n'était qu'une petite cockney à taches de rousseur, mais elle savait tout faire, depuis la grande dame jusqu'à la bergère. Elle possédait ce don comme elle aurait pu avoir une jolie voix ou de longs cheveux. Elle ignorait l'orthographe et adorait la bière, mais elle avait deux ou trois points forts, de l'expérience, du chic, le sens de la repartie, une sensibilité fantasque, et puis elle avait le goût du théâtre, et en plus sept sœurs, et pas le moindre respect, surtout pas pour les « h » aspirés. La première chose qui frappa mes visiteurs fut son parapluie mouillé, et dans leur perfection immaculée, ils ne purent se retenir de frémir à ce spectacle. Il s'était mis à pleuvoir depuis leur arrivée.

« Je suis complètement trempée. Il y en avait une foule, dans l'omnibus ! Si seulement vous habitiez près d'une gare », dit Miss Churm. Je lui demandai alors de se préparer aussi vite que possible, et elle passa dans la pièce qui lui servait de vestiaire. Mais avant d'en ressortir elle me demanda ce qu'il fallait qu'elle enfile cette fois.

« La princesse russe, vous ne vous souvenez pas ? » répondis-je, « celle qui a des ''yeux d'or'' et porte du velours noir, pour le long texte de *Cheapside*.

---

9. **wince** : *faire une grimace* (de douleur ou de dégoût), *tressaillir* ; **without wincing** : *sans broncher*.

10. **give something a good soak** : *laisser tremper* ; **the sheets are in soak** : *les draps sont en train de tremper* ; **be/get soaked to the skin** : *être/se faire tremper comme une soupe*.

"Golden eyes? I *say*[1]!" cried Miss Churm, while my companions watched her with intensity as she withdrew[2]. She always arranged herself, when she was late, before I could turn round; and I kept my visitors a little on purpose[3], so that they might get an idea, from seeing her, what would be expected of themselves. I mentioned that she was quite my notion of an excellent model —she was really very clever.

"Do you think she looks like a Russian princess?" Major Monarch asked with lurking[4] alarm[5].

"When I make[6] her, yes."

"Oh if you have to *make* her—!" he reasoned, not without point.

"That's the most you can ask. There are so many who are not makeable."

"Well now, *here's* a lady" —and with a persuasive smile he passed his arm into his wife's— "who's already made!"

"Oh I'm not a Russian princess," Mrs. Monarch protested a little coldly. I could see she had known some and didn't like them. There at once was a complication of a kind I never had to fear with Miss Churm.

This young lady came back in black velvet —the gown[7] was rather rusty[8] and very low on her lean[9] shoulders— and with a Japanese fan[10] in her red hands.

---

1. **I say!**: (ironique) *dites-donc;* **you don't say!**: *sans blague, pas possible!*

2. **withdraw (withdrew, withdrawn)**: *retirer, se retirer;* **he withdrew a few paces**: *il a reculé de quelques pas.*

3. **on purpose** ['pɜːpəs]: *exprès, à dessein, délibérément;* **she did it on purpose**: *elle l'a fait exprès.*

4. **lurk**: *se tapir, menacer;* **lurking**: *vague, secret;* **a lurking suspicion**: *un vague soupçon;* **a lurking thought of revenge**: *une arrière-pensée de vengeance.*

5. **alarm**: *inquiétude, alarme.*

6. **make**: *faire* ou *transformer* **(makeable, made).**

— Des yeux d'or ? Vous m'en direz tant ! » s'écria Miss Churm que mes compagnons ne quittaient pas des yeux tandis qu'elle se retirait. Quand elle était en retard, elle se préparait toujours en deux temps trois mouvements ; et c'est à dessein que je retins un peu mes visiteurs pour qu'ils se rendent compte en la voyant de ce que j'attendais d'eux. Je dis en passant qu'elle était pour moi le type même de l'excellent modèle. Elle était vraiment très douée.

« Vous trouvez qu'elle ressemble à une princesse russe ? » demanda le Major Monarch avec une pointe d'inquiétude.

« Traitée par moi, oui.

— Ah, si c'est une fois qu'elle est traitée, alors... » objecta-t-il non sans raison.

« C'est ce que l'on peut demander de mieux. Il y en a tellement que l'on ne peut pas traiter du tout.

— Eh bien, je vous présente une dame », dit-il avec un sourire persuasif en passant son bras sous celui de sa femme, « qui n'a pas besoin d'être traitée.

— Mais je n'ai rien d'une princesse russe », protesta Mrs. Monarch assez fraîchement. Il était visible qu'elle en avait connu et qu'elle ne les aimait pas. C'était bien là le genre de complication que je n'avais jamais eu à redouter avec Miss Churm.

La jeune femme revint vêtue de velours noir (la robe était plutôt passée et dénudait ses maigres épaules), tenant dans ses mains rouges un éventail japonais.

---

7. **gown** [gaʊn] : *robe, toge* ; **dressing-gown** : *robe de chambre* ; **dinner gown** : *robe habillée*.
8. **rusty** : *rouillé, vétuste* ; **my Spanish is rusty** : *mon espagnol est un peu rouillé*.
9. **lean** : *maigre, pauvre* ; **this is a lean year for corn** : *c'est une mauvaise année pour le blé* ; **those were lean years** : *c'étaient des années de vaches maigres* ; **we had a lean time** : *on a mangé de la vache enragée*.
10. **fan** : *éventail* ; *ventilateur* ; **fan heater** : *radiateur soufflant*.

I reminded her that in the scene I was doing she had to look over some one's head. "I forget whose it is; but it doesn't matter. Just look over a head."

"I'd rather[1] look over a stove," said Miss Churm; and she took her station near the fire. She fell into position[2], settled herself into a tall attitude, gave a certain backward inclination to her head and a certain forward droop[3] to her fan, and looked, at least, to my prejudiced[4] sense, distinguished and charming, foreign and dangerous. We left her looking so while I went downstairs with Major and Mrs. Monarch.

"I believe I could come about as near it as that." said Mrs. Monarch.

"Oh you think she's shabby[5], but you must allow for[6] the alchemy of art."

However, they went off with an evident increase of comfort founded on their demonstrable advantage in being the real thing. I could fancy them shuddering[7] over Miss Churm. She was very droll about them when I went back, for I told her what they wanted.

"Well, if *she* can sit I'll tyke[8] to book-keeping," said my model.

"She's very ladylike," I replied as an innocent form of aggravation.

"So much the worse[9] for *you*. That means she can't turn round."

---

1. **I'd rather** = **I would rather** : *j'aimerais mieux*; **I'd rather wait**: *je préférerais attendre*; **I'd rather die!**: *plutôt mourir!*

2. **(get oneself) into position**: *se placer*.

3. **droop**: *attitude penchée* ou *affaissée*; *langueur, abattement*.

4. **prejudiced** (faux ami): *plein de préjugés, de préventions, partial*; **he is/not prejudiced in that matter**: *il est de parti pris/sans parti pris dans cette affaire*.

5. **shabby**: *râpé, élimé, pauvre, minable*.

6. **allow for** [ə'laʊ]: *tenir compte de*; **allowing for the circumstances**: *compte tenu des circonstances*; **allow for all possibilities**: *parer à toute éventualité*.

Je lui rappelai que dans cette scène elle était censée regarder par-dessus la tête de quelqu'un. « Je ne sais plus qui, mais cela n'a pas d'importance. Regardez par-dessus la tête de n'importe qui.

— J'aimerais autant regarder par-dessus un poêle », et elle alla se poster auprès du feu. Elle prit la pose, se campa dans une attitude hautaine, inclina la tête de manière calculée vers l'arrière, et pencha son éventail de manière tout aussi calculée vers l'avant, et, du moins à mes yeux, car je manquais d'objectivité, elle semblait charmante et distinguée, exotique et dangereuse. Nous la laissâmes dans cette pose, cependant que je descendais raccompagner le Major Monarch et sa femme.

« Je pense que je pourrais m'approcher tout aussi près de ce personnage qu'elle.

— Vous trouvez qu'elle a piètre allure, mais c'est compter sans l'alchimie de l'art. »

Toutefois, ils repartirent visiblement confortés dans l'idée qu'ils avaient un avantage manifeste en étant de vrais modèles. Je les imaginais frémissant à la pensée de Miss Churm. Quant à elle, elle eut un commentaire cocasse à leurs dépens, lorsque je revins lui raconter ce qu'ils voulaient.

« Si elle se met à poser, moi j'me mets à la comptabilité », dit mon modèle.

« Elle a beaucoup de distinction », dis-je en guise d'innocente provocation.

« Dommage pour vous. Ça veut dire qu'elle sait rien faire d'autre.

---

7. **shudder** : *frissonner, frémir* ; **I shudder to think what might have happened** : *je frémis rien qu'à la pensée de ce qui aurait pu se produire.*
8. **tyke** = **take (took, taken) to** : *prendre* (habitude), *se mettre à* ; **take to drink** : *se mettre à boire.*
9. **so much the worse/the better** : *tant pis/tant mieux.*

"She'll do for the fashionable novels."

"Oh yes, she'll *do*[1] for them!" my model humorously declared. "Ain't they[2] bad enough without her?" I had often sociably denounced them to Miss Churm.

III

It was for the elucidation of a mystery in one of these works that I first tried Mrs. Monarch. Her husband came with her, to be useful if necessary —it was sufficiently clear that as a general thing he would prefer to come with her. At first I wondered if this were for "propriety's[3]" sake[4] —if he were going to be jealous and meddling[5]. The idea was too tiresome, and if it had been confirmed it would speedily have brought our acquaintance to a close[6]. But I soon saw there was nothing in it and that if he accompanied Mrs. Monarch it was —in addition to the chance[7] of being wanted— simply because he had nothing else to do. When they were separate his occupation was gone and they never *had* been separate. I judged rightly that in their awkward situation their close union was their main comfort and that this union had no weak spot. It was a real marriage, an encouragement to the hesitating, a nut for pessimists to crack[8].

---

1. **do**: autre exemple d'antanaclase (cf. note 8 p. 70). Le premier sens est : *elle fera l'affaire ;* le deuxième : *cela suffit, cela suffit comme ça.*

2. **ain't they** = **aren't they.**

3. **propriety** [prə'praɪətɪ] : *bienséance, convenance ;* **he threw propriety to the winds :** *il a envoyé promener les convenances.*

4. **for...'s sake** : *par égard pour, en considération de ;* **for old times' sake :** *en souvenir du bon vieux temps ;* **for God's sake :** *pour l'amour du ciel ;* **art for art's sake :** *l'art pour l'art.*

5. **meddling** ou **meddlesome :** *qui fourre son nez partout, indiscret, qui touche à tout.*

6. **bring (brought, brought) something to a close :** *mettre fin à :* **draw (drew, drawn) to a close :** *tirer à sa fin.*

— Elle ira bien pour les romans mondains.

— Ah oui, ce sera le bouquet ! » déclara le modèle avec humour. « Comme s'ils étaient pas déjà assez mauvais sans elle. »

Dans la conversation, il m'était souvent arrivé de les éreinter devant Miss Churm.

III

Ce fut l'élucidation d'un mystère dans l'un de ces ouvrages qui m'amena à faire appel à Mrs. Monarch. Son mari l'accompagnait pour se rendre utile au besoin — il était assez clair que, d'une manière générale, il préférait venir avec elle. Je me demandai tout d'abord si c'était par souci des « convenances », et s'il allait se montrer jaloux et encombrant. Cette simple idée m'assommait et si elle avait été confirmée, elle eût tôt fait de mettre un terme à nos relations. Mais je ne tardai pas à voir qu'il n'en était rien, et que s'il escortait Mrs. Monarch c'était (outre la possibilité que l'on pût faire appel à lui) tout simplement qu'il n'avait rien d'autre à faire. Quand ils étaient séparés, il n'avait plus d'occupation, or jamais ils n'avaient été séparés. Je percevais à juste titre que dans cette situation embarrassante qui était la leur, leur étroite union était leur principale source de réconfort et que cette union était sans faille. C'était un vrai mariage, digne d'encourager les hésitants, un vrai casse-tête pour les pessimistes.

---

7. **chance**: *possibilité, chance;* **he hasn't much chance of winning**: *il n'a pas beaucoup de chances de gagner.*
8. **a (hard) nut to crack**: *un problème difficile à résoudre* (idée d'énigme, de casse-tête).

Their address was humble —I remember afterwards thinking it had been the only thing about them that was really professional— and I could fancy the lamentable lodgings[1] in which the Major would have been left alone. He could sit there more or less grimly[2] with his wife —he couldn't sit there anyhow without her.

He had too much tact to try and[3] make himself agreeable when he couldn't be useful; so when I was too absorbed in my work to talk he simply sat and waited. But I liked to hear him talk —it made my work, when not interrupting it, less mechanical, less special. To listen to him was to combine the excitement of going out with the economy of staying at home. There was only one hindrance[4] —that I seemed not to know any of the people this brilliant couple had known. I think he wondered extremely, during the term of our intercourse, whom the deuce[5] I *did* know. He hadn't a stray sixpence of an idea to fumble for[6], so we didn't spin it very fine; we confined ourselves to questions of leather and even of liquor —saddlers and breeches-makers and how to get excellent claret[7] cheap— and matters like "good trains" and the habits of small game[8]. His lore[9] on these last subjects was astonishing —he managed to interweave[10] the station-master with the ornithologist.

---

1. **lodgings**: *chambre, logement*; **he is in lodgings**: *il vit en meublé, garni*.

2. **grimly**: 1) (ici) *d'un air mécontent*; 2) *inexorablement*; « **no surrender** », **they said grimly**: « *nous ne nous rendrons pas* », *dirent-ils d'un air résolu*.

3. **try and**: *essayer de*; **try and come to the party**: *essayez de venir à la soirée*; cf. **sat and waited**; **wait and see**: *on verra bien, attendez voir*; **a wait-and-see policy**: *une politique attentiste*.

4. **hindrance**: *gêne, entrave, obstacle*; **he is more a hindrance than a help**: *il gêne plus qu'il n'aide*.

5. **the deuce** = **the devil**: donne de l'emphase à une question; **why the deuce didn't you say so?** *pourquoi diable ne l'as-tu pas dit?*

Ils avaient une adresse modeste (je me souviens de m'être dit *a posteriori* que c'était là leur seul trait commun avec les gens du métier) et j'imaginais sans peine le logis lamentable où le Major se fût morfondu seul. S'il pouvait y rester avec plus ou moins de morosité en compagnie de sa femme, il lui était en tout cas impossible d'y rester en son absence.

Il avait trop de tact pour essayer de se rendre agréable lorsqu'il ne pouvait pas être utile ; ainsi se contentait-il, lorsque j'étais trop absorbé par mon travail pour faire la conversation, de rester assis à attendre. Mais, j'aimais à l'entendre parler. Mon travail, quand il n'était pas interrompu, en devenait moins machinal, moins à part. L'écouter permettait de combiner l'excitation d'une sortie avec l'économie de rester chez soi. Le seul écueil était que je ne semblais connaître aucune des personnes qu'avait fréquentées ce couple brillant. Je crois que tout le temps que durèrent nos rapports il a dû sérieusement se demander qui diable je pouvais bien connaître. Comme son cerveau était dépourvu de la moindre imagination, nous n'avions pas de conversations très soutenues et nous nous cantonnions dans le registre du cuir ou des alcools, évoquant les selliers et les culottiers et la façon de se procurer du très bon bordeaux à bas prix, ainsi que dans les questions telles que les « trains commodes » et les habitudes du menu gibier. Son érudition sur ces derniers chapitres était étourdissante : il parvenait à combiner en lui le chef de gare avec l'ornithologue.

---

6. **fumble for** : *chercher en tâtonnant ;* **fumble for words** : *chercher ses mots.*
7. **claret** ['klærət] : (vin de) *bordeaux* (rouge).
8. **big/small game** : *petit/gros gibier.*
9. **lore** : 1) (ici) *grande connaissance ;* 2) *traditions, coutumes.*
10. **interweave (wove, woven)** : *tisser ensemble, entrelacer.*

When he couldn't talk about greater things he could talk cheerfully about smaller[1], and since I couldn't accompany him into reminiscences of the fashionable world he could lower the conversation without a visible effort to my level.

So earnest a desire to please was touching in a man who could so easily have knocked one down[2]. He looked after[3] the fire and had an opinion on the draught of the stove without[4] my asking him, and I could see that he thought many of my arrangements not half knowing. I remember telling him that if I were only rich I'd offer him a salary to come and teach me how to live. Sometimes he gave a random[5] sigh[6] of which the essence might have been: "Give me even such a bare old barrack as *this*, and I'd do something with it!" When I wanted to use him he came alone; which was an illustration of the superior courage of women. His wife could bear[7] her solitary second floor, and she was in general more discreet; showing by various small reserves that she was alive to[8] the propriety of keeping our relations markedly professional —not letting them slide into sociability. She wished it to remain clear that she and the Major were employed, not cultivated, and if she approved of me as a superior, who could be kept in his place, she never thought me quite good enough for an equal.

---

1. **about smaller**: sous-entendu : *things*.

2. **knock... down**: *renverser, abattre;* **you could have knocked me down with a feather !** *les bras m'en sont tombés! j'étais comme deux ronds de flan.*

3. **look after**: *s'occuper, faire attention à, prendre soin de;* **who will look after the children ?** *qui va s'occuper des enfants ?*

4. **without + -ing**: *sans +* infinitif ; **without speaking**: *sans parler;* **it goes without saying**: *cela va sans dire;* **without +** adj. poss. **+ -ing** (litt.): *sans que;* **don't go without my having paid you**: *ne partez pas avant que je vous aie payé;* **without +** nom **+ -ing**: *sans que;* **it was done without France daring to intervene**: *ce fut fait sans que la France osât intervenir.*

Lorsqu'il ne pouvait aborder de sujets plus élevés, il savait parler avec entrain des petits, et puisque je ne pouvais le suivre sur le terrain des réminiscences du grand monde, il savait, sans effort apparent, abaisser la conversation à ma hauteur.

Un tel désir de plaire était touchant de la part d'un homme qui eût pu facilement vous renverser d'une chiquenaude. Il s'occupait du feu et émit un avis sur le tirage du poêle, sans que j'eusse à le lui demander. Je sentais bien que plusieurs détails de mon installation ne lui semblaient pas au point. Je me rappelle lui avoir dit que, si seulement mes moyens me le permettaient, je lui offrirais un salaire pour qu'il m'apprenne l'art de vivre. Il lui arrivait de pousser ici ou là un soupir qui eût pu signifier en substance : « Donnez-moi même une vieille bicoque nue comme celle-là et j'en ferai quelque chose ! » Lorsque j'avais besoin de ses services, il venait seul, ce qui illustrait bien le courage supérieur des femmes. Son épouse savait supporter la solitude de son deuxième étage, de même qu'elle était en général plus discrète. Par toutes sortes de menues réserves elle témoignait de sa conscience aiguë des convenances qui lui imposaient de maintenir nos relations dans un registre strictement professionnel, de ne pas les laisser glisser sur le terrain de la civilité. Elle souhaitait marquer clairement que le Major et elle étaient mes employés et non des relations, et, si elle m'appréciait comme patron, que l'on peut tenir à distance, elle ne me jugeait pas tout à fait digne d'être traité en égal.

---

5. **random** : *au hasard* ; **random bullet** : *balle perdue* ; **random sample** : *échantillon prélevé au hasard.*
6. **sigh** [saɪ] : *soupir* ; **give/heave a sigh of relief** : *pousser un soupir de soulagement.*
7. **bear (bore, borne)** [beə] : *porter, supporter* ; **he can't bear the smell of cooking** : *il ne supporte pas les odeurs de cuisine.*
8. **alive to** : *sensible à* ; **be alive to one's interests** : *veiller à ses intérêts* ; **alive to a danger** : *conscient d'un danger.*

She sat with great intensity, giving the whole of her mind to it, and was capable of remaining for an hour almost as motionless as before a photographer's lens[1]. I could see she had been photographed often, but somehow the very[2] habit that made her good for that purpose unfitted[3] her for mine. At first I was extremely pleased with her ladylike air, and it was a satisfaction, on coming to follow her lines, to see how good they were and how far they could lead the pencil. But after a little skirmishing[4] I began to find her too insurmountably stiff; do what I would with it my drawing looked like a photograph or a copy of a photograph. Her figure had no variety of expression —she herself had no sense of variety. You may say that this was my business and was only a question of placing her. Yet I placed her in every conceivable position and she managed to obliterate their differences. She was always a lady certainly, and into the bargain was always the same lady. She was the real thing, but always the same thing. There were moments when I rather writhed[5] under the serenity of her confidence[6] that she *was* the real thing. All her dealings[7] with me and all her husband's were an implication[8] that this was lucky for *me*. Meanwhile I found myself trying to invent types that approached her own, instead of making her own transform itself —in the clever way that was not impossible for instance to poor Miss Churm.

---

1. **lens**: *objectif photographique, lentille.*

2. **very**: terme d'emphase ; **the very same day**: *le jour même ;* **the very next day**: *le lendemain même, dès le lendemain.*

3. **unfit**: *rendre inapte* **(for**,*à).*

4. **skirmish**: *s'engager dans une escarmouche.*

5. **writhe** [raɪð]: *se tordre, frémir ;* **it made him writhe**: *il s'est tordu* (de douleur) ou *il a frémi* (de dégoût); **he writhed under the insult**: *il a frémi sous l'injure.*

6. **confidence**: (faux ami) *confiance ;* **self-confidence**: *assurance ;* **motion of no confidence**: *motion de censure.*

7. **dealings**: *relations* **(with**, *avec) ; transactions* (à la Bourse).

Elle posait avec beaucoup d'application, en y mettant toute sa concentration, et elle était capable de rester une heure immobile comme devant l'objectif d'un photographe. On voyait qu'elle avait été photographiée souvent mais, à vrai dire, l'habitude même qui l'avait rendue parfaitement apte à cette activité la rendait inapte à la mienne. Je fus tout d'abord comblé par son air de femme du monde et à parcourir les lignes de son corps, il était très satisfaisant d'en apprécier la perfection et de voir jusqu'où elles pouvaient conduire le crayon. Mais après m'être un peu escrimé, je me pris à la trouver d'une raideur par trop insurmontable : quels que fussent mes efforts, mon dessin ressemblait à une photographie ou à la copie de quelque photographie. Sa silhouette n'avait aucune diversité dans l'expression — d'ailleurs, elle n'avait aucun sens de la diversité. Vous me direz que c'était mon affaire et qu'il suffisait de savoir la placer. Pourtant j'avais beau la placer dans toutes les postures imaginables, elle parvenait toujours à en gommer les différences. Certes c'était toujours une dame, mais par-dessus le marché c'était toujours la même dame. C'était un vrai modèle mais c'était toujours le même modèle. Par moments, sa certitude tranquille d'être sans aucun doute possible un vrai modèle ne laissait pas de me crisper. Tout son commerce ou celui de son mari avec moi semblait indiquer que c'était moi qui avais de la chance. Entre-temps, je me voyais essayer d'inventer des types qui se rapprochaient du sien, au lieu de l'amener à se transformer, chose que cette pauvre Miss Churm, par exemple, réussissait à merveille.

---

8. **implication**: James choisit souvent de substantiver les verbes évoquant une activité mentale, **implication** au lieu de **implied**, **decision** au lieu de **decide**, **impression** pour **impress**, **enjoyment** pour **enjoy**. Avec la nominalisation, l'abstraction est plus grande et le processus psychologique se voit observé avec plus de détachement par le narrateur.

Arrange as[1] I would and take the precautions I would, she always came out, in my pictures, too tall —landing[2] me in the dilemma of having represented a fascinating woman as seven feet high, which (out of respect perhaps to my own very much scantier[3] inches) was far from my idea of such a personage.

The case was worse with the Major —nothing I could do would keep *him* down, so that he became useful only for the representation of brawny[4] giants. I adored variety and range, I cherished human accidents, the illustrative note; I wanted to characterize closely, and the thing in the world I most hated was the danger of being ridden[5] by a type. I had quarelled with some of my friends about it; I had parted company with[6] them for maintaining that one *had* to be, and that if the type was beautiful —witness Raphael and Leonardo— the servitude was only a gain. I was neither Leonardo nor Raphael —I might only be a presumptuous young modern searcher; but I held[7] that everything was to be sacrificed sooner[8] than the character. When they claimed that the obsessional form could easily *be* character I retorted, perhaps superficially, "Whose?" It couldn't be everybody's —it might end in being nobody's.

After I had drawn Mrs. Monarch a dozen times I felt surer even than before that the value of such a model as Miss Churm resided precisely in the fact that she had no positive stamp,

---

1. **as** : *concession* ; **important as the president is...** : *pour si important que soit le président* ; **try as he would, he couldn't do it** : *il a eu beau essayer, il n'y est pas arrivé.*

2. **land** : *atterrir* ; **that will land you in trouble** : *cela va vous attirer des ennuis.*

3. **scanty** : *peu abondant* ; **scanty income** : *de maigres revenus.*

4. **brawny** [brɔːniː] : *musclé, vigoureux, costaud.*

5. **ridden, (ride, rode, ridden)** : *monter* (à cheval), *chevaucher.*

6. **part company with** : *quitter, ne plus être d'accord avec* ; **they parted company** : *ils se trouvèrent en désaccord ; ils se quittèrent.*

J'avais beau faire, prendre toutes sortes de précautions, elle paraissait toujours trop grande dans mes dessins, ce qui me confrontait au dilemme d'avoir représenté une femme fascinante de sept pieds, ce qui (sans doute par respect pour la grande modestie de ma taille) était loin de l'idée que je me faisais du personnage.

C'était encore pis avec le Major : aucun de mes efforts n'était suffisant pour le réduire, de sorte que je ne pus l'utiliser que pour représenter de vigoureux géants. J'adorais la diversité et la variété et j'aimais par-dessus tout les petits défauts humains, le détail qui fait vrai. Je voulais rendre la personnalité avec exactitude et ce que je redoutais le plus au monde c'était le danger de me laisser mener par un type de personnage. Cela avait été un sujet de friction avec certains de mes amis : je m'étais brouillé avec eux car ils soutenaient qu'on ne peut éviter de se soumettre à un type de personnage et que si ce type est beau (témoins Raphaël et Vinci), on a tout à gagner à cette sujétion. Je n'étais ni Raphaël ni Vinci ; peut-être n'étais-je qu'un jeune chercheur moderne présomptueux, mais j'estimais qu'il valait mieux tout sacrifier plutôt que la personnalité. Lorsqu'ils prétendaient qu'un type physique qui vous obsède peut facilement tenir lieu de personnalité, je rétorquais, sans doute à la légère : « Quelle personnalité ? » Cela ne pouvait être celle de tout le monde, et finir par n'être celle de personne.

Après avoir dessiné une douzaine de fois Mrs. Monarch, je fus, plus que jamais, convaincu que la valeur d'un modèle comme Miss Churm résidait dans le fait qu'elle n'avait rien de très typé,

---

7. **hold (held, held)** : *maintenir, estimer* ; **this is held to be true** : *ceci passe pour vrai.*

8. **soon/sooner** : exprime la préférence : **I would sooner stay here than go** : *je préférerais rester ici plutôt que d'y aller* ; **Will you go ? — I'd sooner not !** ou **I'd as soon not !** : *Est-ce que tu iras ? Je n'y tiens pas.*

combined of course with the other fact that what she did[1] have was a curious and inexplicable talent for imitation. Her usual appearance was like a curtain which she could draw up at request for a capital[2] performance. This performance was simply suggestive; but it was a word to the wise[3] —it was vivid and pretty. Sometimes even I thought it, though she was plain herself, too insipidly pretty; I made it a reproach to her that the figures drawn from her were monotonously (*bêtement*, as we used to say) graceful. Nothing made her more angry; it was so much her pride to feel she could sit for characters that had nothing in common with each other. She would accuse me at such moments of taking away her "reputytion[4]".

It suffered a certain shrinkage, this queer quantity, from the repeated visits of my new friends. Miss Churm was greatly in demand, never in want of employment, so I had no scruple in putting her off[5] occasionally, to try them more at my ease. I was certainly amusing at first to do the real thing —it was amusing to do Major Monarch's trousers. They *were* the real thing, even if he did come out colossal. It was amusing to do his wife's back hair —it was so mathematically neat[6]— and the particular "smart" tension of her tight stays[7]. She lent herself especially to positions in which the face was somewhat averted or blurred[8]; she abounded in ladylike back views and *profils perdus*.

---

1. **did have : did** a ici une valeur modale. Le narrateur fait une assertion polémique (qui s'oppose à **she had no positive stamp**). Se traduira par une expression adverbiale de mise en relief : *en revanche*.

2. **capital :** *excellent, fameux ;* **a capital joke :** *une excellente plaisanterie ;* **a capital medicine :** *un remède souverain ;* **this is a capital story :** *elle est bien bonne.*

3. **a word to the wise (is sufficient)** (proverbe): *à bon entendeur, salut.*

4. **reputytion = reputation,** avec l'accent cockney.

5. **put off :** *remettre à plus tard ;* **never put off till tomorrow what you can do today :** *ne jamais remettre au lendemain ce qu'on peut faire le jour même.*

joint à cet autre fait qu'elle avait en revanche un curieux et inexplicable talent d'imitation. Son apparence ordinaire ressemblait à un rideau qu'elle pouvait lever sur simple demande pour une représentation magistrale. Celle-ci était d'ordre purement suggestif, mais elle en disait long au connaisseur — elle était frappante et jolie. Parfois, et bien que Miss Churm fût elle-même assez banale, je trouvais la représentation d'une joliesse insipide à l'excès. Je lui fis le reproche que les silhouettes qu'elle m'inspirait fussent uniformément (ou, disions-nous, *bêtement*) gracieuses. Rien ne la mettait plus en colère tant elle s'enorgueillissait de se sentir capable de poser pour des personnages qui n'eussent rien de commun entre eux. Dans ces moments-là, elle m'accusait de ternir sa « réputation ».

Cette étrange entité eut à souffrir une certaine raréfaction du fait des visites répétées de mes nouveaux amis. Miss Churm étant très demandée et jamais à court d'emploi, je n'avais aucun scrupule à la renvoyer parfois à plus tard afin de pouvoir les essayer plus à mon aise. À vrai dire, il était tout d'abord amusant de croquer de vrais modèles — il était amusant de rendre le pantalon du Major Monarch. C'était tout ce qu'il y avait de plus authentique, même si lui en sortait avec l'allure d'un colosse. Il était amusant aussi de rendre la nuque de sa femme (coiffée avec un soin si mathématique), de même que la courbure particulièrement « chic » de son corset serré. Elle se prêtait tout particulièrement à des positions dans lesquelles elle avait le visage légèrement détourné ou flou. Elle savait à merveille prendre des poses de grande dame vue de dos et présenter des *profils perdus*.

---

6. **neat** : *soigné, propre, net ;* **neat as a new pin** : *propre comme un sou neuf ;* **his desk is always very neat** : *son bureau est toujours bien rangé.*
7. **stays** : *corset.*
8. **blurred** : *troublé, brouillé ;* **eyes blurred with tears** : *yeux brouillés de larmes.*

When she stood erect she took naturally one of the attitudes in which court-painters represent queens and princesses; so that I found myself wondering whether[1], to draw out this accomplishment, I couldn't get the editor of the *Cheapside* to publish a really royal romance[2], "A Tale of Buckingham Palace". Sometimes however the real thing and the make-believe came into contact; by which I mean that Miss Churm, keeping an appointment or coming to make one on days when I had much work in hand[3], encountered her invidious[4] rivals. The encounter was not on their part, for they noticed her no more than if she had been the house-maid; not from intentional loftiness[5], but simply because as yet[6], professionally, they didn't know how to fraternize, as I could imagine they would have liked —or at least that the Major would. They couldn't talk about the omnibus —they always walked; and they didn't know what else to try —she wasn't interested in good trains or cheap claret. Besides[7], they must have felt —in the air— that she was amused at them, secretly derisive of their ever knowing how. She wasn't a person to conceal[8] the limits of her faith if she had had a chance to show them. On the other hand[9] Mrs. Monarch didn't think her tidy[10]; for why else did she take pains to say to me —it was going out of the way[11], for Mrs. Monarch— that she didn't like dirty women?

---

1. **whether** ['weðə]: *si (quand il y a une alternative possible).* **I don't know whether it will rain or snow**: *je ne sais pas s'il va pleuvoir ou neiger.*

2. **romance**: (ici) *roman à l'eau de rose, idylle.*

3. **have something in hand**: *s'occuper de;* **I have this matter in hand at the moment**: *j'ai cette affaire à traiter.*

4. **invidious** [ɪn'vɪdɪəs]: *haïssable, odieux, ingrat;* **invidious comparison**: *comparaison désobligeante.*

5. **loftiness**: *hauteur (noblesse ou dédain).*

6. **as yet**: *encore, toujours, jusqu'ici/jusque-là.*

7. **besides**: 1) *d'ailleurs, du reste, en outre;* 2) *en outre, en plus;* **many more besides**: *bien d'autres encore.*

Lorsqu'elle se tenait debout, la pose adoptée par les peintres de cour pour camper reines et princesses lui venait naturellement, au point que j'en vins à me demander si pour fixer cette perfection je ne pourrais pas obtenir du rédacteur en chef de *Cheapside* qu'il publie une véritable idylle de cour, « Conte à Buckingham Palace ». Parfois cependant le vrai et le faux se trouvèrent en présence, par quoi j'entends que Miss Churm, venue à un rendez-vous ou venue en prendre un en des occasions où j'avais beaucoup de travail, rencontra ses détestables rivaux. La rencontre n'existait pas pour eux, vu qu'ils ne lui prêtaient pas plus d'attention que si elle eût été la femme de chambre. Il n'y avait là nulle hauteur volontaire de leur part, mais c'était simplement que jusque-là ils n'avaient pas su se lier avec les gens du métier, ce dont j'imaginais qu'ils avaient le souhait, pour ce qui est du Major du moins. Ils ne pouvaient pas parler de l'omnibus, ils venaient toujours à pied ; et ils ne savaient pas quel autre sujet aborder, elle ne s'intéressait ni aux trains commodes ni au bordeaux bon marché. D'ailleurs ils devaient bien sentir, intuitivement, qu'elle ne les prenait pas au sérieux, secrètement amusée de les voir si sûrs d'eux-mêmes et de leurs connaissances. Elle n'était pas femme à dissimuler les limites de sa crédulité, pour peu qu'ils lui aient laissé l'occasion d'en faire état. De son côté, Mrs. Monarch ne la trouvait pas soignée ; sinon pourquoi eût-elle pris la peine de me préciser (ce qui était faire une entorse à son code), qu'elle n'aimait pas les souillons ?

---

8. **conceal** : *cacher, dissimuler.*
9. **on the other hand** : **on the one hand... on the other hand** : *d'une part, d'autre part.*
10. **tidy** : *bien rangé, en ordre, soigné ;* **make a room tidy** : *ranger une pièce,* **have a tidy mind** : *avoir l'esprit méthodique.*
11. **go out of (one's) way to do** : *se donner du mal pour ;* **he went out of his way to help us** : *il s'est mis en quatre pour nous aider ;* **don't go out of your way** : *ne vous dérangez pas.*

One day when my young lady happened[1] to be present with my other sitters —she even dropped in[2], when it was convenient, for a chat[3]— I asked her to be so good as to lend a hand in getting tea, a service with which she was familiar and which was one of a class that, living as I did in a small way, with slender domestic resources, I often appealed to my models to render. They liked to lay hands on my property, to break the sitting, and sometimes the china[4] —it made them feel Bohemian. The next time I saw Miss Churm after this incident she surprised me greatly by making a scene about it —she accused me of having wished to humiliate her. She hadn't resented[5] the outrage at the time, but had seemed obliging and amused, enjoying the comedy of asking Mrs. Monarch, who sat vague and silent, whether she would have cream and sugar, and putting an exaggerated simper into the question. She had tried intonations —as if she too wished to pass for the real thing— till I was afraid my other visitors would take offence.

Oh they were determined not to do this, and their touching patience was the measure of their great need. They would sit by the hour, uncomplaining, till I was ready to use them; they would come back on the chance of being wanted and would walk away cheerfully if it failed. I used to go to the door with them to see in what magnificent order they retreated.

---

1. **happen** : *se trouver, arriver par hasard;* **it so happened that** : *il s'est trouvé que;* **as it happens I am going there today** : *il se trouve que j'y vais justement aujourd'hui;* **he happened to call on me** : *il se trouve qu'il est venu me voir.*

2. **drop in (on somebody)** : *passer voir quelqu'un.*

3. **chat** [tʃæt] : *causette, brin de conversation;* **they were having a chat in the corridor** : *ils bavardaient dans le couloir.*

4. **break the sitting... and sometimes the china** : cette figure, le zeugma, consiste à atteler des compléments de nature différente au même verbe ou à la même préposition. L'effet produit est en général comique (« Il a été blessé à la cuisse et à Verdun », « drapé dans sa robe

Un jour que ma jeune demoiselle se trouvait là par hasard en même temps que mes autres modèles (il lui arrivait même de passer faire un brin de causette à l'improviste quand cela l'arrangeait), je la priai de bien vouloir m'aider à préparer le thé, service que je lui avais déjà demandé de me rendre et qui faisait partie des menues tâches pour lesquelles, vivant comme je vivais sur un petit pied, et avec de maigres ressources domestiques, je sollicitais souvent l'aide de mes modèles. Ils aimaient toucher aux objets qui m'appartenaient, briser la monotonie de la séance de pose et parfois la porcelaine : cela leur donnait l'impression d'appartenir à la bohème. Lorsque je revis Miss Churm après cet incident, elle me surprit grandement en me faisant une scène — m'accusant d'avoir voulu l'humilier. Sur le moment elle ne s'était pas sentie offensée mais s'était montrée serviable et amusée, se délectant de la comédie de demander à Mrs. Monarch, qui gardait un air vague et réservé, si elle prendrait du sucre et de la crème, affectant un ton minaudier pour poser la question. Elle avait essayé diverses intonations, comme si elle aussi voulait se faire passer pour ce qu'il y a de plus authentique, au point que j'eus peur que mes autres visiteurs n'en prissent ombrage.

Mais c'est qu'ils avaient résolu de n'en rien faire, leur émouvante patience étant à la mesure de leur dénuement. Ils attendaient des heures durant sans se plaindre que je sois prêt à les utiliser. Ils revenaient pour le cas où j'aurais eu besoin d'eux et repartaient de bon cœur dans le cas contraire. Je les raccompagnais toujours à la porte pour voir dans quel ordre impeccable ils battaient en retraite.

---

de chambre et dans sa dignité ») ou, comme ici, ironique : le narrateur porte un regard amusé et légèrement condescendant sur ses modèles.

5. **resent** (faux ami) : *être contrarié par* ; **I resent being told what to do** : *je n'aime pas recevoir des ordres.*

I tried to find other employment for them —I introduced them to several artists. But they didn't "take", for reasons I could appreciate, and I became rather anxiously aware that after such disappointments they fell back[1] upon me with a heavier weight. They did me the honour to think me most *their* form. They weren't romantic enough for the painters, and in those days there were few[2] serious workers in black-and-white. Besides, they had an eye to the great job I had mentioned to them —they had secretly set their hearts[3] on supplying the right essence for my pictorial vindication[4] of our fine novelist. They knew that for this undertaking I should want no costume-effects, none of the frippery of past ages —that it was a case in which everything would be contemporary and satirical and presumably genteel. If I could work them into it their future would be assured, for the labour would of course be long and the occupation steady[5].

One day Mrs. Monarch came without her husband —she explained his absence by his having had to go to the City[6]. While she sat there in her usual relaxed majesty there came at the door a knock which I immediately recognized as the subdued[7] appeal of a model out of work. It was followed by the entrance of a young man whom I at once saw to be a foreigner[8] and who proved in fact an Italian acquainted with[9] no English word but my name, which he uttered in a way that made it seem to include all others.

---

1. **fall back on**: *avoir recours à, s'en remettre à;* **doctors sometimes fall back on old cures when modern medicine does not work**: *les médecins ont parfois recours à de vieux remèdes quand la médecine moderne ne marche pas.*

2. **few**: *peu de* (quantité négative). Ne pas confondre avec **a few**: *quelques* (quantité positive).

3. **set one's heart on**: *jeter son dévolu sur,* ou: **his heart is set on a new car**: *il veut à tout prix une nouvelle voiture.*

4. **vindication**: *défense, justification;* **in vindication of**: *pour justifier.*

5. **steady** ['stedɪ]: *stable, solide;* **he isn't very steady on his feet**: *il n'est pas très solide sur ses jambes.*

J'essayai de leur trouver d'autres emplois et les présentai à d'autres artistes. Mais ils ne « prenaient » pas, pour des raisons que je pouvais comprendre, et non sans une certaine inquiétude, je me rendis compte qu'après avoir essuyé de tels échecs ils s'en remettaient d'autant plus lourdement à moi. Ils me faisaient l'honneur de croire que j'étais le mieux adapté à leur genre. Ils n'étaient pas assez romanesques pour les peintres, et à cette époque il y avait peu d'artistes qui faisaient du travail sérieux en noir et blanc. De plus, ils ne perdaient pas de vue le grand projet dont je leur avais parlé : ils avaient secrètement à cœur de me fournir la juste tonalité pour la réhabilitation picturale de notre grand romancier. Ils savaient que pour cette entreprise, je n'aurais besoin d'aucun effet de costume, ni d'aucune défroque des siècles passés, qu'en l'occurrence tout serait contemporain, satirique, et selon toutes présomptions, de bon ton. Si je parvenais à les intégrer à l'ouvrage leur avenir était assuré, car ce serait bien sûr une œuvre de longue haleine et un emploi stable.

Un jour Mrs. Monarch vint sans son mari. Elle expliqua son absence en disant qu'il avait dû aller à la City. Comme elle trônait là dans sa nonchalante majesté habituelle, on frappa un coup à la porte et je reconnus aussitôt l'humble requête d'un modèle sans travail. Aussitôt après un jeune homme entra et je vis tout de suite qu'il était étranger. Il s'avéra être italien, et ne pas connaître d'autre mot en anglais que mon nom, le prononçant de telle sorte qu'il semblait y inclure tous les autres.

---

6. **the City :** *la Cité* (de Londres), *le centre des affaires.*

7. **subdued :** *contenu, faible ;* **in a subdued voice :** *à voix basse ;* **she is very subdued :** *elle a perdu de son entrain.*

8. **foreigner** [fɒrənə] : *étranger.*

9. **be acquainted with :** *connaître ;* **become acquainted with the facts :** *prendre connaissance des faits.*

I hadn't then visited his country, nor was I proficient[1] in his tongue; but as he was not so meanly constituted —what Italian is?— as to depend only on that member[2] for expression he conveyed to me, in familiar but graceful mimicry, that he was in search of exactly the employment in which the lady before me was engaged. I was not struck with him at first, and while I continued to draw I dropped few signs of interest or encouragement. He stood his ground[3] however —not importunately, but with a dumb[4] dog-like fidelity in his eyes that amounted to innocent impudence, the manner of a devoted servant —he might have been in the house for years— unjustly suspected. Suddenly it struck me that this very attitude and expression made a picture; whereupon I told him to sit down and wait till I should be free. There was another picture in the way he obeyed me, and I observed as I worked that there were others still in the way he looked wonderingly, with his head thrown back, about the high studio. He might have been crossing himself[5] in Saint Peter's. Before I finished I said to myself "The fellow's a bankrupt[6] orange-monger, but a treasure."

When Mrs. Monarch withdrew he passed across the room like a flash to open the door for her, standing there with the rapt pure gaze of the young Dante spellbound[7] by the young Beatrice.

---

1. **proficient**: (très) *compétent* (**in**, *en*).
2. **that member**: fait référence à **the tongue**, qui désigne aussi bien la langue comme organe de la parole que la langue comme système de signes. **Mother tongue**: *la langue maternelle*. Par ce jeu de mots le narrateur introduit un nouveau personnage aux manières exubérantes (attribuées à ses origines italiennes, donc « exotiques »).
3. **hold (held, held)/stand (stood, stood) one's ground**: *tenir bon, tenir ferme, ne pas lâcher pied*.
4. **dumb** [dʌm]: *abasourdi, muet*; **dumb animals**: *les animaux*; **dumb creatures**: *les bêtes*; **dumb with fear**: *muet de terreur*.

À cette époque, je n'avais pas encore visité son pays et je ne parlais pas couramment sa langue. Mais, en bon Italien qu'il était, il n'était pas assez démuni pour ne tabler que sur ce seul moyen d'expression, et il me fit comprendre par des mimiques familières mais gracieuses qu'il était justement à la recherche d'un emploi, comme celui que la dame devant moi était en train de remplir. À première vue, il ne me fit pas une forte impression, et tout en poursuivant mon dessin, je lui témoignai peu de marques d'intérêt ou d'encouragement. Il ne lâcha pas prise pour autant, sans être toutefois importun, mais avec dans les yeux un air obtus de chien fidèle qui équivalait à une innocente impudence, à la manière d'un serviteur dévoué (il eût pu être dans la maison depuis des années) soupçonné à tort. Soudain je m'avisai que son attitude et son expression constitueraient en elles-mêmes un tableau. Sur quoi je lui enjoignis de s'asseoir en attendant que je fusse libre. Son empressement à m'obéir pouvait donner matière à un autre tableau, et sans cesser de travailler je remarquai qu'il y en avait d'autres à réaliser sur sa manière de promener des regards étonnés sur le grand atelier, la tête renversée en arrière. On eût dit qu'il faisait ses dévotions à Saint-Pierre de Rome. Avant d'avoir fini, je me disais : « Ce type-là est un marchand d'oranges sur la paille mais il est précieux. »

Lorsque Mrs. Monarch se retira, il traversa la pièce en un éclair pour lui ouvrir la porte et resta là avec le regard de pur ravissement du jeune Dante ensorcelé par la jeune Béatrice.

---

5. **cross oneself** : *se signer, faire le signe de la croix ;* **cross my heart (and hope to die)!** : *croix de bois croix de fer (si je mens je vais en enfer) !*

6. **bankrupt** : *en faillite, fauché ;* **go bankrupt** : *faire faillite ;* **be declared bankrupt** : *être mis en faillite.*

7. **spellbound** : *ensorcelé, envoûté ;* **hold somebody spellbound** : *tenir quelqu'un sous le charme.*

As I never insisted, in such situations, on the blankness of the British domestic, I reflected that he had the making of a servant —and I needed one, but couldn't pay him to be only that— as well as of a model; in short I resolved to adopt my bright adventurer if he would agree to officiate in the double capacity. He jumped at my offer[1], and in the event my rashness —for I had really known nothing about him— wasn't brought home to me. He proved a sympathetic[2] though a desultory ministrant, and had in a wonderful degree the *sentiment de la pose*. It was uncultivated, instinctive, a part of the happy instinct that had guided him to my door and helped him to spell out my name on the card nailed to it. He had had no other introduction to me than a guess[3], from the shape of my high north window, seen outside, that my place was a studio and that as a studio it would contain an artist. He had wandered[4] to England in search of fortune, like other itinerants, and had embarked, with a partner and a small green hand-cart[5], on the sale of penny ices. The ices had melted away and the partner had dissolved in their train. My young man wore tight yellow trousers with reddish[6] stripes[7] and his name was Oronte. He was sallow but fair, and when I put him into some old clothes of my own he looked like an Englishman. He was as good as Miss Churm, who could look, when requested, like an Italian.

---

1. **jump at an offer/a suggestion**: *sauter sur une offre, une suggestion;* **jump to conclusions**: *conclure hâtivement.*

2. **sympathetic**: (faux ami) *qui ressent de la sympathie, compatissant, bienveillant;* **you will find him very sympathetic**: *vous le trouverez très bienveillant.* Mais *sympathique*: **nice, pleasant, friendly, kindly.**

3. **guess**: *supposition, conjecture;* **have/make a guess**: *tâcher de deviner;* **that was a good guess**: *tu as deviné juste;* **he made a wild guess**: *il a lancé une réponse juste au hasard.*

4. **wander** ['wɒndə]: *errer, aller sans but, s'égarer;* **he wandered through the streets**: *il se promenait au hasard des rues.*

5. **with a partner and a small green-cart**: autre exemple de zeugma (cf. note 4 p. 96), qui renforce l'aspect décousu du personnage.

Comme, dans de telles situations, je faisais peu de cas de la réserve propre à la domesticité britannique, je me dis qu'il avait en même temps que l'étoffe d'un modèle celle d'un serviteur (or il m'en fallait un, mais je ne pouvais le payer pour cette seule fonction). En bref je résolus d'adopter mon sémillant aventurier, s'il consentait à officier en cette double qualité. Il sauta sur mon offre, et la suite montra que ma précipitation — car en réalité je ne savais rien de lui — n'avait pas été mauvaise. Il s'acquittait de ses fonctions avec une bonne grâce teintée de désinvolture, et il possédait au plus haut degré le *sentiment de la pose*. C'était inné, instinctif, et participait de cette heureuse intuition qui l'avait guidé jusqu'à ma porte et l'avait aidé à déchiffrer mon nom sur la carte qui y était épinglée. Il avait pour toute recommandation auprès de moi une simple supposition : à la forme de ma haute fenêtre donnant au nord, vue du dehors, il avait deviné que la maison abritait un atelier et que donc, elle hébergeait forcément un artiste. Il s'était aventuré en Angleterre en quête de la fortune, comme d'autres nomades, et s'était lancé avec un associé et une petite charrette verte dans la vente de glaces à un sou. Les glaces avaient fondu et son associé s'était volatilisé dans leur sillage. Mon jeune employé portait un pantalon jaune serré à rayure rougeâtres et s'appelait Oronte. Il avait le teint olivâtre mais les cheveux blonds, et lorsque je lui eus fait enfiler de vieux habits m'appartenant, il eut l'air d'un Anglais. Il valait Miss Churm, qui, sur simple demande, pouvait ressembler à une Italienne.

---

6. **reddish :** le suffixe **-ish** ajoute une valeur négative, ou indéterminée, aux adjectifs : **blue,** *bleu,* **bluish,** *bleuâtre,* ou *tirant sur le bleu.* Tout dans l'apparence de l'Italien semble sujet à caution, même la couleur de ses vêtements.

7. **stripes :** *rayures ;* **the Stars and Stripes :** *la Bannière étoilée* (drapeau américain).

IV

I thought Mrs. Monarch face slightly convulsed when, on her coming back with her husband, she found Oronte installed. It was strange to have to recognize in a scrap[1] of a lazzarone a competitor to her magnificent Major. It was she who scented[2] danger first, for the Major was anecdotically unconscious. But Oronte gave us tea, with a hundred eager confusions —he had never been concerned in so queer a process— and I think she thought better[3] of me for having at last an "establishment[4]". They saw a couple of[5] drawings that I had made of the establishment, and Mrs. Monarch hinted[6] that it never would have struck her he had sat for them. "Now the drawings you make from *us*, they look exactly like us," she reminded me, smiling in triumph; and I recognized that this was indeed just their defect. When I drew the Monarchs I couldn't anyhow get away from them —get into the character I wanted to represent; and I hadn't the least desire my model should be discoverable in my picture. Miss Churm never was, and Mrs. Monarch thought I hid her, very properly, because she was vulgar; whereas if she was lost it was only as the dead who go to heaven are lost —in the gain of an angel the more.

By this time I had got a certain start with *Rutland Ramsay*, the first novel in the great projected series[7];

---

1. **scrap**: (petit) *bout, bribe, fragment*; **scraps**: *débris, restes* (nourriture); (fig.) **there isn't a scrap of evidence**: *il n'y a pas la moindre preuve*; **not a scrap**: *pas du tout*.

2. **scent**: 1. (ici) *flairer, pressentir.* 2. *parfumer*; **the scented air**: *l'air odorant*.

3. **think well/highly (of)**: *penser le plus grand bien de*; **he is well thought of in England**: *il est très respecté en Angleterre*.

4. **establishment**: (faux ami) *personnel* (de maison), *train* (de vie); **be on the establishment**: *faire partie du personnel*; **you need a lot of money to keep up such an establishment**: *il faut beaucoup d'argent pour entretenir un train de maison pareil*.

5. **a couple of** [kʌpl]: *deux* (ou trois); **I've seen him a couple of times**:

IV

Je crus voir une légère crispation sur le visage de Mrs. Monarch lorsque, revenue avec son mari, elle trouva Oronte dans la place. Elle était ébahie de devoir reconnaître dans un piètre lazzarone un rival à son magnifique Major. Ce fut elle qui flaira le danger la première, car le Major, tout à ses anecdotes, ne se doutait de rien. Mais Oronte nous apporta le thé, commettant mille bévues par excès de zèle (jamais il n'avait participé à un rite aussi bizarre), et je pense qu'elle eut une meilleure opinion de moi en me voyant enfin pourvu d'une domesticité. Ils virent quelques dessins de ladite domesticité et Mrs. Monarch insinua qu'elle n'aurait jamais remarqué qu'il m'ait servi de modèle : « En revanche, les dessins que vous faites d'après nous nous ressemblent trait pour trait », me rappela-t-elle avec un sourire de triomphe. Il m'apparut que c'était précisément par là qu'ils péchaient. Lorsque je dessinais les Monarch, je n'arrivais absolument pas à me détacher d'eux, à entrer dans le personnage que je voulais représenter. Or je n'avais pas le moindre désir que l'on pût découvrir le modèle sous le tableau. Avec Miss Churm cela n'arrivait jamais, et Mrs. Monarch croyait que je la cachais, comme il se devait, à cause de sa vulgarité ; tandis que pour moi, si la ressemblance se perdait, c'était à la manière des morts qui disparaissent dans les cieux pour compter un ange de plus.

À ce moment-là, j'avais bien entamé le roman *Rutland Ramsay*, premier de la vaste série projetée.

---

je l'ai vu deux ou trois fois ; **I did it in a couple of hours** : *je l'ai fait en deux heures à peu près.*

6. **hint** : 1. (tr.) *insinuer, suggérer, laisser entendre* 2. (intr.) *faire allusion (à,* at) ; **what are you hinting at?** *qu'est-ce que vous voulez dire par là ?*

7. **series** ['sɪəri:z] : (invariable) *succession, série, suite* ; **a series of volumes on this subject** : *une série de volumes sur ce sujet* ; **it will be one of a series of measures intended to...** : *cette mesure entrera dans le cadre d'une série de mesures destinées à...*

that is I had produced a dozen drawings, several with the help of the Major and his wife, and I had sent them in[1] for approval. My understanding with the publishers, as I have already hinted, had been that I was to be left to do my work, in this particular case, as I liked with the whole book committed[2] to me; but my connexion with the rest of the series was only contingent. There were moments when, frankly, it *was* a comfort to have the real thing under one's hand; for there were characters in *Rutland Ramsay* that were very much like it. There were people presumably as erect as the Major and women of as good a fashion as Mrs. Monarch. There was a great deal of country-house life — treated, it is true, in a fine fanciful ironical generalized way— and there was a considerable implication of knickerbockers and kilts. There were certain things I had to settle at the outset[3]; such things for instance as the exact appearance of the hero and the particular bloom[4] and figure of the heroine. The author of course gave me a lead[5], but there was a margin for interpretation. I took the Monarchs into my confidence, I told them frankly what I was about, I mentioned my embarrassments and alternatives. "Oh take *him*!" Mrs. Monarch murmured sweetly, looking at her husband; and "What could you want better than my wife?" the Major inquired with the comfortable candour[6] that now prevailed[7] between us.

---

1. **send (sent, sent) in** : *envoyer, soumettre;* **send in an application** : *faire une demande, soumettre sa candidature;* **send in your name and address if you wish to receive** : *envoyez vos nom et adresse si vous désirez recevoir.*

2. **commit** [kə'mɪt] **(to)** : *confier (à), remettre* (à la garde de, aux soins de); **commit somebody to somebody's care** : *confier quelqu'un à la garde de quelqu'un.*

3. **outset** : *début, commencement.*

4. **bloom** : *épanouissement, floraison;* **burst/come into bloom** : *fleurir, s'épanouir;* **young women in the bloom of youth** : *jeunes femmes dans toute leur beauté, dans toute leur fraîcheur.*

C'est-à-dire que j'avais exécuté une douzaine de dessins, dont plusieurs avec l'aide du Major et de sa femme, et je les avais envoyés pour recevoir l'approbation des éditeurs. Mon accord avec ces derniers, ainsi que je l'ai évoqué plus haut, stipulait que le travail était laissé, dans ce cas particulier, à mon entière discrétion, et que l'on me confiait l'intégralité du livre. Mes liens avec le reste de la série étaient suspendus à ma réussite. Il y avait des moments où, pour être franc, c'était un véritable soulagement que d'avoir de vrais modèles sous la main, car certains personnages de *Rutland Ramsay* s'en rapprochaient beaucoup. Il y avait parmi eux des gens sans doute aussi raides que le Major, et des femmes aussi élégantes que Mrs. Monarch. Il y avait aussi beaucoup de scènes de la vie de château, traitées, il est vrai, sur un ton finement fantaisiste et plein d'ironie, et où l'on sentait à l'arrière-plan un important déploiement de culottes de golf et de kilts. Certains détails demandaient à être réglés d'emblée comme l'aspect physique exact du héros, et le degré d'épanouissement de l'héroïne. Bien sûr, l'auteur me mettait sur la voie, mais il restait une marge d'interprétation. Je m'en ouvris aux Monarch, je leur dis franchement de quoi il retournait, évoquant mes hésitations, et les alternatives qui s'offraient à moi. « Prenez donc mon mari ! » murmura Mrs. Monarch d'un ton suave, en le regardant. « Que pourriez-vous souhaiter de mieux que ma femme ? » s'enquit le Major avec l'aimable franchise qui était à présent de mise entre nous.

---

5. **lead** [li:d] : *piste ;* **the police have a lead :** *la police tient une piste ;* **the footprint gave them a lead :** *l'empreinte les a mis sur la voie.*

6. **candour :** (faux ami) *franchise, sincérité ;* **a candid friend :** *un ami qui vous dit vos quatre vérités ;* syn. **ingenuousness, sincerity.**

7. **prevail :** *avoir cours, régner ;* **the situation which now prevails :** *la situation actuelle ;* **calm prevails :** *le calme règne.*

I wasn't obliged to answer these remarks —I was only obliged to place my sitters. I wasn't easy in mind, and I postponed[1] a little timidly perhaps the solving of my question. The book was a large canvas[2], the other figures were numerous, and I worked off at first some of the episodes in which the hero and the heroine were not concerned. When once I had set *them* up I should have to stick[3] to them —I couldn't make my young man seven feet high in one place and five feet nine in another. I inclined on the whole to the latter measurement, though the Major more than once reminded me that *he* looked about as young as any one. It was indeed quite possible to arrange him, for the figure, so that it would have been difficult to detect his age. After the spontaneous Oronte had been with me a month, and after I had given him to understand several times over that his native exuberance would presently constitute an insurmountable barrier to our further intercourse, I waked to a sense of his heroic capacity. He was only five feet seven, but the remaining inches were latent. I tried him almost secretly at first, for I was really rather afraid of the judgement my other models would pass[4] on such a choice. If they regarded Miss Churm as little better than a snare[5] what would they think of the representation by a person so little the real thing as an Italian street-vendor of a protagonist formed by a public school[6]?

---

1. **postpone** [pəʊst'pəʊn]: *renvoyer à plus tard, remettre, ajourner;* **postpone the matter for a week**: *renvoyer une affaire à huitaine;* **postpone a sale**: *surseoir à une vente.*

2. **canvas** ['kænvəs]: *toile, tableau;* **canvas chair**: *chaise pliante* (de toile); **canvas shoes**: *chaussures en toile, espadrilles.*

3. **stick (stuck, stuck) to**: *rester fidèle à;* **stick to one's word/promise**: *tenir parole;* **stick to one's principles**: *rester fidèle à ses principes;* **stick to a job**: *rester dans un emploi, persévérer.*

4. **pass**: *émettre, formuler;* **pass remarks about**: *faire des observations sur;* **pass judgment (on)**: *prononcer un jugement (sur);* **pass sentence (on)**: *prononcer une condamnation (contre).*

Je n'étais pas tenu de répondre à ces remarques, mais seulement de placer mes modèles. J'étais fort embarrassé et je remis à plus tard, peut-être par manque de courage, la résolution de mon problème. Le livre était une grande fresque, les personnages secondaires abondaient et je commençai par me débarrasser des épisodes où ni le héros ni l'héroïne n'apparaissaient. Car une fois que je les aurais campés, eux, il me faudrait m'y tenir : je ne pouvais pas donner à mon jeune héros tantôt une taille de sept pieds, tantôt de cinq pieds neuf pouces. Dans l'ensemble je penchais pour cette deuxième mesure, bien que le Major me rappelât à mainte reprise qu'il avait l'air aussi juvénile que quiconque. Il eût en effet été possible de retoucher sa silhouette, de manière qu'on pût difficilement déceler son âge. Au bout d'un mois de présence à mes côtés de l'impulsif Oronte, et après lui avoir donné à entendre à plusieurs reprises que son exubérance innée ne manquerait pas de constituer rapidement une entrave insurmontable à la poursuite de nos relations, je me rendis compte de ses possibilités d'incarner un héros. Il ne mesurait que cinq pieds sept pouces, mais les pouces supplémentaires étaient virtuellement présents. Je le fis poser presque en secret dans un premier temps, car en fait je redoutais assez le jugement que mes autres modèles porteraient sur un tel choix. S'ils considéraient Miss Churm comme à peine mieux qu'un leurre, qu'allaient-ils penser du choix d'un être aussi peu authentique qu'un marchand ambulant italien pour représenter un protagoniste sorti d'un collège privé ?

---

5. **snare** [sneə] : *piège, traquenard;* **these promises are a snare and a delusion :** *ces promesses ne servent qu'à allécher/appâter.*

6. **public school :** (G.B.) *collège secondaire privé* (comme Eton, Rugby ou St Paul's); ainsi dénommé car il prépare les élèves à l'exercice d'une carrière dans les services publics.

If I went a little in fear[1] of them it wasn't because they bullied[2] me, because they had got an oppressive foothold[3], but because in their really pathetic decorum and mysteriously permanent newness they counted on me so intensely. I was therefore very glad when Jack Hawley came home: he was always of such good counsel. He painted badly himself, but there was no one like him for putting his finger on the place. He had been absent from England for a year; he had been somewhere —I don't remember where— to get a fresh eye. I was in a good deal of dread of any such organ[4], but we were old friends; he had been away for months and a sense of emptiness was creeping[5] into my life. I hadn't dodged[6] a missile for a year.

He came back with a fresh eye, but with the same old black velvet blouse, and the first evening he spent in my studio we smoked cigarettes till the small hours. He had done no work himself, he had only got the eye; so the field was clear for the production[7] of my little things. He wanted to see what I had produced for the *Cheapside*, but he was disappointed in the exhibition. That at least seemed the meaning of two or three comprehensive[8] groans[9] which, as he lounged on my big divan, his leg folded under him, looking at my latest drawings, issued from his lips with the smoke of the cigarette.

"What's the matter with you?" I asked.

"What's the matter with *you*?"

---

1. **go in fear**: *vivre dans la peur*; **go in fear of one's life**: *craindre pour sa vie*; **he went in fear of being discovered**: *il craignait toujours d'être découvert*; **in fear and trembling**: *en tremblant de peur, transi de peur*.

2. **bully** ['bʊlɪ]: *tyranniser, malmener, brutaliser*.

3. **foothold**: littéralement *prise de pied*; **get/gain a foothold**: *se faire accepter, s'imposer*; **gain a foothold in a market**: *prendre pied sur un marché*.

4. **organ**: sous-entendu **the eye**.

5. **creep (crept, crept) into**: *se glisser dans*; **an error crept into it**: *une erreur s'est glissée dedans*.

S'ils m'inspiraient quelque crainte, ce n'est pas qu'ils fussent trop exigeants, ni qu'ils eussent pris un ascendant tyrannique, mais parce qu'avec leur dignité vraiment pathétique, et la permanence mystérieuse de leur air de fraîcheur, ils comptaient profondément sur moi. C'est donc avec grande joie que j'accueillis le retour de Jack Hawley, qui était toujours de très bon conseil. Lui-même était mauvais peintre mais il n'avait pas son pareil pour trouver la faille. Il avait été absent d'Angleterre pendant un an. Il était parti je ne sais plus où pour se refaire un œil neuf. Je redoutais comme la peste un tel organe, mais nous étions de vieux amis. Il était parti depuis des mois et un sentiment de vide commençait à envahir ma vie. Il y avait un an que je n'avais pas esquivé la moindre flèche ! Il revint en effet avec l'œil neuf, mais toujours vêtu de la même vieille blouse de velours noir, et le premier soir où il vint à mon atelier, nous fumâmes des cigarettes jusqu'au petit matin. Pour sa part, il n'avait rien fait. Il s'était simplement fait l'œil. Le champ était donc libre pour lui montrer mes petites réalisations. Il voulut voir ce que j'avais exécuté pour *Cheapside* mais fut déçu du résultat. C'est du moins ainsi que j'interprétai deux ou trois grognements éloquents qui s'échappèrent de ses lèvres en même temps que la fumée de cigarette, tandis que nonchalamment allongé sur mon grand divan, une jambe repliée sous lui, il regardait mes derniers dessins.

« Qu'est-ce qui t'arrive ? » demandai-je.

« C'est à toi qu'il faut poser la question.

---

6. **dodge** [dɒdʒ] : *esquiver, échapper à* ; **he dodged the issue** : *il est volontairement passé à côté de la question.*

7. **production/produce** : (faux amis) *produire, présenter, exhiber.*

8. **comprehensive** : (faux ami) *global, d'ensemble* ; syn. : **general, wide** ; **a comprehensive measure** : *une mesure d'ensemble* ; **comprehensive insurance policy** : *assurance tous risques.*

9. **groan** : *grognement, gémissement, plainte* ; **this was greeted with groans** : *cette proposition fut accueillie par des murmures* (désapprobateurs).

"Nothing save[1] that I'm mystified."

"You are indeed. You're quite off the hinge[2]. What's the meaning of this new fad[3]?" And he tossed[4] me, with visible irreverence, a drawing in which I happened to have depicted both my elegant models. I asked if he didn't think it good, and he replied that it struck him as execrable, given the sort of thing I had always represented myself to him as wishing to arrive at; but I let that pass —I was so anxious to see exactly what he meant. The two figures in the picture looked colossal, but I supposed this was *not* what he meant inasmuch as, for aught he knew[5] to the contrary, I might have been trying for some such effect. I maintained that I was working exactly in the same way as when he last had done me the honour to tell me I might do something some day. "Well, there's a screw loose[6] somewhere," he answered; "wait a bit and I'll discover it." I depended upon[7] him to do so: where else was the fresh eye? But he produced at last nothing more luminous than "I don't know —I don't like your types." This was lame[8] for a critic[9] who had never consented to discuss with me anything but the question of execution, the direction of strokes and the mystery of values.

"In the drawings you've been looking at I think my types are very handsome."

"Oh they won't do!"

---

1. **save**: *sauf, à l'exception;* **save that**: *sauf que, à ceci près que.*

2. **hinge**: *gond, charnière;* **the door came off its hinges**: *la porte est sortie de ses gonds.*

3. **fad**: *marotte, manie, engouement;* **a passing fad**: *une lubie.*

4. **toss**: *lancer, jeter, remuer* (la salade); **toss a coin**: *jouer à pile ou face;* **the boat was tossed by the waves**: *le bateau était ballotté par les vagues.*

5. **for aught** [ɔːt] **he knew**: *pour autant qu'il le sache;* **for aught I care**: *pour ce que cela me fait.*

6. **a screw loose** [luːs] m. à m. *une vis desserrée;* fig.: **he's got a screw loose**: *il lui manque une case.*

— Rien, sinon que je suis perplexe.
— Tu l'as dit. Tu t'égares tout à fait. Que signifie cette nouvelle lubie ? »

Et il lança vers moi avec un irrespect notable un dessin où j'avais justement représenté mes deux élégants modèles. Je lui demandai s'il ne le trouvait pas bon, ce à quoi il répondit qu'il le trouvait exécrable vu les buts que j'avais toujours devant lui prétendu chercher à atteindre. Mais je ne relevai pas, étant par trop impatient de savoir ce qu'il voulait dire exactement. Les deux silhouettes avaient quelque chose de colossal, mais je pensai que ce n'était pas cela qu'il avait en tête, dans la mesure où, pour autant qu'il le sache, j'aurais très bien pu rechercher un effet de ce genre. Je soutins que je travaillais exactement dans le même esprit que la dernière fois où il m'avait fait l'honneur de me dire que je pourrais peut-être arriver à quelque chose un jour. « Eh bien, il y a quelque chose qui cloche quelque part », répondit-il, « attends un peu que je trouve ce que c'est. » J'étais bien certain qu'il y parviendrait, sinon où eût été l'œil neuf ? Mais il n'émit finalement rien de plus éclairant que « Je ne sais pas... je n'aime pas le genre de tes personnages. » Ce jugement était faible de la part d'un critique qui n'avait jamais consenti à discuter de rien de moins que de l'exécution d'un tableau, du sens des touches et du mystère des valeurs.

« Dans les dessins que tu viens de regarder, je trouve mes personnages très élégants.
— Mais ils ne vont pas du tout !

---

7. **depend (up) on**: *compter sur, se fier à*; **you can depend (up)on it**: *soyez-en sûr, je vous le promets*; **you can depend (up)on it that he'll do it wrong again**: *tu peux être sûr qu'il va le refaire de travers.*
8. **lame**: *boiteux, estropié*; **a lame excuse**: *une excuse faible, une piètre excuse.*
9. **critic**: *un critique*; **film critic**: *un critique de cinéma.* Mais *une critique* (jugement): **criticism.**

"I've been working with new models."

"I see you have. *They* won't do."

"Are you sure of that?"

"Absolutely —they're stupid."

"You mean *I* am —for I ought to get round[1] that."

"You *can't* —with such people. Who are they?"

I told him, so far as was necessary, and he concluded heartlessly[2]: "*Ce sont des gens qu'il faut mettre à la porte.*"

"You've never seen them; they're awfully good" —I flew[3] to their defence.

"Not seen them? Why all this recent work of yours drops to pieces[4] with them. It's all I want to see of them."

"No one else has said anything against it — the *Cheapside* people are pleased."

"Every one else is an ass[5], and the *Cheapside* people the biggest asses of all. Come, don't pretend at this time of day to have pretty illusions about the public, especially about publishers and editors[6]. It's not for *such* animals you work —it's for those who know, *coloro che sanno*; so keep straight for *me* if you can't keep straight for yourself. There was a certain sort of thing you used to try for —and a very good thing it was. But this twaddle[7] isn't *in* it." When I talked with Hawley later about *Rutland Ramsay* and its possible successors he declared that I must get back into my boat again or I should go to the bottom[8].

---

1. **get (got, got) round**: *surmonter* (un obstacle); *tourner* (une difficulté, la loi).
2. **heartless** ['hɑːtlɪs]: *sans cœur, sans pitié;* **heartlessly**: *impitoyablement.*
3. **fly (flew, flown)**: *voler;* **fly to someone's assistance**: *courir à l'aide de quelqu'un.*
4. **drop to pieces**: m. à m. *tomber en morceaux.*
5. **ass**: *âne, idiot, imbécile;* **he is a perfect ass**: *il est bête comme ses pieds;* **to make an ass of oneself**: *se rendre ridicule;* **don't be an ass!**: *ne fais pas l'idiot!* ou *ne dis pas n'importe quoi!*
6. **editor**: (faux ami) *rédacteur en chef, directeur* (de journal). Mais *éditeur*: **publisher**.

— Je travaille avec de nouveaux modèles.
— Cela se voit. Ce sont eux qui ne vont pas.
— En es-tu bien sûr ?
— Certain. Ils sont ineptes.
— Tu veux dire que c'est moi qui le suis, car je devrais être capable d'y remédier.
— Non ; c'est impossible avec des gens pareils. Qui sont-ils ? »

Je le renseignai sans entrer dans les détails, et il conclut impitoyablement : « *Ce sont des gens qu'il faut mettre à la porte.*
— Tu ne les as jamais vus ; ils sont très bien », dis-je, volant à leur défense.

« Je ne les ai pas vus ? Voyons, tout ton travail de ces derniers temps se désagrège à cause d'eux. Cela me suffit sans que je les voie.
— Personne d'autre n'y a trouvé à redire. Les gens de *Cheapside* sont satisfaits.
— Les autres sont des ânes et les gens de *Cheapside* ont la palme. Allons, ne me dis pas qu'à cette heure tu as de belles illusions sur le public, et surtout pas sur les éditeurs et les rédacteurs de revues. Ce n'est pas pour ces animaux-là que tu travailles, mais pour ceux qui savent, *coloro che sanno*, alors reste fidèle à toi-même pour moi au moins, si tu ne peux l'être pour toi. Autrefois, tu recherchais quelque chose de bien particulier et c'était une très bonne chose. Mais avec ces fadaises tu n'y es pas du tout. » Lorsque plus tard, je m'entretins avec Hawley de *Rutland Ramsay* et de ses suites possibles, il déclara que si je ne retrouvais pas le bon cap, je courais droit au naufrage.

---

7. **twaddle** : *âneries, balivernes, fadaises* ; **talk twaddle** : *débiter des balivernes*.

8. **bottom** : *bas, fond* ; **the ship went to the bottom** : *le bateau a coulé* ; **the ship touched the bottom** : *le bateau a touché le fond* ; **the ship was floating bottom up** : *le navire flottait la quille en l'air*. Hawley file ici une métaphore marine.

His voice in short was the voice of warning.

I noted the warning, but I didn't turn my friends out of doors. They bored[1] me a good deal; but the very fact that they bored me admonished me not to sacrifice them — if there was anything to be done with them —simply to irritation. As I look back at this phase they seem to me to have pervaded my life not a little[2]. I have a vision of them as most of the time in my studio, seated against the wall on an old velvet bench to be out of the way, and resembling the while a pair of patient courtiers in a royal antechamber: I'm convinced that during the coldest weeks of the winter they held their ground because it saved them fire. Their newness was losing its gloss[3], and it was impossible not to feel them objects of charity. Whenever Miss Churm arrived they went away, and after I was fairly launched in *Rutland Ramsay* Miss Churm arrived pretty often. They managed to express to me tacitly that they supposed I wanted her for the low[4] life of the book, and I let them suppose it, since they had attempted to study the work —it was lying[5] about the studio— without discovering that it dealt only with the highest circles. They had dipped[6] into the most brilliant of our novelists without deciphering[7] many passages. I still took an hour from them, now and again[8], in spite of Jack Hawley's warning: it would be time enough to dismiss them, if dismissal should be necessary, when the rigour of the season was over.

---

1. **bore**: *ennuyer, assommer*; **bore somebody stiff/to death/to tears**: *ennuyer quelqu'un à mourir*; **I am bored with this work**: *ce travail m'assomme*; **this film is boring**: *ce film est ennuyeux*.

2. **not a little**: m. à m. *pas un peu*. Par cette atténuation, aussi appelée litote, on dit moins pour faire entendre plus (*prodigieusement, considérablement*).

3. **gloss**: *lustre, vernis, éclat*; **take the gloss off**: *dépolir, délustrer*.

4. **low**: *bas, vulgaire, grossier*; **low life**: *le petit monde*; **all the people, high and low**: *tous, du haut en bas de l'échelle sociale* (s'oppose à **the highest circles**).

Bref, c'était là un message d'avertissement.

Je pris bonne note de l'avertissement sans pour autant congédier mes amis. Ils m'ennuyaient copieusement mais ce fait même m'exhortait à ne pas les sacrifier (si tant est que l'on pût faire quelque chose d'eux) à un simple mouvement d'humeur. Lorsque je me penche sur cette période j'ai le sentiment qu'ils avaient prodigieusement envahi ma vie. Je les revois, la plupart du temps présents dans mon atelier, assis contre le mur pour ne pas gêner le passage sur une vieille banquette de velours noir, en tous points semblables à deux courtisans attendant patiemment dans une antichambre royale. Je suis persuadé que, pendant les semaines les plus rudes de l'hiver, ils tinrent bon pour économiser du chauffage. Leur fraîcheur commençait à perdre de son éclat, et il était difficile de ne pas voir en eux des objets de charité. Chaque fois que Miss Churm arrivait, ils s'éclipsaient et sitôt que je fus bien avancé dans *Rutland Ramsay*, elle arriva assez souvent. Ils réussirent à me faire comprendre sans rien dire qu'ils supposaient que j'avais besoin d'elle pour représenter la vie des bas-fonds, et je ne les détrompai point puisqu'ils avaient essayé d'étudier le livre — qui traînait dans mon atelier — sans s'apercevoir qu'il n'était question que des plus hautes sphères. Ils s'étaient trempés dans la prose du plus brillant de nos romanciers sans en élucider maint passage. Je continuai à leur demander une heure par-ci par-là, malgré la mise en garde de Hawley : il serait toujours temps de les renvoyer, si un renvoi venait à s'imposer, une fois passées les rigueurs de la saison.

---

5. **lie (lay, lain) about/around**: *traîner*; **don't leave that money lying about**: *ne laisse pas traîner cet argent*.

6. **dip**: *tremper, plonger*; **she dipped her hand into the bag**: *elle a plongé sa main dans le sac*; **dip into one's pockets**: *puiser dans ses poches*; **dip into a book**: *feuilleter un livre*.

7. **decipher** [dɪˈsaɪfə]: *déchiffrer*.

8. **(every) now and again/then**: *de temps en temps, de temps à autre*.

Hawley had made their acquaintance —he had met them at my fireside— and thought them a ridiculous pair. Learning that he was a painter they tried to approach[1] him, to show him too that they were the real thing; but he looked at them, across the big room, as if they were miles away: they were a compendium[2] of everything he most objected to in the social system of his country. Such people as that, all convention and patent-leather[3], with ejaculations that stopped conversation, had no business[4] in a studio. A studio was a place to learn to see, and how could you see through a pair of feather-beds[5]?

The main inconvenience I suffered at their hands was that at first I was shy of letting it break upon them that my artful little servant had begun to sit for me for *Rutland Ramsay*. They knew I had been odd enough —they were prepared by this time to allow oddity[6] to artists— to pick a foreign vagabond out of the streets when I might have had a person with whiskers and credentials[7]; but it was some time before they learned how high I rated his accomplishments. They found him in an attitude more than once, but they never doubted I was doing him as an organgrinder. There were several things they never guessed, and one of them was that for a striking scene in the novel, in which a footman briefly figured, it occurred to me to make use of Major Monarch as the menial[8].

---

1. **approach**: *s'adresser à;* **have you approached him about it?**: *lui en avez-vous touché un mot?;* **he is easy/difficult to approach**: *il est/n'est pas d'un accès facile.*

2. **compendium**: *abrégé, condensé;* **compendium of laws**: *recueil de lois;* **compendium of games**: *malle de jeux*

3. **patent-leather** ['peɪtəntleðə]: *cuir verni;* **patent-leather shoes**: *souliers vernis.*

4. **business**: *affaire, devoir;* **you've no business to do that**: *ce n'est pas à vous de faire cela;* **that's my business and none of yours**: *c'est mon affaire et non la vôtre;* **mind your own business**: *mêlez-vous de ce qui vous regarde.*

Hawley avait fait la connaissance du couple : il les avait rencontrés chez moi au coin du feu, et les avait jugés tous les deux ridicules. En apprenant sa qualité de peintre, ils avaient essayé de lui parler, pour lui montrer à lui aussi qu'ils étaient de vrais modèles. Il les avait regardés, de l'autre bout de la pièce, comme s'ils avaient été à mille lieues de lui : ils étaient la synthèse de tout ce qu'il réprouvait le plus dans le système social de son pays. Des gens comme eux, tout pétris de convenances, couverts de cuir verni, et dont les exclamations coupaient court à toute conversation, n'avaient rien à faire dans un atelier. Un atelier était un milieu où l'on apprend à voir et comment voir à travers une paire d'édredons ?

Ce qui me gêna le plus avec eux fut qu'au début, j'appréhendais de leur annoncer que mon jeune et astucieux serviteur avait commencé à poser pour *Rutland Ramsay*. Ils savaient que j'avais eu l'idée saugrenue (mais ils en avaient appris assez maintenant sur les artistes pour tolérer la bizarrerie) de ramasser dans la rue un vagabond étranger, alors que j'aurais pu engager quelqu'un muni de favoris et de références. Il leur fallut un certain temps avant de découvrir en quelle estime je tenais son talent. Ils le trouvèrent plus d'une fois prenant la pose, mais leur seule conclusion fut que j'en faisais un joueur d'orgue de Barbarie. Il y a plusieurs choses qu'ils ne devinèrent jamais, et l'une d'elles était que pour une scène marquante du roman, où figurait brièvement un valet de pied, il me vint à l'idée d'utiliser le Major Monarch dans ce rôle subalterne.

---

5. **a pair of feather-beds** : il y a ici jeu sur le sens du mot **pair** (à la fois *couple* et *paire*). Loin d'évoquer l'œil incisif du peintre, ce couple évoque plutôt le confort petit-bourgeois.

6. **oddity** : *singularité, trait excentrique ;* **one of the oddities of the situation** : *un des aspects insolites de la situation.*

7. **with whiskers and credentials** : l'accolement de ces deux notions disparates produit un effet de dérision, souvent obtenu avec un zeugma.

8. **menial** ['mi:njəl] : *domestique, laquais* (péj.).

I kept putting this off, I didn't like to ask him to don[1] the livery —besides the difficulty of finding a livery to fit him. At last, one day late in the winter, when I was at work on the despised Oronte, who caught one's idea on the wing[2], and was in the glow[3] of feeling myself go very straight, they came in, the Major and his wife, with their society[4] laugh about nothing (there was less and less to laugh at); came in like country-callers —they always reminded me of that— who have walked across the park after church and are presently persuaded to stay to luncheon. Luncheon was over, but they could stay to tea —I knew they wanted[5] it. The fit was on me, however, and I couldn't let my ardour cool and my work wait, with the fading daylight, while my model prepared it. So I asked Mrs. Monarch if she would mind laying[6] it out —a request which for an instant brought all the blood to her face. Her eyes were on her husband's for a second, and some mute telegraphy passed between them. Their folly was over the next instant; his cheerful shrewdness[7] put an end to it. So far from pitying their wounded[8] pride, I must add, I was moved to give it as complete a lesson as I could. They bustled about[9] together and got out the cups and saucers and made the kettle boil. I know they felt as if they were waiting on[10] my servant, and when the tea was prepared I said "He'll have a cup, please —he's tired."

---

1. **don**: *revêtir, endosser* (un uniforme); **he donned his uniform again**: *il rendossa l'uniforme.*

2. **on the wing**: *en vol;* **shoot a bird on the wing**: *tirer un oiseau à la volée.*

3. **glow**: *rougeoiement, incandescence, feu, ardeur* ; **a glow of enthusiasm**: *un élan d'enthousiasme.*

4. **society**: *mondain, de la haute société;* **society column**: *carnet mondain* (presse).

5. **want**: *avoir besoin de;* **your hair wants combing**: *tu devrais te peigner;* **waste not want not**: *l'économie protège du besoin,* (proverbe).

6. **lay (laid, laid) out**: *sortir, préparer;* **I'll leave a meal laid out for you in the kitchen**: *je te laisserai un repas tout prêt dans la cuisine.*

Je ne cessais d'ajourner cette séance de pose, tant je répugnais à lui demander de revêtir une livrée, sans parler de la difficulté d'en trouver une à sa taille. Enfin, un jour de fin d'hiver, comme je travaillais avec cet Oronte tant méprisé, qui était prompt à saisir mes idées au vol, et que j'étais tout à l'exaltation de me voir avancer dans le droit chemin, ils entrèrent, le Major et sa femme, riant de leur rire mondain et sans objet (il y avait de moins en moins matière à rire). Ils entrèrent comme des voisins de campagne (c'est toujours à cela qu'ils me faisaient penser) qui ont traversé le parc après l'office et se laissent bientôt convaincre de rester à déjeuner. Le déjeuner était passé mais ils pouvaient rester pour le thé : je savais qu'ils en avaient besoin. Cependant j'étais en pleine fièvre créatrice, et je ne pouvais laisser mon ardeur retomber ni mon travail attendre, alors que le jour baissait et que mon modèle préparait le thé. Je priai donc Mrs. Monarch de bien vouloir s'en occuper, requête qui lui fit un instant affluer le sang au visage. Elle posa les yeux sur son mari l'espace d'une seconde et des signaux muets furent échangés entre eux. En un instant, leur agitation était apaisée grâce à la joviale sagacité de l'époux. J'ajouterai que loin de prendre en pitié leur blessure d'amour-propre, je me sentais incité à leur infliger une leçon aussi complète que possible. Ils s'activèrent tous les deux, sortirent tasses et soucoupes, et mirent l'eau à bouillir. Je sais qu'ils avaient l'impression de servir mon domestique, et quand le thé fut prêt je dis : « Il en prendra une tasse, s'il vous plaît, il est fatigué. »

---

7. **shrewdness** ['ʃruːdnɪs] : *perspicacité, habileté, astuce ;* **shrewd** : *habile, perspicace ;* **that was a shrewd move :** *il/elle a bien manœuvré.*

8. **wounded** ['wuːndɪd] : *blessé ;* **a wounded man :** *un blessé ;* **wounded in his honour :** *atteint dans son honneur.*

9. **bustle about :** *s'affairer.*

10. **wait on :** *servir ;* **I am not here to wait on him! :** *je ne suis pas sa bonne !* ; **waiter/waitress :** *serveur/serveuse.*

Mrs. Monarch brought him one where he stood, and he took it from her as if he had been a gentleman at a party squeezing[1] a crush-hat with an elbow.

Then it came over[2] me that she had made a great effort for me —made it with a kind of nobleness— and that I owed[3] her a compensation. Each time I saw her after this I wondered what the compensation could be. I couldn't go on doing the wrong thing to oblige[4] them. Oh it *was* the wrong thing, the stamp of the work for which they sat —Hawley was not the only person to say it now. I sent in a large number of the drawings I had made for *Rutland Ramsay*, and I received a warning that was more to the point than Hawley's. The artistic adviser of the house for which I was working was of opinion that many of my illustrations were not what had been looked for. Most of these illustrations were the subjects in which the Monarchs had figured. Without going into the question of what *had* been looked for, I had to face the fact that at this rate I shouldn't get the other books to do. I hurled[5] myself in despair on Miss Churm —I put her through all her paces. I not only adopted Oronte publicly as my hero, but one morning when the Major looked in[6] to see if I didn't require him to finish a *Cheapside* figure for which he had begun to sit the week before, I told him I had changed my mind—I'd do the drawing from my man.

---

1. **squeeze**: *presser, appuyer sur, comprimer;* **he squeezed his finger in the door**: *il s'est pris le doigt dans la porte;* **she squeezed another jersey into the case**: *elle a réussi à faire entrer un autre chandail dans la valise.*

2. **come (came, come) over**: *affecter, saisir, s'emparer;* **a feeling of shyness came over her**: *elle fut saisie de timidité.*

3. **owe**: *devoir;* **I owe you £5**: *je te dois cinq livres;* **you owe him nothing**: *vous ne lui devez rien;* **I.O.U.** (abréviation de **I owe you**): *reconnaissance de dette;* **he gave me an I.O.U. for two pounds**: *il m'a signé un reçu pour deux livres.*

4. **oblige** [ə'blaɪdʒ]: *rendre service à, obliger;* **he did it to oblige us**: *il l'a fait par gentillesse pour nous.*

Mrs. Monarch lui en apporta une là où il se tenait, et Oronte la lui prit des mains comme s'il eût été un homme du monde à une réception, qui serre un chapeau claque sous son coude.

Il m'apparut alors qu'elle avait fait un gros effort pour moi, avec une sorte de noblesse, et que je lui devais réparation. Chaque fois que je la vis après cela, je me demandai de quelle nature pouvait être cette réparation. Je ne pouvais tout de même pas persister dans l'erreur rien que pour leur être agréable. Car c'était bien une erreur que de la faire poser pour une œuvre de ce cachet : Hawley n'était plus le seul à le dire à présent. J'avais envoyé à mon éditeur un grand nombre de dessins réalisés pour *Rutland Ramsay* et je reçus une mise en garde encore plus motivée que celle de Hawley. Le conseiller artistique de la maison pour laquelle je travaillais était d'avis que nombre de mes illustrations ne correspondaient pas à ce qu'ils avaient recherché. Or la plupart des illustrations incriminées représentaient des scènes où figuraient les Monarch. Sans approfondir la question de savoir ce que l'on avait exactement attendu de moi, je dus me rendre à l'évidence qu'à ce compte-là je n'obtiendrais jamais la commande des autres livres. Désespéré je reportai tous mes espoirs sur Miss Churm : je lui demandai de montrer tout ce qu'elle savait faire. Non seulement j'adoptai Oronte officiellement pour incarner mon héros, mais un matin où le Major passait voir si je n'avais pas besoin de lui pour terminer un dessin de *Cheapside* pour lequel il avait commencé à poser la semaine précédente, je lui dis que j'avais changé d'avis et que j'exécuterais le dessin d'après mon domestique.

---

5. **hurl** [hɜːl] : *jeter, lancer ;* **they hurled themselves into the fray** : *ils se sont jetés dans la mêlée.*
6. **look in** : *passer voir ;* **we looked in at John's** : *nous avons fait un saut chez Jean ;* **look in on someone** : *passer voir quelqu'un.*

At this my visitor turned pale and stood looking at me. "Is *he* your idea of an English gentleman?" he asked.

I was disappointed, I was nervous, I wanted to get on[1] with my work; so I replied with irritation: "Oh my dear Major —I can't be ruined for *you!*"

It was a horrid[2] speech, but he stood another moment — after which, without a word, he quitted the studio. I drew[3] a long breath, for I said to myself that I shouldn't see him again. I hadn't told him definitely that I was in danger of having my work rejected, but I was vexed[4] at his not having felt the catastrophe in the air, read with me the moral of our fruitless collaboration, the lesson that in the deceptive[5] atmosphere of art even the highest respectability may fail of being plastic.

I didn't owe my friends money, but I did see them again. They reappeared together three days later, and, given[6] all the other facts, there was something tragic in that one. It was a clear proof they could find nothing else in life to do. They had threshed[7] the matter out in a dismal[8] conference —they had digested the bad news that they were not in for the series. If they weren't useful to me even for the *Cheapside* their function seemed difficult to determine, and I could only judge at first that they had come, forgivingly[9], decorously, to take[10] a last leave.

---

1. **get on**: *continuer;* **get on with the job!**: *allez, au travail!;* **how is Tom getting on with his new book?**: *et le nouveau livre de Tom, ça avance?*

2. **horrid** ['hɒrɪd]: *affreux, épouvantable;* **say horrid things about someone**: *dire des horreurs sur quelqu'un.*

3. **draw (drew, drawn) a breath**: *aspirer, respirer;* (fig.) *souffler;* **draw a deep, long breath**: *respirer à pleins poumons;* **draw one's last breath**: *rendre son dernier soupir.*

4. **vex**: (faux ami) *contrarier, ennuyer, fâcher;* **a vexed question**: *une question controversée;* **we live in vexed times**: *nous traversons une époque difficile.*

5. **deceptive**: *trompeur, illusoire;* **appearances are deceptive**: *les apparences sont trompeuses.*

Cette annonce fit blêmir mon visiteur qui resta à me dévisager : « Est-ce là l'idée que vous vous faites d'un gentleman anglais ? » demanda-t-il.

J'étais déçu, j'étais inquiet, je voulais avancer dans mon travail ; aussi répondis-je avec humeur : « Voyons, mon cher Major, je ne peux tout de même pas gâcher ma carrière pour vous ! »

C'était une sortie épouvantable. Il resta planté là encore un moment, puis sans proférer un mot, il quitta l'atelier. Je poussai un soupir de soulagement en me disant que je ne le reverrais jamais. Je ne lui avais jamais dit clairement que mon travail courait le risque d'être refusé, mais j'étais fâché qu'il n'eût pas senti venir la catastrophe, ni tiré avec moi la morale de notre collaboration infructueuse : la leçon que dans l'atmosphère fallacieuse de l'art, même la plus haute respectabilité peut pécher sur le plan plastique.

Je ne devais pas d'argent à mes amis, mais je les revis pourtant. Ils réapparurent tous les deux, trois jours plus tard, et compte tenu des circonstances, leur retour avait quelque chose de tragique. C'était la preuve éclatante qu'ils n'avaient absolument rien d'autre à faire dans la vie. Ils avaient débattu à fond la question au cours d'un lugubre colloque. Ils avaient digéré la mauvaise nouvelle qu'ils n'étaient pas retenus pour la série. Puisqu'ils ne m'étaient même pas utiles pour *Cheapside*, il semblait malaisé de leur trouver une fonction, et je crus tout d'abord qu'ils étaient venus, magnanimes et dignes, prendre congé pour la dernière fois.

---

6. **given** (participe passé de **give**) : *soit, étant donné ;* **given the triangle ABC :** *soit le triangle ABC ;* **given that he is capable of lying :** *en supposant qu'il soit capable de mentir.*

7. **thresh :** *battre* (du blé) ; **threshing machine :** *batteuse.*

8. **dismal :** *sombre, lugubre, morne, maussade ;* **dismal face :** *figure de carême.*

9. **forgivingly** de **forgive** (**forgave, forgiven**) : *pardonner ;* **forgiving :** *indulgent, clément.*

10. **take** (**took, taken**) **one's leave :** *prendre congé ;* **take a French leave :** *filer à l'anglaise.*

This made me rejoice in secret that I had little leisure[1] for a scene; for I had placed both my other models in position together and I was pegging away[2] at a drawing from which I hoped to derive glory. It had been suggested by the passage in which Rutland Ramsay, drawing up a chair[3] to Artemisia's piano-stool, says extraordinary things to her while she ostensibly fingers out a difficult piece of music. I had done Miss Churm at the piano before —it was an attitude in which she knew how to take on an absolutely poetic grace. I wished the two figures to "compose" together with intensity, and my little Italian had entered perfectly into my conception. The pair were vividly before me, the piano had been pulled out; it was a charming show of blended youth and murmured love, which I had only to catch and keep. My visitors stood and looked at it, and I was friendly to them over my shoulder.

They made no response[4], but I was used to silent company and went on with my work, only a little disconcerted —even though exhilarated[5] by the sense that *this* was at least the ideal thing— at not having got rid of[6] them after all. Presently I heard Mrs. Monarch's sweet voice beside or rather above me: "I wish[7] her hair were a little better done." I looked up and she was staring with a strange fixedness at Miss Churm, whose back was turned to her. "Do you mind[8] my just touching it?" she went on

---

1. **leisure** ['leʒə]: *loisir, temps libre;* **do it at your leisure:** *faites-le à votre convenance;* **think about it at leisure:** *pensez-y à tête reposée.*

2. **peg away:** *bosser* (fam.); **he pegs away at his physics:** *il bûche sa physique.*

3. **draw (drew, drawn) up a chair:** *approcher une chaise.*

4. **response:** *réponse, réaction;* **his only response was to nod:** *pour toute réponse il a incliné la tête.*

5. **exhilarate** [ɪɡ'zɪlərɛɪt]: *vivifier, stimuler;* **exhilarating news:** *nouvelles réjouissantes.*

6. **get (got, got) rid of:** *se débarrasser de;* **get rid of one's debts:** *liquider ses dettes;* **good riddance!:** *bon débarras!*

Je me réjouis donc à part moi de n'avoir guère le loisir d'envisager une scène, car j'avais fait prendre la pose à mes deux autres modèles et travaillais d'arrache-pied à un dessin dont j'espérais tirer de la gloire. Il m'avait été suggéré par le passage où Rutland Ramsay, approchant sa chaise du tabouret de piano d'Artémise, lui tient des propos extraordinaires alors qu'elle s'emploie ostensiblement à déchiffrer un morceau de musique difficile. J'avais déjà exécuté Miss Churm au piano — attitude à laquelle elle s'entendait à donner une grâce au plus haut point poétique. Je souhaitais que les deux silhouettes forment à elles deux une harmonie pleine d'intensité, et mon jeune Italien était entré de plain-pied dans mon idée. Le couple avait devant moi une présence vivante : ils formaient un charmant spectacle de jeunesse mêlée et de murmure amoureux que je n'avais qu'à saisir et fixer. Mes visiteurs restaient là immobiles à le regarder et je leur jetai quelques amabilités par-dessus mon épaule.

Ils ne réagirent pas, mais habitué à leur compagnie silencieuse, je poursuivis mon travail, seulement un peu décontenancé (quoique transporté de toucher enfin à la perfection) de ne pas m'être débarrassé d'eux malgré tout. J'entendis bientôt la voix douce de Mrs. Monarch dire à côté de moi, ou plutôt par-dessus mon épaule : « J'aurais aimé qu'elle fût un peu mieux coiffée. » Je levai les yeux et vis qu'elle fixait Miss Churm, qui lui tournait le dos, avec une étrange intensité dans le regard. « Cela vous ennuierait-il que j'arrange un peu sa coiffure ? » poursuivit-elle.

---

7. I wish + prétérit : *si seulement* ; **I wish he came** : *si seulement il venait* ; **I wish I could !** : *j'aimerais bien* (mais je ne peux pas) !

8. do you mind + adj. poss. + **-ing** : *est-ce que cela vous dérange ?* ; **do you mind my opening the window** : *cela vous dérange si j'ouvre la fenêtre ?* ; **you don't mind my smoking ?** : *cela ne vous dérange pas que je fume ?* ; **do you mind my asking ?** : *puis-je vous demander sans indiscrétion ?*

—a question which made me spring up[1] for an instant as with the instinctive fear that she might do the young lady a harm[2]. But she quieted me with a glance I shall never forget —I confess I should like to have been able to paint *that*— and went for a moment to my model. She spoke to her softly, laying a hand on her shoulder and bending over her; and as the girl, understanding, gratefully assented, she disposed her rough curls, with a few quick passes, in such a way as to make Miss Churm's head twice as charming. It was one of the most heroic personal services I've ever seen rendered. Then Mrs. Monarch turned away with a low sigh and, looking about her as if for something to do, stooped[3] to the floor with a noble humility and picked up a dirty rag[4] that had dropped out of my paint-box.

The Major meanwhile had also been looking for something to do, and, wandering to the other end of the studio, saw before him my breakfast-things neglected, unremoved. "I say, can't I be useful *here*?" he called out to me with an irrepressible quaver[5]. I assented with a laugh that I fear was awkward, and for the next ten minutes, while I worked, I heard the light clatter[6] of china and the tinkle[7] of spoons and glass. Mrs. Monarch assisted her husband — they washed up my crockery[8], they put it away[9]. They wandered off into my little scullery, and I afterwards found that they had cleaned my knives and that my slender stock of plate had an unprecedented surface.

---

1. **spring (sprang, sprung) up**: *se lever d'un bond, précipitamment*; **spring**: *ressort*.

2. **harm**: *mal, tort, dommage*; **do somebody harm**: *faire du tort à, nuire à quelqu'un*; **no harm done**: *il n'y a pas de mal*; **he meant no harm by what he said**: *il ne l'a pas dit méchamment*.

3. **stoop**: *se baisser, se courber*; (fig.) *s'abaisser*; **he would stoop to anything**: *il est prêt à toutes les bassesses*.

4. **rag**: *chiffon, lambeau, loque*; **rags**: *guenilles*; **in rags and tatters**: *tout en loques*; **go from rags to riches**: *passer de la misère à la richesse*.

5. **quaver** ['kweɪvə]: *tremblement, chevrotement* (voix).

La question me fit sursauter un instant comme si je craignais instinctivement que Mrs. Monarch voulût nuire à la jeune femme. Mais elle me tranquillisa d'un regard que je n'oublierai jamais (et j'avoue que j'eusse aimé être capable de peindre ce regard-là), et resta un instant auprès de mon modèle. Elle s'adressait à elle à voix douce, penchée sur elle, la main posée sur son épaule. Comme la jeune fille, comprenant, acquiesçait avec reconnaissance, elle mit en place ses boucles indisciplinées en quelques touches rapides, de manière à rendre deux fois plus charmant le visage de Miss Churm. Ce fut là un des services personnels les plus héroïques que j'aie jamais vu rendre. Puis Mrs. Monarch se détourna avec un soupir étouffé comme pour chercher des yeux quelque tâche à accomplir, se baissa vers le sol avec une noble humilité et ramassa un chiffon sale tombé de ma boîte de couleurs.

Pendant ce temps le Major avait lui aussi cherché quelque chose à faire, et étant allé rôder à l'autre bout de l'atelier, il avait trouvé la vaisselle de mon petit déjeuner non desservie, abandonnée sur place.

« Dites-moi, je pourrais peut-être me rendre utile, ici ? » lança-t-il avec un tremblement irrépressible dans la voix. J'en convins en riant assez maladroitement, je le crains, et pendant les dix minutes qui suivirent, tout en travaillant, j'entendis le tintement léger de la porcelaine et le cliquetis des cuillers et des verres. Mrs. Monarch aida son mari. Ils lavèrent la vaisselle et la rangèrent. Ils s'en furent dans ma minuscule arrière-cuisine et je devais découvrir plus tard qu'ils avaient nettoyé mes couteaux et que ma maigre batterie d'argenterie avait acquis un poli inusité.

---

6. **clatter** : *cliquetis* ou *fracas* ; **the clatter of cutlery** : *le bruit de couverts entrechoqués* ; **he clattered down the stone stairs in heavy boots** : *chaussés de grosses bottes il descendit bruyamment l'escalier de pierre.*

7. **tinkle** : *tintement.*

8. **crockery** ; *poterie, faïence, vaisselle.*

9. **put (put, put) away** : *ranger.*

When it came over me, the latent eloquence of what they were doing, I confess that my drawing was blurred for a moment —the picture swam[1]. They had accepted their failure, but they couldn't accept their fate. They had bowed[2] their heads in bewilderment[3] to the perverse[4] and cruel law in virtue of which the real thing could be so much less precious than the unreal; but they didn't want to starve[5]. If my servants were my models, then my models might be my servants. They would reverse the parts —the others would sit for the ladies and gentlemen and *they* would do the work. They would still be in the studio —it was an intense dumb appeal to me not to turn them out. "Take us on," they wanted to say — "we'll do *anything*."

My pencil dropped from my hand; my sitting was spoiled[6] and I got rid of my sitters, who were also evidently rather mystified and awestruck[7]. Then, alone with the Major and his wife, I had a most uncomfortable moment. He put their prayer into a single sentence "I say, you know —just let *us* do[8] for you, can't you?" I couldn't —it was dreadful to see them emptying my slops; but I pretended I could, to oblige them, for about a week. Then I gave them a sum of money to go away, and I never saw them again. I obtained the remaining books, but my friend Hawley repeats that Major and Mrs. Monarch did me a permanent harm, got me into false ways. If it be true I'm content to have paid the price —for the memory.

---

1. **swim (swam, swum)**: *nager;* (fig.) **her eyes were swimming with tears**: *ses yeux étaient noyés de larmes;* **his head was swimming**: *la tête lui tournait.*

2. **bow** [baʊ] **to**: *s'incliner devant;* **we must bow to your greater knowledge**: *nous devons nous incliner devant vos très grandes connaissances;* **bow to someone's opinion**: *se soumettre à l'opinion de quelqu'un.*

3. **bewilderment**: *ahurissement, confusion;* **bewildered**: *perplexe;* **I am bewildered**: *je m'y perds.*

4. **perverse** [pə'vɜːs]: (faux ami) *vicieux, erroné, inique.*

5. **starve**: *manquer de nourriture, être affamé;* **starve (to death)**: *mourir de faim.*

Lorsque l'éloquence muette de ce qu'ils faisaient là m'eut saisi, je dois avouer que mon dessin se brouilla un instant, la scène s'embua. Ils avaient accepté leur défaite mais ne pouvaient accepter leur destin. Ils s'étaient inclinés avec effarement devant la loi cruelle et inique en vertu de laquelle le vrai pouvait être infiniment moins précieux que le faux. Mais ils ne voulaient pas mourir de faim. Puisque mes serviteurs étaient mes modèles, mes modèles pouvaient bien devenir mes serviteurs. Ils échangeraient leurs rôles : les autres poseraient pour les dames et les gentlemen, et eux feraient le travail. Ils continueraient à hanter l'atelier. Il y avait là une prière muette et fervente implorant de ne pas les chasser. « Gardez-nous, avaient-ils envie de dire, nous ferons n'importe quoi. »

Mon crayon me tomba des mains ; ma séance de pose était gâchée, et je congédiai mes modèles, eux aussi visiblement tout à fait déconcertés et même frappés de terreur. Puis, resté seul avec le Major et sa femme, je connus un moment des plus pénibles. Il formula leur prière en une seule et unique question : « Écoutez, pourquoi ne pas nous laisser tenir votre ménage ? » Je ne pouvais pas. C'était affreux de les voir vider mes eaux sales. Pour leur rendre service, je fis semblant de le supporter pendant une semaine. Après quoi je leur donnai une somme d'argent pour qu'ils s'en aillent. Je ne les revis jamais plus. On me confia les livres restants, mais mon ami Hawley persiste à dire que le Major et Mrs. Monarch ont altéré mon travail de manière irréversible, m'ont aiguillé sur une fausse piste. Et si c'était vrai, je ne regrette pas d'avoir payé le prix, en souvenir.

---

6. **spoil** (**spoiled** ou **spoilt**) : *gâcher, gâter ;* **the weather spoiled our holiday** : *le temps nous a gâché nos vacances.*
7. **awestruck** ['ɔːstrʌk] : *frappé de terreur, stupéfait.*
8. **let** *us* **do for you** : la dérive des sens de *do* atteint son point culminant. Ici il s'agit purement et simplement de *faire le ménage*. Par cette requête formulée simplement les Monarch signent leur constat d'échec.

O. Henry (1862-1910)

Né en Caroline du Nord en 1862, William Sydney Porter travaille dans une banque du Texas, fonde un hebdomadaire humoristique en 1894, écrit dans un journal de Houston, jusqu'au jour où ayant commis quelque malversation dans sa banque il s'enfuit pour le Honduras. Il ne rentrera à Austin que pour voir sa femme mourir dans ses bras, et purger les trois ans de prison qu'il devait à la justice.

C'est en prison qu'il devient véritablement écrivain en composant ses premières nouvelles inspirées par son expérience d'échotier et ses aventures de hors-la-loi en cavale.

À sa sortie de prison, en 1902, il s'installe à New York où il mourra en 1910. Les "quatre millions" de New-Yorkais négligés par les autres écrivains deviendront son sujet de prédilection.

Cabbages and Kings (1904), *The Four Million* (1906), *Heart of the West* (1907), *The Trimmed Lamp* (1907), *The Voice of the City* (1908) ou *Strictly Business* (1910) sont ses recueils les plus connus (en français, *New York tic tac*, et *Souliers, bateaux et présidents*).

Sorte d'Alphonse Allais américain, O. Henry crée des situations comiques fondées sur des coïncidences loufoques et des retournements inattendus. Considéré comme un maître de la fiction courte, il a donné son nom à un prix de la nouvelle décapante.

AN UNFINISHED STORY

HISTOIRE INACHEVÉE

We no longer groan and heap[1] ashes upon our heads when the flames of Tophet are mentioned. For, even the preachers have begun to tell us that God is radium, or ether or some scientific compound, and that the worst we wicked[2] ones may expect is a chemical reaction. This is a pleasing hypothesis; but there lingers[3] yet some of the old, goodly terror of orthodoxy.

There are but two subjects upon which one may discourse with a free imagination, and without the possibility of being controverted. You may talk of your dreams; and you may tell what your heard a parrot say. Both Morpheus and the bird are incompetent[4] witnesses; and your listener dare not attack your recital. The baseless fabric[5] of a vision, then, shall furnish my theme —chosen with apologies and regrets instead of the more limited field of pretty Polly's[6] small talk[7].

I had a dream that was so far removed from the higher criticism that it had to do with the ancient, respectable, and lamented bar-of-judgement theory[8].

Gabriel had played his trump[9]; and those of us who could not follow suit were arraigned for examination. I noticed at one side a gathering of professional bondsmen in solemn black and collars that buttoned behind; but it seemed there was some trouble about their real estate titles; and they did not appear to be getting any of us out.

---

1. **heap:** *entasser, amonceler, empiler;* **heap gifts on somebody:** *couvrir quelqu'un de cadeaux;* **heap praises on somebody:** *combler quelqu'un d'éloges.*

2. **wicked** ['wɪkɪd]: *mauvais, méchant, malfaisant.*

3. **linger** ['lɪŋgə]: *persister, subsister, s'attarder;* **he always lingers behind everyone else:** *il est toujours à la traîne;* **a doubt still lingered in his mind:** *un doute subsistait dans son esprit.*

4. **incompetent:** au sens juridique: *incompétent* (à connaître d'une cause), *inhabile* (à accomplir un acte); **an insane person is incompetent to make a will:** *le dément est inhabile à tester.*

5. **fabric:** (faux ami) *tissu, étoffe, texture, structure, trame;* **social fabric:** *structure sociale;* **fools of every fabric:** *des sots de tout acabit.*

De nos jours, plus personne ne gémit ni ne se couvre la tête de cendres à la simple évocation des flammes de Tophet. Selon les prédicateurs eux-mêmes, Dieu est fait de radium, d'éther ou d'un autre mélange scientifique, et le pire qui puisse nous arriver, à nous les méchants, c'est une réaction chimique. L'hypothèse est certes plaisante, mais il reste pourtant quelque chose de la bonne vieille terreur du dogme.

Il n'y a plus guère que deux sujets sur lesquels il nous est loisible de discourir sans entrave et sans peur d'être contredit. On peut parler de ses rêves et rapporter les paroles d'un perroquet. Morphée tout comme l'oiseau sont des témoins non valables et votre interlocuteur n'osera pas s'en prendre à votre récit. Je choisis donc la trame chimérique d'une vision pour nourrir mon propos — non sans m'excuser et regretter de délaisser le champ plus limité du babil de ce cher Jacquot.

J'ai fait un rêve si éloigné des hautes sphères de la critique qu'il avait un rapport avec la théorie antique vénérable et tant décriée de la censure.

Gabriel avait joué son atout, et ceux d'entre nous qui ne pouvaient pas suivre le mouvement étaient traduits en justice. Je remarquai d'un côté une assemblée de garants professionnels solennellement habillés de noir, avec des cols boutonnés par-derrière. Mais il semblait que leurs titres de propriété présentassent quelques défauts. Apparemment ils ne pouvaient sauver la mise d'aucun d'entre nous.

---

6. **Polly** : nom souvent donné aux perroquets (cf. *Jacquot*).

7. **small talk** : *papotage, menus propos* ; **he's got plenty of small talk** : *il a la conversation facile.*

8. **bar-of-judgement theory** : allusion à la théorie freudienne de la censure.

9. **played his trump** : jeu de mots sur **trump** : *trompette* et *atout* (aux cartes). Ce deuxième sens est développé par l'expression **follow suit** : *suivre à la couleur.*

A fly cop[1] —an angel policeman— flew over to me and took me by the left wing. Near at hand was a group of very prosperous-looking spirits arraigned[2] for judgement.

"Do you belong with that bunch[3]?" the policeman asked.

"Who are they?" was my answer.

"Why," said he, "they are—"

But this irrelevant[4] stuff is taking up space that the story should occupy.

Dulcie worked in a department store. She sold Hamburg edging, or stuffed peppers, or automobiles, or other little trinkets such as they keep in department stores. Of what she earned, Dulcie received six dollars per week. The remainder was credited to her and debited to somebody else's account in the ledger kept by G[5]—Oh, primal energy, you say, Reverend Doctor[6]— Well then, in the Ledger of Primal Energy.

During her first year in the store, Dulcie was paid five dollars per week. It would be instructive to know how she lived on[7] that amount. Don't care[8]? Very well; probably you are interested in larger amounts. Six dollars is a larger amount. I will tell you how she lived on six dollars per week.

One afternoon at six, when Dulcie was sticking her hat-pin within an eighth of an inch of her *medulla oblongata*, she said to her chum[9], Sadie —the girl that waits on you with her left side:

---

1. **cop**: (argot) *flic, poulet*; **play at cops and robbers**: *jouer aux gendarmes et aux voleurs*; **the cop-shop**: *la maison Poulaga, le commissariat de police*.

2. **arraign** [ə'reɪn]: *traduire en justice*.

3. **bunch**: *groupe, bande, équipe*; **the best of the bunch**: *le meilleur de la bande*; **what a bunch!** *quelle équipe!*

4. **irrelevant** [ɪ'reləvənt]: *sans rapport*; **that's irrelevant**: *cela n'a rien à voir*; **irrelevant to the subject**: *hors sujet*.

5. **G(od)** = *D(ieu)*.

6. **Reverend Doctor**: le narrateur feint de prendre Freud à témoin car

Un flic volant — ou un ange-policier — se dirigea vers moi et m'attrapa par l'aile gauche. Non loin de là se trouvait un groupe d'esprits à la mine tout ce qu'il y a de plus prospère, prêts à comparaître.

« Faites-vous partie de cette bande ? » demanda le policier.

« Qui sont-ils ? » répondis-je.

« Eh bien », dit-il, « ce sont... »

Mais tous ces détails hors de propos prennent la place que devrait occuper mon histoire.

Dulcie travaillait dans un grand magasin. Elle vendait de la passementerie, des poivrons farcis, des voitures et autres menus colifichets comme on en trouve dans les grands magasins. Sur ce qu'elle gagnait Dulcie touchait six dollars par semaine. Le reste était crédité sur son compte puis débité sur le compte de quelqu'un d'autre, dans le registre tenu par D — Énergie primaire, dites-vous, Révérend Docteur ? Eh bien donc, dans le registre de l'Énergie Primaire.

Durant sa première année de travail au magasin, Dulcie était payée cinq dollars par semaine. Il serait intéressant de savoir comment elle faisait pour vivre avec si peu. Vous vous en moquez ? Bon ; sans doute êtes-vous intéressé par de plus grosses sommes. Six dollars c'est déjà mieux. Je vais donc vous dire comment elle vivait avec six dollars par semaine.

Un après-midi à six heures, alors que Dulcie enfonçait son épingle à chapeau à moins d'un huitième de pouce de sa *medulla oblongata*, elle dit à sa camarade Sadie — la fille qui vous sert en vous montrant son profil gauche :

---

il fait allusion à sa théorie (censure, énergie primaire) de manière assez désinvolte.

7. **live on** : *vivre de, se nourrir de* ; **you can't live on air** : *on ne vit pas de l'air du temps* ; **live on hope** : *vivre d'espérance*.

8. **don't care** : sous-entendu : **you don't care?** Le narrateur s'adresse à un interlocuteur fictif, comme pour mettre en scène son propre rôle de sélection de l'information, et de choix des détails de l'histoire.

9. **chum** : (argot) *copain, copine*.

"Say, Sade, I made a date[1] for dinner this evening, with Piggy."

"You never[2] did!" exclaimed Sadie admiringly. "Well, ain't you the lucky one? Piggy's an awful swell[3]; and he always takes a girl to swell places. He took Blanche up to the Hoffman House one evening, where they have swell music, and you see a lot of swells. You'll have a swell time, Dulcie."

Dulcie hurried homeward. Her eyes were shining, and her cheeks showed the delicate pink of life's —real life's— approaching dawn. It was Friday; and she had fifty cents[4] left of her last week's wages.

The streets were filled with the rush[5]-hour floods of people. The electric lights of Broadway were glowing — calling moths from miles, from leagues, from hundreds of leagues out of darkness around to come in and attend the singeing school[6]. Men in accurate clothes, with faces like those carved on cherry-stones by the old salts[7] in sailors' homes, turned and stared at Dulcie as she sped[8], unheeding[9], past them. Manhattan, the night-blooming cereus, was beginning to unfold its dead-white, heavy-odoured petals.

Dulcie stopped in a store where goods were cheap and bought an imitation lace collar with her fifty cents. That money was to have been spent otherwise —fifteen cents for supper, ten cents for breakfast, ten cents for lunch.

---

1. **date**: *rendez-vous*; **have you got a date for tonight?**: *tu sors avec quelqu'un ce soir?*
2. **never**: négation emphatique; **well I never (did)!** *ça par exemple!*; **he never said a word**: *il n'a pas soufflé mot*.
3. **swell**: (argot daté) *sensationnel, formidable, "bath"*.
4. **cent**: équivalent de *centime*.
5. **rush**: *course précipitée, ruée*; **gold rush**: *ruée vers l'or*; **there was a rush for the empty seats**: *on s'est rué vers les places libres*; **rush-hour traffic**: *circulation des heures de pointe*.
6. **the singeing school**: l'équivoque est obtenue par cet à-peu-près graphique: on pense aussitôt à **singing school** ['sɪŋɪŋ] (école de chant,

« Dis donc, Sadie, j'ai rendez-vous pour dîner avec Piggy, ce soir.

— Pas possible ! » s'exclama Sadie pleine d'admiration. « Vrai alors, tu en as de la chance ! Piggy est un type vraiment formidable ; et il invite toujours les nanas dans des endroits formidables. Il a emmené Blanche un soir chez Hoffman, où il y a de la musique formidable et où on voit des tas de gens formidables. Tu vas passer une soirée formidable, Dulcie. »

Dulcie se hâta de rentrer chez elle. Elle avait les yeux brillants et sur ses joues se lisait le rose délicat de l'aurore de la vie — de la vraie vie. C'était vendredi, et il lui restait cinquante *cents* sur ses gages de la semaine précédente.

Les rues étaient envahies par la marée humaine des heures de pointe. Les lumières de Broadway brillaient et appelaient les papillons de nuit venus de l'obscurité depuis des lieues à la ronde pour leur roussir les ailes en chœur. Des hommes portant des vêtements stricts et au visage pareil à ces têtes sculptées dans des noyaux de cerise par les vieux loups de mer échoués à l'hospice se retournaient pour dévisager Dulcie qui passait à la hâte devant eux sans les voir. Manhattan, cactée s'épanouissant la nuit, commençait à déplier ses pétales livides aux senteurs capiteuses.

Dulcie s'arrêta dans un magasin qui vendait des articles bon marché et avec ses cinquante *cents* elle s'acheta un col de fausse dentelle. Cet argent était destiné à d'autres dépenses : quinze *cents* pour le dîner, dix *cents* pour le petit déjeuner, et dix *cents* pour le déjeuner.

---

chorale), en voyant **singeing** ['sɪndʒɪŋ] : de **singe**, *brûler légèrement, roussir*. Le double sens est renforcé par le verbe **attend** : *assister à, suivre* (un cours).

7. **old salt** : *vieux loup de mer.*

8. **speed (sped, sped** ou **speeded)** : *filer comme un éclair* ; **the arrow sped from his bow** : *la flèche jaillit de son arc.*

9. **unheeding** : *insouciant, indifférent* ; **they passed by unheeding** : *ils sont passés à côté sans faire attention.*

Another dime[1] was to be added to her small store[2] of savings; and five cents was to be squandered[3] for liquorice[4] drops— the kind that made your cheek look like the toothache, and last as long. The liquorice was an extravagance[5] —almost a carouse[6]— but what is life without pleasures?

Dulcie lived in a furnished room. There is this difference between a furnished room and a boarding-house[7]. In a furnished room, other people do not know it when you go hungry.

Dulcie went up to her room —the third floor back in a West Side brownstone[8]-front. She lit the gas. Scientists tell us that the diamond is the hardest substance known. Their mistake[9]. Landladies know of a compound beside which the diamond is a putty[10]. They pack it in the tips of gas-burners; and one may stand on a chair and dig at it in vain until one's fingers are pink and bruised. A hairpin will not remove it; therefore let us call it immovable.

So Dulcie lit the gas. In its one-fourth-candle-power glow we will observe the room.

Couch-bed, dresser, table, washstand, chair —of this much the landlady was guilty. The rest was Dulcie's. On the dresser were her treasures —a gilt china vase presented to her by Sadie, a calendar issued by a pickle works, a book on the divination of dreams, some rice powder in a glass dish, and a cluster of artificial cherries tied with a pink ribbon.

---

1. **dime**: (pièce de) *dix cents*: **it's not worth a dime**: *cela ne vaut pas un clou;* **they're a dime a dozen**: *on en trouve à la pelle;* **dime novel**: *roman de gare;* **dime store**: équivalent de *bazar, prisunic.*

2. **store**: *provision, réserve, stock.*

3. **squander** ['skwɒndə]: *gaspiller, dilapider* (la fortune).

4. **liquorice** [lıkərıs]: *réglisse.*

5. **extravagance**: (faux ami) *prodigalité, dépense excessive;* **the hat was an extravagance**: *ce chapeau était une folie.*

6. **carouse** [kə'raʊz]: *faire ribote, festoyer, faire bombance.*

Dix *cents* supplémentaires auraient grossi ses petites économies, et elle aurait gaspillé cinq *cents* en bonbons à la réglisse : ceux qui vous donnent l'air d'avoir une rage de dents et durent aussi longtemps qu'elle. La réglisse était une folie, presque une orgie — mais que serait la vie sans ses plaisirs ?

Dulcie vivait dans un meublé. La différence entre une pension et un meublé est la suivante : dans un meublé, si vous restez le ventre vide, les voisins ne le savent pas.

Dulcie monta dans sa chambre, située au troisième étage d'un bâtiment de grès brun du West Side, côté cour. Elle alluma le gaz. Aux dires des savants, le diamant serait la substance connue la plus dure. C'est faux. Les logeuses connaissent un composé à côté duquel le diamant est pareil à de la pâte molle. Elles en bourrent l'extrémité de leurs brûleurs à gaz, et vous pouvez toujours vous user les doigts sur une chaise pour essayer d'en extraire cette substance. Une épingle à cheveux n'y pourra rien non plus. Nous déciderons donc de qualifier cette matière d'immuable.

Dulcie alluma donc le gaz. Observons sa chambre à la lueur de l'équivalent d'un quart de bougie.

Le canapé-lit, la coiffeuse, la table, la table de toilette, la chaise — toutes ces horreurs étaient là par la faute de la logeuse. Le reste était le fait de Dulcie. Sur la coiffeuse se trouvaient ses trésors : un vase de porcelaine doré que Sadie lui avait offert, un calendrier distribué par une usine de condiments, un livre sur la divination par les songes, un peu de poudre de riz dans une soucoupe en verre, et une grappe de cerises synthétiques attachées à un ruban rose.

---

7. **boarding-house** : *pension* (de famille) ; **boarding-school** : *pensionnat, internat.*

8. **brownstone** : maison victorienne de pierre sombre, d'abord symbole d'un statut social aisé, puis divisée en logements exigus qui deviendront des taudis, avant la rénovation des années soixante-dix.

9. **their mistake** : formule elliptique ; cf. **my mistake !** : *c'est de ma faute ! autant pour moi !*

10. **putty** : m. à m. *mastic ;* **she's like putty in my hands** : *j'en fais ce que je veux.*

Against the wrinkly[1] mirror stood pictures of General Kitchener[2], William Muldoon, the Duchess of Marlborough, and Benvenuto Cellini. Against one wall was a plaster of Paris plaque of an O'Callahan in a Roman helmet. Near it was a violent oleograph of a lemon-coloured child assaulting an inflammatory butterfly. This was Dulcie's final judgement in art; but it had never been upset. Her rest had never been disturbed by whispers of stolen copes; no critic had elevated his eyebrows at her infantile entomologist.

Piggy was to call for her at seven. While she swiftly makes ready, let us discreetly face the other way and gossip[3].

For the room, Dulcie paid two dollars per week. On weekdays her breakfast cost ten cents; she made coffee and cooked an egg over the gaslight while she was dressing. On Sunday mornings she feasted royally on veal chops and pineapple fritters[4] at "Billy's" restaurant, at a cost of twenty-five cents —and tipped[5] the waitress ten cents. New York presents so many temptations for one to run into extravagance[6]. She had her lunches in the department-store restaurant at a cost of sixty cents for the week; dinners were $1.05. The evening papers —show me a New Yorker going without his daily[7] paper!— came to six cents; and two Sunday papers —one for the personal column[8] and the other to read— were ten cents. The total amount to $4.76. Now, one has to buy clothes, and—

---

1. **wrinkly**: *qui comporte des imperfections, des irrégularités;* **wrinkle**: *ride.*

2. **Horatio Herbert Kitchener** (1850-1916): maréchal britannique qui jouissait d'une très grande popularité. S'est illustré lors de la guerre des Boers (où il fut particulièrement dur: camp d'internement pour les femmes et les enfants, incendies de fermes), en Inde et en Egypte. Ministre de la Guerre en 1914. Dulcie semble impressionnée par toutes sortes de personnages qui ont en commun d'être représentés dans sa chambre par des gravures hautes en couleur ou des moulages pompiers.

3. **gossip**: *bavarder, cancaner, faire des commérages;* **gossip columnist/gossip writer**: *échotier.*

Sur le miroir piqué se trouvaient les portraits du général Kitchener, de William Muldoon, de la duchesse de Marlborough et de Benvenuto Cellini. Sur l'un des murs, une plaque en plâtre de Paris représentait O'Callahan en casque romain. À côté, un chromo criard figurait un enfant jaune citron s'acharnant sur un papillon incandescent. Pour Dulcie c'était le fin du fin. Rien ne l'avait jamais égalé. Son repos n'avait jamais été troublé par les murmures d'œuvres volées. Nul critique n'avait froncé le sourcil devant son entomologiste en herbe.

Piggy devait passer la prendre à sept heures. Tandis qu'elle se prépare promptement, détournons-nous discrètement pour échanger quelques potins.

Pour sa chambre, Dulcie payait deux dollars par semaine. Pendant la semaine, son petit déjeuner lui revenait à dix *cents* : elle préparait le café et faisait cuire un œuf sur le bec de gaz tout en s'habillant. Le dimanche matin, elle s'offrait un festin royal de côtes de veau et de beignets d'ananas au restaurant *Chez Billy* pour la somme de vingt-cinq *cents*, sans compter dix *cents* de pourboire pour la serveuse. New York présente des tentations variées qui poussent à la prodigalité. Elle prenait ses repas au restaurant du magasin pour soixante *cents* par semaine ; les dîners coûtaient un dollar cinq. Les journaux du soir revenaient à six *cents* : montrez-moi un New-Yorkais qui peut se passer de son quotidien. Les deux journaux du dimanche qu'elle achetait l'un pour les petites annonces, l'autre pour les nouvelles, coûtaient dix *cents*. Le total s'élevait à quatre dollars soixante-seize. Mais il faut bien s'habiller et puis...

---

4. **fritter :** *beignet ;* **apple fritters :** *beignets aux pommes.*
5. **tip :** *donner un pourboire ;* **he tipped the waiter five francs :** *il a donné cinq francs de pourboire au garçon.*
6. **extravagance :** ironie du narrateur qui souligne le côté minable de ce décompte.
7. **daily :** nom et adj. : *quotidien,*
8. **personal column :** (presse) *annonces personnelles.*

I give it up[1]. I hear[2] of wonderful bargain in fabrics, and of miracles performed with needle and thread; but I am in doubt. I hold my pen poised[3] in vain when I would add to Dulcie's life some of those joys that belong to woman by virtue of all the unwritten, sacred, natural, inactive ordinances of the equity of heaven. Twice she had been to Coney Island[4] and had ridden the hobby-horses. 'Tis a weary thing to count your pleasures by summers instead of by hours.

Piggy needs but a word. When the girls named him, an undeserving stigma was cast upon the noble family of swine[5]. The words-of-three-letters lesson in the old blue spelling book[6] begins with Piggy's biography. He was fat; he had the soul of a rat, the habits of a bat, and the magnanimity of a cat. He wore expensive clothes; and was a connoisseur in starvation. He could look at a shop-girl and tell you to an hour how long it had been since she had eaten anything more nourishing than marshmallows and tea. He hung about the shopping districts, and prowled[7] around in department stores with his invitations to dinner. Men who escort dogs upon the streets at the end of a string look down upon him[8]. He is a type; I can dwell upon him no longer; my pen is not the kind intended for him; I am no carpenter.

At ten minutes to seven Dulcie was ready. She looked at herself in the wrinkly mirror. The reflection was satisfactory.

---

1. **give (gave, given) up**: *abandonner, renoncer;* **don't give up!**: *tenez bon;* **I give up!**: *j'abandonne* ou (dans un jeu de devinette) *je donne ma langue au chat!*

2. **hear (heard, heard) of**: *entendre parler de;* **I've never heard of him**: *je ne le connais pas;* **I've never heard of such a thing**: *je n'ai jamais entendu parler d'une chose pareille.*

3. **poise** [pɔɪz]: *mettre en équilibre, tenir en équilibre;* **she held her pen poised over her notebook**: *elle tenait son stylo suspendu au-dessus du bloc-notes* (prête à écrire).

J'abandonne. On me parle d'affaires fantastiques sur les tissus, et de miracles accomplis au moyen de fil et d'aiguille ; mais je suis sceptique. C'est en vain que je tiendrais ma plume prête si je voulais ajouter à la vie de Dulcie certaines de ces joies qui sont l'apanage des femmes en vertu des lois coutumières sacrées, naturelles et sans effet émanant de la justice céleste. Par deux fois, elle était allée à Coney Island et avait fait un tour de chevaux de bois. Il est lassant de compter ses plaisirs à l'été, et non pas à l'heure.

Il suffira d'un mot pour décrire Piggy. Lorsque les jeunes filles lui donnèrent ce surnom, une flétrissure imméritée s'abattit sur la noble famille porcine. La litanie enfantine du vieux livre d'orthographe bleu commence par la biographie de Piggy : il était gras, avait une âme de rat, des mœurs de cobra, et la générosité d'un chat. Il portait des vêtements chers et excellait dans l'art de détecter les ventres creux. En regardant une vendeuse, il savait vous dire à l'heure près depuis combien de temps elle n'avait rien avalé de plus nourrissant que de la guimauve et du thé. Il traînait dans les quartiers commerçants et maraudait dans les grands magasins prêt à brandir ses invitations à dîner. Les hommes qui accompagnent leur chien au bout d'une laisse le regardent de haut. Il a un genre particulier. Je ne peux m'attarder sur lui davantage. Ma plume ne lui sied pas, je ne suis pas menuisier.

À sept heures moins dix, Dulcie était prête. Elle se regarda dans le miroir piqué. Son image lui plaisait.

---

4. **Coney Island** : *grande fête foraine de New York située dans le quartier du sud de Brooklyn, au bord d'une plage.*

5. **swine** : *pourceau, porc ;* référence au surnom de **Piggy** : *porcinet.*

6. **spelling book** : *livre d'orthographe.* La première leçon comporte des mots d'une syllabe comprenant le son [æ]. Pour garder l'euphonie en "a", la traduction a dû abandonner **bat** : *chauve-souris,* pour un mot terminé par "a", *cobra.*

7. **prowl** : *rôder ;* **prowl car** : *voiture de police.*

8. **look down (up) on** : *regarder quelqu'un de haut, mépriser ;* **look down on an offer** : *faire fi d'une offre.*

The dark blue dress, fitting without a wrinkle, the hat with its jaunty[1] black feather, the but-slightly-soiled gloves —all representing self-denial, even of food itself— were vastly becoming[2].

Dulcie forgot everything else for a moment except that she was beautiful, and that life was about to lift a corner of its mysterious veil for her to observe its wonders. No gentleman had ever asked her out before. Now she was going for a brief moment into the glitter[3] and exalted show.

The girls said that Piggy was a "spender[4]". There would be a grand[5] dinner, and music, and splendidly dressed ladies to look at, and things to eat that strangely twisted the girls' jaws when they tried to tell about them. No doubt she would be asked out again.

There was a blue pongee[6] suit in a window that she knew —by saving twenty cents a week instead of ten, in —let's see— Oh, it would run into years! But there was a second-hand[7] store in Seventh Avenue where—

Somebody knocked at the door. Dulcie opened it. The landlady stood there with a spurious[8] smile, sniffing for cooking by stolen gas.

"A gentleman's downstairs to see you," she said. "Name is[9] Mr. Wiggins."

By such epithet was Piggy known to unfortunate ones who had to take him seriously.

---

1. **jaunty** ['dʒɔːntɪ] : *enjoué, vif, désinvolte* ; **jaunty gait** : *démarche vive, preste* ; **jaunty air** : *air dégagé, effronté*.

2. **becoming** : *seyant, qui va bien* ; **her hat is not becoming** : *son chapeau ne lui va pas*.

3. **glitter** : *scintillement, éclat* ; verbe : *briller* ; **all that glitters is not gold** : *tout ce qui brille n'est pas or* (proverbe).

4. **spender** : *dépensier* ; **a big spender** : *très dépensier*.

5. **grand** [grænd] : *grand* (grandiose), *magnifique, splendide* ; **grand style** : *style grandiose, grand style*.

6. **pongee** : *pongé ou pongée* (peut-être du chinois pun-ki, pungi :

148

La robe bleu foncé, ajustée sans un pli, le chapeau au plumet noir fringant, les gants à peine tachés, qui témoignaient de son renoncement à tout, même à la nourriture, tout cela lui allait à ravir.

Pendant un instant, Dulcie n'eut qu'une pensée : elle était belle, et la vie s'apprêtait à soulever un coin de son mystérieux voile pour lui laisser admirer ses merveilles. Aucun gentleman ne l'avait encore invitée à sortir. À présent elle allait brièvement se laisser transporter vers un semblant de féerie.

Les autres filles disaient que Piggy était un « panier percé ». Il y aurait sûrement un dîner fantastique, de la musique, et puis des dames habillées avec des robes splendides, et puis des choses à manger que les autres évoquaient en faisant des mimiques à s'en décrocher la mâchoire. À coup sûr, il la réinviterait.

Elle avait vu un ensemble en pongé bleu dans une vitrine qu'elle connaissait. En économisant vingt *cents* par semaine au lieu de dix — voyons — oh, il faudrait au moins des années ! Mais il y avait un magasin d'occasion sur la Septième Avenue où...

On frappa à la porte. Dulcie ouvrit. La logeuse était plantée là, un sourire factice aux lèvres, à l'affût d'une odeur de cuisine préparée clandestinement sur son gaz.

« Il y a en bas un monsieur qui vous demande. S'appelle M. Wiggins. »

C'est sous ce patronyme qu'était connu Piggy des malheureux qui étaient contraints de le prendre au sérieux.

---

métier à tisser), *taffetas léger de soie*, ou toute imitation en coton ou rayonne.

7. **secondhand :** *d'occasion, de deuxième main ;* **secondhand bookstore :** *librairie d'occasion.*

8. **spurious** ['spjʊərɪəs] : *faux, contrefait, feint ;* **spurious coin :** *fausse pièce de monnaie ;* **spurious love :** *amour simulé.*

9. **name is :** sous-entendu **his (name is)** ou **the (name is).**

Dulcie turned to the dresser to get her handkerchief; then she stopped still, and bit[1] her underlip hard. While looking in her mirror she had seen fairyland and herself, a princess, just awakening from a long slumber[2]. She had forgotten one that was watching her with sad, beautiful, stern[3] eyes —the only one there was to approve or condemn what she did. Straight and slender[4] and tall, with a look of sorrowful[5] reproach on his handsome, melancholy[6] face, General Kitchener fixed his wonderful eyes on her out of his gilt photograph frame on the dresser.

Dulcie turned like an automatic doll to the landlady.

"Tell him I can't go," she said dully. "Tell him I'm sick, or something. Tell him I'm not going out."

After the door was closed and locked, Dulcie fell upon her bed, crushing her black tip, and cried for ten minutes. General Kitchener was her only friend. He was Dulcie's ideal of a gallant knight[7]. He looked as if he might have a secret sorrow, and his wonderful moustache was a dream, and she was a little afraid of that stern yet tender look in his eyes. She used to have little fancies that he would call[8] at the house sometimes, and ask for her, with his sword[9] clanking[10] against his high boots. Once, when a boy was rattling a piece of chain against a lamp-post, she had opened the window and looked out. But there was no use[11]. She knew that General Kitchener was away over in Japan, leading his army against the savage Turks;

---

1. **bite (bit, bitten)**: *mordre.*
2. **slumber** ['slʌmbə]: *sommeil* (paisible). Elle s'imagine en princesse de conte de fées, ici la Belle au Bois Dormant.
3. **stern**: *sévère, dur, sombre;* **stern countenance**: *visage austère.*
4. **slender**: *svelte, mince.*
5. **sorrowful**: *triste, affligé, désolé.*
6. **melancholy** ['melənkəlı]: adj. et nom; **melancholy news**: *nouvelle attristante.*
7. **knight** [naɪt]: *chevalier;* **a knight in shining armour**: *un prince charmant* ou *un redresseur de torts.*

Dulcie se retourna vers sa coiffeuse pour prendre un mouchoir. Puis elle s'arrêta net et se mordit fort la lèvre inférieure. En consultant son miroir, elle avait vu un pays enchanté où elle était une princesse s'éveillant à peine d'un long sommeil. Elle avait oublié celui qui la regardait avec ses beaux yeux tristes et austères — la seule personne qui existât pour approuver ou condamner ses choix. Droit, grand et mince, un air de reproche chagriné sur son beau visage mélancolique, depuis son cadre doré posé sur la coiffeuse, le général Kitchener portait sur elle son regard merveilleux.

Dulcie se tourna vers la logeuse comme une poupée mécanique.

« Dites-lui que je ne peux pas venir », dit-elle d'une voix morne. « Dites-lui que je suis malade, ou autre chose. Dites-lui que je ne peux pas sortir. »

Une fois la porte refermée et verrouillée, Dulcie se laissa tomber sur son lit en écrasant son plumet noir et elle pleura pendant dix minutes. Le général Kitchener était son seul ami. C'était pour Dulcie l'idéal du chevalier servant. Il semblait avoir un chagrin secret, sa merveilleuse moustache était divine, et elle craignait un peu son regard austère et pourtant si tendre. Il lui arrivait de s'imaginer qu'il viendrait un jour chez elle. Il la ferait demander, l'épée cliquetant contre ses grandes bottes. Un jour en entendant le bruit métallique d'une chaîne contre un lampadaire, elle avait ouvert la fenêtre pour regarder dehors. Mais c'était inutile. Elle savait bien que le général Kitchener était loin tout là-bas au Japon, menant son armée contre les Turcs sauvages.

---

8. **call** : *passer, rendre visite ;* **he was out when I called (in)** : *il n'était pas là quand je suis passé le voir.*

9. **sword** [sɔːd] : *épée ;* **swordfish** : *espadon ;* **sword swallower** : *avaleur de sabres.*

10. **clank** : *cliqueter, faire un bruit métallique* (bruit de chaînes).

11. **there is/was no use** : *cela ne sert/ne servait à rien ;* **it's/there's no use trying to reason with him** : *on perd son temps à essayer de le raisonner.*

and he would never step out of his gilt[1] frame for her. Yet one look from him had vanquished Piggy that night. Yes, for that night.

When her cry was over Dulcie got up and took off her best dress, and put on her old blue kimono. She wanted no dinner. She sang two verses of "Sammy". Then she became intensely interested in a little red speck[2] on the side of her nose. And after that was attended to, she drew up a chair to the rickety[3] table, and told her fortune[4] with an old deck of cards[5].

"The horrid, impudent thing!" she said aloud. "And I never gave him a word or a look to make him think it!"

At nine o'clock Dulcie took a tin box of crackers and a little pot of raspberry jam out of her trunk, and had a feast. She offered General Kitchener some jam on a cracker. But he only looked at her as the sphinx would have looked at a butterfly —if there are butterflies in the desert.

"Don't eat it if you don't want to", said Dulcie. "And don't put on so many airs[6] and scold[7] so with your eyes. I wonder if you'd be so superior and snippy[8] if you had to live on six dollars a week."

It was not a good sign for Dulcie to be rude[9] to General Kitchener. And then she turned Benvenuto Cellini face downward with a severe gesture. But that was not inexcusable; for she had always thought he was Henry VIII[10], and she did not approve of him.

---

1. **gild (gilt** ou **gilded)** : *dorer ;* **gilded youth** : *jeunesse dorée ;* **gild the pill** : *dorer la pilule.*

2. **speck** : *toute petite tache, grain ;* **I've got a speck in my eye** : *j'ai une escarbille dans l'œil ;* **just a speck in the sky** : *un tout petit point noir dans le ciel.*

3. **rickety** : *bancal, branlant, délabré ;* **rickety old car** : *vieille guimbarde, vieux tacot.*

4. **tell someone's fortune** : *dire la bonne aventure à quelqu'un ;* **fortuneteller** : *diseur/euse de bonne aventure ;* **fortunetelling** : *cartomancie.*

5. **a deck of cards** : *un jeu de cartes.*

6. **put on airs/give oneself airs** : *se donner de grands airs ;* **put on airs and graces** : *minauder.*

Jamais il ne sortirait de son cadre doré pour elle. Cependant un seul de ses regards avait suffi pour anéantir Piggy ce soir-là. Oui, rien que ce soir-là.

Quand elle eut fini de pleurer, Dulcie se leva, ôta sa plus belle robe et enfila son vieux kimono bleu. Elle n'avait pas faim. Elle chanta deux couplets de « Sammy ». Puis elle s'absorba dans la contemplation d'un petit point rouge placé sur une aile de son nez. Après s'en être occupé, elle approcha une chaise de la table branlante et lut son avenir dans un vieux jeu de cartes.

« L'horrible, l'impudent personnage », dit-elle à haute voix. « Et dire que je ne lui ai même pas adressé une parole ou un regard pour lui donner cette idée. »

À neuf heures, Dulcie sortit de sa malle une boîte de biscuits secs et un pot de confiture de framboise et s'en régala. Elle offrit au général un peu de confiture sur un biscuit, mais il se contentait de la regarder comme le Sphinx eût regardé un papillon — à supposer qu'il y ait des papillons dans le désert.

« Ne mangez pas si cela ne vous dit rien », dit Dulcie. « Inutile de prendre de grands airs et de me faire les gros yeux. Je me demande si vous feriez tant le fier et le dédaigneux avec six dollars seulement par semaine pour vivre. » Lorsque Dulcie se montrait grossière envers le général Kitchener, c'était mauvais signe... Ensuite elle retourna le portrait de Benvenuto Cellini d'un geste brusque. Mais elle avait des excuses car elle l'avait toujours confondu avec Henry VIII, et avait une piètre opinion de lui.

---

7. **scold** [skəuld] : *réprimander, gronder ;* **he got scolded** : *il s'est fait attraper.*

8. **snippy** : voir **sniffy** : *dédaigneux, pimbêche.*

9. **rude** [ru:d] : *impoli, insolent ;* **it's rude to stare** : *c'est très mal élevé de dévisager les gens ;* **rude word** : *gros mot.*

10. **Henry VIII** : roi d'Angleterre (1509-1547), légendaire pour s'être marié plusieurs fois et avoir fait exécuter ses épouses. L'ignorance de Dulcie est ici épinglée au passage.

At half past nine Dulcie took a last look at the pictures on the dresser, turned out the light, and skipped[1] into bed. It's an awful thing to go to bed with a goodnight look[2] at General Kitchener, William Muldoon, the Duchess of Marlborough, and Benvenuto Cellini.

This story really doesn't get anywhere at all. The rest of it comes later —sometime when Piggy asks[3] Dulcie again to dine with him, and she is feeling lonelier than usual, and General Kitchener happens to be looking the other way; and then —

As I said before, I dreamed that I was standing near a crowd of prosperous-looking angels, and a policeman took me by the wing and asked if I belonged with them.

"Who are they?" I asked.

"Why," said he, "they are the men who hired working-girls, and paid 'em five or six dollars a week to live on. Are you one of the bunch?"

"Not on your immortality," said I. "I'm only the fellow that set fire to an orphan asylum, and murdered a blind man for his pennies."

---

1. **skip**: *faire un saut;* **I skipped up to London yesterday**: *j'ai fait un saut à Londres hier.*

2. **a goodnight look**: *un regard de bonne nuit,* sans doute pour remplacer a **goodnight kiss**: *baiser du soir* (en disant bonne nuit).

3. **asks/is feeling**, etc.: le passage au présent simple rend la scène plus présente, plus enlevée, comme en résumé.

À neuf heures et demie, Dulcie jeta un dernier regard sur les portraits ornant sa coiffeuse, éteignit la lumière et se glissa dans son lit. C'est terrible de se mettre au lit après avoir dit bonsoir au général Kitchener, à William Muldoon, à la duchesse de Marlborough et à Benvenuto Cellini.

Cette histoire ne mène vraiment nulle part. Le reste viendra plus tard : Piggy réinvite Dulcie à dîner, elle se sent plus seule que d'habitude, or il se trouve que le général Kitchener regarde ailleurs, et puis...

Comme je l'ai dit plus haut, j'ai rêvé que je me tenais près d'une assemblée d'anges à la mine prospère, qu'un policier m'avait pris par l'aile et m'avait demandé si j'étais des leurs.

« Qui sont-ils ? » répondis-je.

« Eh bien, ce sont les hommes qui ont embauché des employées et leur ont donné cinq ou six dollars par semaine pour vivre. Faites-vous partie du lot ?

— Pas le moins du monde », répliquai-je. « J'ai seulement mis le feu à un orphelinat et j'ai trucidé un aveugle pour lui piquer ses sous. »

Ambrose Bierce (1842-1914 ?)

Né en 1842 dans l'Ohio, Ambrose Bierce est le dixième enfant d'une famille de pionniers pauvres et confits en puritanisme. Quand éclate la guerre de Sécession il s'engage dans l'armée de l'Union pour combattre le Sud. Malgré une grave blessure à la tête, il reste fidèle à la carrière des armes et participe à la conquête de l'Ouest dès 1866.

Envoyé en mission topographique dans les territoires indiens, il arrive à San Francisco; il démissionne de l'armée lorsque la promotion escomptée lui est refusée.

C'est comme journaliste dans le groupe de presse du magnat californien William Randolph Hearst qu'il établit sa réputation. Surnommé *Bitter Bierce* (*Bierce l'amer*), il n'épargne ni la littérature provinciale ni les institutions religieuses; il excelle dans le traitement cynique des faits divers.

Mais l'humour froid de Bierce trouve surtout à s'exercer dans les contes qu'il tire de son expérience de la guerre. *Tales of Soldiers and Civilians* (*Morts violentes*, 1891), lui apporte la célébrité. Puis il publie des nouvelles d'horreur: *Can such things be?* (1893) et *Negligible Tales* (*Histoires impossibles*). Son *Dictionnaire du diable* (*The Devil's Dictionary*, 1911), concentre toute sa virulence dans une série d'aphorismes caustiques.

À l'âge de soixante-douze ans il traverse la frontière du Mexique pour ne plus jamais reparaître. L'écrivain Carlos Fuentes a imaginé le dernier chapitre de ce roman inachevé dans *Gringo Viejo* (*Le Vieux Gringo*, 1986).

Par sa vision aiguë, et le regard ironique qu'il porte sur les idées reçues, Bierce a contribué au développement du réalisme américain.

ONE OF THE MISSING

CELUI QUI MANQUAIT À L'APPEL

Jerome Searing, a private soldier[1] of General Sherman's[2] army, then confronting the enemy at and about Kenesaw Mountain[3], Georgia, turned his back upon a small group of officers, with whom he had been talking in low tones, stepped across a light line of earthworks, and disappeared in a forest. None of the men in line behind the works had said a word to him, nor had he so much as nodded[4] to them in passing, but all who saw understood that this brave man had been intrusted with some perilous duty. Jerome Searing, though a private, did not serve in the ranks[5]; he was detailed[6] for service at division headquarters, being borne[7] upon the rolls as an orderly. "Orderly" is a word covering a multitude of duties. An orderly may be a messenger, a clerk, an officer's servant —anything. He may perform services for which no provision is made in orders and army regulations. Their nature may depend upon his aptitude, upon favour, upon accident. Private Searing, an incomparable marksman, young —it is surprising how young we all were in those days— hardy, intelligent, and insensible to fear, was a scout. The general commanding his division was not content[8] to obey orders blindly without knowing what was in his front, even when his command was not on detached service, but formed a fraction of the line of the army;

---

1. **private soldier**: *simple soldat, soldat de deuxième classe;* **private Martin**: *le soldat Martin.*
2. **General Sherman**: pendant la guerre de Sécession (**Civil War,** 1861-1865), il combattit dans le camp nordiste. Il remporta les victoires de Vicksburg et d'Atlanta, accomplit la célèbre marche vers la mer (**march to the sea**) à travers la Géorgie jusqu'à Savannah, puis remonta vers le Nord et prit à revers les troupes sudistes. Après les victoires de Petersburg et de Richmond, il reçut la reddition de Johnston (1865).
3. **Kenesaw Mountain**: montagne peu élevée (551 m.) au nord-ouest de la Géorgie, au nord-ouest d'Atlanta.
4. **nod**: *faire un signe de la tête;* **nod to someone**: *faire un signe de tête à quelqu'un.*

Jerome Searing, simple soldat de l'armée du général Sherman qui affrontait alors l'ennemi en Géorgie dans les monts Kenesaw et leurs environs, tourna le dos au petit groupe d'officiers avec lequel il venait de s'entretenir à voix basse. Il franchit une étroite ligne de terrassements et disparut dans la forêt. Aucun des hommes postés en ligne, derrière les murets, ne lui avait adressé la parole. Il ne les avait même pas salués de la tête en passant, mais tous ceux qui étaient présents comprirent qu'on venait de confier à cet homme courageux une mission périlleuse. Quoique simple soldat, Jerome Searing ne servait pas dans le rang. Il était détaché en service au quartier général de la division et figurait sur les listes de contrôle en qualité de planton. Le terme de « planton » recouvre une quantité de fonctions. Le planton peut être messager, commis, ordonnance d'un officier ou n'importe quoi encore. On peut lui confier des tâches qui ne figurent ni dans les instructions ni dans les règlements militaires. Leur nature peut dépendre de ses aptitudes, de la faveur dont il jouit ou du hasard. Le soldat Searing, excellent tireur, jeune (nous étions tous étonnamment jeunes à l'époque), intrépide, intelligent et insensible à la peur, était éclaireur. Même lorsque ses troupes n'étaient pas en mission spéciale, mais simplement intégrées en première ligne, le général qui commandait sa division ne se contentait pas d'obéir aveuglément aux ordres, sans savoir ce qui se trouvait devant lui.

---

5. **rank**: *rang*; **serve in the ranks**: *servir dans les rangs*; **the rank-and-file** (mil.): *hommes de troupe*; (politique) **the rank and file of the party**: *la base du parti*.

6. **detail (for)**: *affecter, détacher*.

7. **borne (bear, bore, borne)**: *porter*; **bear some resemblance to**: *offrir une ressemblance avec*.

8. **content**: *content, satisfait*; **content with something**: *s'accommoder de quelque chose*; **she is quite content to stay there**: *elle ne demande pas mieux que de rester là*.

nor was he satisfied to receive his knowledge of his *vis-à-vis* through the customary channels; he wanted to know more than he was apprised[1] of by the corps commander and the collisions of pickets and skirmishers. Hence Jerome Searing —with his extraordinary daring, his woodcraft, his sharp eyes and truthful tongue. On this occasion his instructions were simple: to get as near the enemy's lines as possible and learn all that he could.

In a few moments he had arrived at the picket line, the men on duty were lying in groups of from two to four behind little banks of earth scooped out[2] of the slight depression in which they lay, their rifles protruding[3] from the green boughs[4] with which they had masked their small defences. The forest extended without a break toward the front, so solemn and silent that only by an effort of the imagination could it be conceived as populous with armed men, alert and vigilant —a forest formidable[5] with possibilities of battle. Pausing a moment in one of the rifle pits to apprise the men of his intention, Searing crept stealthily[6] forward on his hands and knees and was soon lost to view in a dense thicket[7] of underbrush[8].

"That is the last[9] of him," said one of the men; "I wish I had his rifle; those fellows will hurt some of us with it."

Searing crept on, taking advantage of every accident of ground and growth to give himself better cover.

---

1. **apprise** [ə'praɪz]: *informer, instruire;* **apprise somebody of something**: *prévenir quelqu'un de quelque chose;* **be apprised of**: *prendre connaissance de.*

2. **scoop out**: *vider à la pelle;* **he scooped out a hollow in the soft earth**: *il a creusé un trou dans la terre molle.*

3. **protrude**: *dépasser, faire saillie, avancer;* **protruding teeth**: *dents en avant;* **protruding eyes**: *yeux globuleux.*

4. **bough** [baʊ]: *rameau, branche.*

5. **formidable**: sens étymologique (latin : formido : *peur*), *redoutable, effrayant, terrifiant.*

6. **stealthily** ['stelθɪlɪ]: *furtivement, à la dérobée, à pas de loup.*

7. **thicket**: *fourré, hallier.*

Il ne se satisfaisait pas non plus d'obtenir des renseignements sur son adversaire par le canal habituel, il voulait en savoir plus que ne lui en apprenaient le général en chef ou les escarmouches des éclaireurs. C'est pourquoi il avait fait appel à Jerome Searing, à son audace hors du commun, à sa connaissance des bois, sa vue perçante et la véracité de ses observations. En l'occurrence, ses instructions étaient simples : s'approcher au plus près des lignes ennemies et en rapporter le plus de renseignements possible.

En quelques instants, il avait atteint les avant-postes. Les hommes de garde étaient couchés par groupes de deux à quatre derrière de petits monticules de terre dans une légère cuvette creusée à la pelle, les fusils dépassant des branchages feuillus qui servaient à masquer leurs défenses rudimentaires. La forêt s'étendait jusqu'au front sans interruption, dans une telle paix et un tel silence qu'il fallait faire un effort d'imagination pour se la représenter regorgeant d'hommes en armes sur le qui-vive et prêts à tirer, et pour la considérer comme un redoutable terrain d'affrontements. Après avoir effectué une courte halte dans l'une de ces tranchées-abris pour informer les hommes de ses intentions, Searing avança prudemment à quatre pattes, puis disparut bientôt dans un épais fourré de broussailles.

« On peut lui dire adieu », dit l'un des hommes. « Si seulement j'avais son fusil. Les gars d'en face vont s'en servir contre nous. »

Searing continua à ramper, profitant du moindre accident de terrain ou de végétation pour mieux se protéger.

---

8. **underbrush :** *sous-bois, broussailles.*

9. **the last :** m. à m. *le dernier ;* cf. les expressions : **that was the last I saw of him :** *c'est la dernière fois que je l'ai vu, je ne l'ai pas revu depuis ;* **we shall never hear the last of this :** *on n'a pas fini d'en entendre parler ;* **you haven't heard the last of this! :** *vous aurez de mes nouvelles !*

His eyes penetrated everywhere, his ears took note of every sound. He stilled[1] his breathing, and at the cracking of a twig beneath his knee stopped his progress and hugged[2] the earth. It was slow work, but not tedious[3]; the danger made it exciting, but by no physical signs was the excitement manifest. His pulse was as regular, his nerves were as steady[4], as if he were trying to trap a sparrow.

"It seems a long time," he thought, "but I cannot have come very far; I am still alive."

He smiled at his own method of estimating distance, and crept forward. A moment later he suddenly flattened himself upon the earth and lay motionless, minute after minute. Through a narrow opening in the bushes he had caught sight of a small mound of yellow clay —one of the enemy's rifle pits. After some little time he cautiously[5] raised[6] his head, inch by inch, then his body upon his hands, spread[7] out on each side of him, all the while intently[8] regarding the hillock[9] of clay. In another moment he was upon his feet, rifle in hand, striding[10] rapidly forward with little attempt at concealment[11]. He had rightly interpreted the signs, whatever[12] they were; the enemy was gone.

To assure himself beyond a doubt before going back to report upon so important a matter, Searing pushed forward across the line of abandoned pits, running from cover to cover in the more open forest, his eyes vigilant to discover possible stragglers.

---

1. **still**: *calmer, apaiser, faire taire.*
2. **hug**: *étreindre, serrer dans ses bras.*
3. **tedious** [ti:djəs]: *ennuyeux, assommant.*
4. **steady** ['stedɪ]: *solide, stable;* **ready, steady, go!**: *à vos marques, prêts, partez!*
5. **cautiously** ['kɔ:fəslɪ]: *prudemment, avec circonspection.*
6. **raise**: *lever, soulever;* **raise one's eyebrows**: *lever les sourcils.*
7. **spread (spread, spread) out**: *ouvrir, déployer* (ailes).
8. **intently**: *avec une vive attention;* **intent**: *attentif, absorbé;* **intent stare**: *regard fixe;* **she was intent on her work**: *elle était absorbée par son travail.*

Son regard pénétrait partout, ses oreilles enregistraient le moindre bruit. Il retenait sa respiration et au premier craquement d'une brindille sous un genou il s'arrêtait pour s'aplatir contre terre. La tâche était lente, mais point fastidieuse : le danger lui donnait du piquant. Cependant aucun indice physique ne trahissait la fièvre du soldat. Il avait le pouls aussi régulier, les nerfs aussi solides que s'il s'était agi de prendre un moineau au piège.

« Il me semble que je suis parti depuis longtemps », se dit-il. « Mais je n'ai pas pu aller bien loin puisque je suis toujours vivant. »

Cette méthode toute personnelle d'évaluer la distance parcourue le fit sourire, et il se remit à ramper. Un instant plus tard, il s'aplatit soudain au sol et resta allongé sans bouger pendant plusieurs minutes. Par une étroite brèche dans les buissons, il venait d'apercevoir un petit talus d'argile jaune : c'était une tranchée ennemie. Au bout d'un moment, il releva la tête avec précaution, pouce par pouce, puis se redressa sur les mains qu'il tenait écartées de part et d'autre de son corps sans jamais quitter des yeux la butte d'argile. L'instant d'après, il était sur pied, fusil à la main, marchant à grandes enjambées sans guère chercher à se cacher. Il avait correctement interprété les signes pour l'essentiel : l'ennemi n'était plus là.

Afin d'en avoir une absolue certitude avant de rentrer faire son rapport sur une question aussi importante, Searing poussa plus avant, traversant la ligne de tranchées abandonnées, en courant d'abri en abri dans la partie découverte de la forêt, le regard toujours à l'affût d'éventuels traînards ennemis.

---

9. **hillock :** *petite colline, tertre, butte.*
10. **stride (strode, stridden) :** *marcher à grands pas.*
11. **concealment :** *dissimulation.*
12. **whatever :** *quel que soit ;* **whatever book you choose :** *quel que soit le livre que vous choisissiez.*

He came to the edge of the plantation —one of those forlorn[1], deserted homesteads[2] of the last years of the war[3], upgrown with brambles[4], ugly with broken fences, and desolate with vacant buildings having blank apertures in place of doors and windows. After a keen reconnaissance[5] from the safe seclusion[6] of a clump[7] of young pines, Searing ran lightly across a field and through an orchard to a small structure which stood apart from the other farm buildings, on a slight elevation, which he thought would enable him to overlook[8] a large scope[9] of country in the direction that he supposed the enemy to have taken in withdrawing. This building, which had originally consisted of a single room, elevated upon four posts about ten feet high, was now little more than a roof; the floor had fallen away, the joists and planks loosely piled on the ground below or resting on end[10] at various angles, not wholly torn from their fastenings above. The supporting posts were themselves no longer vertical. It looked as if the whole edifice would go down at the touch of a finger. Concealing himself in the débris of joists and flooring, Searing looked across the open ground between his point of view and a spur[11] of Kenesaw Mountain, a half mile away. A road leading up and across this spur was crowded with troops — the rear guard of the retiring enemy, their gun barrels gleaming in the morning sunlight.

---

1. **forlorn**: *abandonné, délaissé, triste, malheureux;* ce genre de paysage de ruines fait partie des images fortes laissées par un film comme *Autant en emporte le vent.*

2. **homestead**: *propriété, ferme.*

3. **the war** = **the Civil War** (*la guerre de Sécession,* 1861-1865).

4. **bramble**: *roncière, ronce des haies, mûrier sauvage.*

5. **reconnaissance**: (mil.) *reconnaissance;* **reconnoitre (G.B.), reconnoiter (U.S.)**: *faire une reconnaissance.*

6. **seclusion** [sɪˈkluːʒn]: *solitude, retraite, isolement;* **in seclusion**: *retiré du monde.*

7. **clump**: *massif, bouquet* (d'arbres).

Il arriva en bordure d'une plantation — l'une de ces plantations comme on en voyait pendant les dernières années de la guerre, délaissées, envahies par les ronces, enlaidies par des barrières cassées, et présentant le spectacle désolé de bâtiments vides aux ouvertures aveugles en lieu de portes et de fenêtres. Après avoir effectué une reconnaissance minutieuse du terrain, caché derrière un bouquet de jeunes pins, Searing traversa en quelques enjambées un champ et un verger pour accéder à une petite construction placée à l'écart des autres bâtiments, sur une légère éminence. De là, pensait-il, il pourrait dominer une vaste étendue dans la direction que l'ennemi avait dû prendre en se retirant. De ce bâtiment qui à l'origine ne comprenait qu'une seule pièce placée en hauteur sur quatre pieux d'environ dix pieds de haut, il ne restait désormais guère plus qu'un toit. Le plancher s'était effondré, les solives et les planches formaient un amas confus sur le sol, ou bien, n'étant pas tout à fait arrachées de leurs attaches au-dessus, elles se dressaient en tous sens. Les poteaux de soutènement eux-mêmes n'étaient plus verticaux. On eût dit que tout l'édifice allait s'effondrer sous la simple pression d'un doigt. En se dissimulant parmi les débris de solives et de plancher, Searing contempla le terrain découvert compris entre son point de vue et un éperon de la montagne de Kenesaw, à un demi-mille de distance. Une route qui menait à cet éperon et l'enjambait était remplie de soldats — l'arrière-garde de l'ennemi en retraite, dont les canons de fusil luisaient au soleil matinal.

---

8. **overlook** : *donner sur, avoir vue sur* ; **window overlooking the sea** : *fenêtre donnant sur la mer.*

9. **scope** : *portée, rayon, étendue* ; **give free scope to one's imagination** : *donner libre cours à son imagination.*

10. **on end** : *debout* ; **his hair stood on end** : *ses cheveux se dressèrent sur la tête.*

11. **spur** : *éperon, saillie* ; **win one's spurs** : *gagner ses éperons* ; (fig.) **on the spur of the moment** : *sur un coup de tête.*

Searing had now learned all that he could hope to know. It was his duty to return to his own command with all possible speed and report his discovery. But the grey column of infantry toiling up[1] the mountain road was singularly tempting. His rifle —an ordinary "Springfield", but fitted with a globe sight[2] and hair trigger[3]— would easily send its ounce[4] and a quarter of lead[5] hissing into their midst. That would probably not affect the duration and result of the war, but it is the business of a soldier to kill. It is also his pleasure if he is a good soldier. Searing cocked his rifle and "set" the trigger.

But it was decreed from the beginning of time that Private Searing was not to[6] murder anybody that bright summer morning, nor was the Confederate[7] retreat to be announced by him. For countless ages events had been so matching themselves together in that wondrous mosaic to some parts of which, dimly discernible, we give the name of history, that the acts which he had in will would have marred[8] the harmony of the pattern.

Some twenty-five years previously the Power charged with the execution of the work according to the design had provided against that mischance by causing the birth of a certain male child in a little village at the foot of the Carpathian Mountains[9], had carefully reared[10] it, supervised its education, directed its desires into a military channel, and in due time made it an officer of artillery.

---

1. **toil**: *travailler dur, peiner*; **toil up/along**: *monter/avancer péniblement, avec peine*.

2. **sight**: *mire*; **take sight**: *viser*; **have something in one's sights**: *avoir quelque chose dans sa ligne de tir*; (fig.) **have somebody in one's sights**: *avoir quelqu'un dans le collimateur*.

3. **trigger**: *détente, gâchette*; **hair-trigger**: *déclic de détente*.

4. **ounce** [aʊns]: *once* (= 28,35 grammes).

5. **lead** [led]: *plomb*; (fam.) **they filled him full of lead**: *ils l'ont transformé en écumoire*.

6. **was not to**: la tournure **is + to** souligne bien qu'il s'agit ici d'un décret de la Providence, de quelque chose de prévu d'avance. Bierce imagine un concours de circonstances de grande envergure, comme si la

Searing avait appris tout ce qu'il y avait à apprendre. Il devait maintenant joindre son commandement au plus vite pour rendre son rapport. Mais la colonne grise d'infanterie qui gravissait péniblement la route de montagne était singulièrement tentante. Son fusil — un simple Springfield mais équipé d'une mire sphérique et d'un déclic de détente, n'aurait aucun mal à décharger sur eux son once un quart de plomb sifflant. Ni la durée ni le résultat de la guerre ne s'en verraient sans doute modifiés, mais le métier du soldat est de tuer. Et s'il est un bon soldat, il y prendra du plaisir. Searing arma son fusil, et régla la détente.

Or, depuis l'origine des temps, il était écrit que le soldat Searing n'assassinerait personne en cette radieuse matinée d'été, et qu'il n'annoncerait point la retraite des Confédérés. Depuis des temps immémoriaux, les événements, appelés historiques, s'étaient trop bien imbriqués dans cette prodigieuse mosaïque pour laisser une décision dépendant de la volonté humaine gâcher l'harmonie du dessin général.

Quelque vingt-cinq années auparavant, les Instances chargées de la mise en œuvre de l'ensemble s'étaient prémunies contre une telle mésaventure en faisant naître un certain enfant mâle dans un petit village situé au pied des Carpates, l'avaient soigneusement élevé, avaient surveillé son éducation, orienté ses désirs vers le métier des armes et, le moment venu, en avaient fait un officier d'artillerie.

---

notion de destin était illustrée dans cette rencontre entre deux soldats ennemis qui auraient pu aussi bien se retrouver dans le même camp. L'absurdité de cette situation est ainsi indirectement mise en valeur, sans bavardage, et de manière convaincante.

7. **Confederate :** après l'élection de Lincoln, onze États firent sécession en 1860. La Confédération de ces États sudistes, sous la présidence de Jefferson Davies, prit pour capitale Richmond.

8. **mar :** *gâter, gâcher ;* **that will either mar or mend matters :** *cela va tout arranger ou tout gâcher ;* **detail that mars a picture :** *détail qui fait tache dans un tableau.*

9. **Carpathian Mountains** [kaːˈpeɪθjən] : *montagnes d'Europe Centrale.*

10. **rear** [rɪə] : *élever (enfants), cultiver (plantes).*

But the concurrence of an infinite number of favouring influences and their preponderance over an infinite number of opposing ones, this officer of artillery had been made to commit a breach[1] of discipline and fly from his native country to avoid punishment. He had been directed to New Orleans (instead of New York), where a recruiting officer awaited him on the wharf. He was enlisted and promoted, and things were so ordered that he now commanded a Confederate battery some three miles along the line from where Jerome Searing, the Federal scout, stood cocking his rifle. Nothing had been neglected —at every step in the progress[2] of both these men's lives, and in the lives of their ancestors and contemporaries, and of the lives of the contemporaries of their ancestors— the right thing had been done to bring[3] about the desired result. Had anything[4] in all this vast concatenation been overlooked[5], Private Searing might have fired on the retreating Confederates that morning, and would perhaps have missed. As it fell out[6], a captain of artillery, having nothing better to do while awaiting his turn to pull out[7] and be off[8], amused himself by sighting[9] a field piece obliquely to his right at what he took to be some Federal officers on the crest of a hill, and discharged it. The shot flew high of its mark.

As Jerome Searing drew back the hammer of his rifle, and, with his eyes upon the distant Confederates, considered where he could plant his shot with the best hope of making a widow or an orphan or a childless mother—

---

1. **breach**: *infraction, manquement;* **breach of contract**: *rupture de contrat;* **a breach of decorum**: *une inconvenance;* **breach of the peace**: *atteinte à l'ordre public.*

2. **progress**: *cours, déroulement;* **the meeting is in progress**: *la réunion a déjà commencé;* **the work in progress**: *les travaux en cours;* **be in full progress**: *battre son plein.*

3. **bring (brought, brought) about**: *amener, provoquer;* **bring about a reconciliation**: *provoquer une réconciliation;* **bring about somebody's ruin**: *entraîner la perte de quelqu'un.*

4. **had anything been overlooked**: tournure exprimant l'hypothèse sans utiliser **if**. En examinant ce qui aurait pu se passer (**might have**) le

Grâce au concours d'un nombre infini d'influences favorables, et grâce à leur prépondérance sur un nombre infini d'influences contraires, cet officier d'artillerie avait commis une infraction à la discipline et fui son pays natal pour échapper au châtiment. Envoyé à La Nouvelle-Orléans (et non à New York), où un officier recruteur l'attendait sur le quai, il fut enrôlé puis monta en grade. Le destin avait voulu qu'il commandât à présent une batterie de Confédérés à quelque trois milles en ligne droite de l'endroit où Jerome Searing, l'éclaireur fédéral, était en train d'armer son fusil. Rien n'avait été négligé : à chaque étape de la vie de ces deux hommes, et de celle de leurs ancêtres et de leurs contemporains ; à chaque étape de la vie des contemporains de leurs ancêtres, tout avait concouru à produire le résultat approprié. Il eût suffi d'omettre un seul détail de ce vaste enchaînement pour que ce matin-là le soldat Searing tire sur les Confédérés en retraite. Peut-être eût-il manqué son coup. Or, en réalité, un capitaine d'artillerie n'ayant rien à faire en attendant son tour de départ s'amusa à pointer un canon de campagne obliquement vers sa droite sur ce qu'il crut être des officiers fédéraux juchés au flanc d'une colline. Il fit feu. Le coup passa très haut loin de sa cible.

Cependant que Jerome Searing relevait le chien de son fusil, et que, les yeux toujours fixés au loin sur les soldats confédérés, il se demandait où il pourrait diriger son tir avec la meilleure chance de faire une veuve, un orphelin ou une mère sans enfants

---

narrateur joue avec la notion de destin et insiste sur l'enchaînement (**concatenation**, de catena, *la chaîne,* en latin) qui sera nécessairement fatal.

5. **overlook :** *négliger, laisser échapper ;* **it is easy to overlook the fact that :** *on oublie facilement que.*
6. **fall (fell, fallen) out :** *advenir, arriver ;* **everything fell out as we had hoped :** *tout s'est passé comme nous l'avions espéré.*
7. **pull out :** *s'ébranler, démarrer.*
8. **be off :** *partir, s'en aller ;* **off with you! off you go!** *va-t'en, sauve-toi! ;* **I must be off :** *il faut que je me sauve.*
9. **sight at :** *mettre en joue, viser.*

perhaps all three[1], for Private Searing, although he had repeatedly refused promotion, was not without a certain kind of ambition —he heard a rushing sound in the air, like that made by the wings of a great bird swooping down[2] upon its prey[3]. More quickly than he could apprehend the gradation, it increased to a hoarse[4] and horrible roar[5], as the missile that made it sprang at him out of the sky, striking with a deafening impact one of the posts supporting the confusion of timbers[6] above him, smashing[7] it into matchwood[8], and bringing down the crazy edifice with a loud clatter, in clouds of blinding dust!

Lieutenant Adrian Searing, in command of the picket guard on that part of the line through which his brother Jerome had passed on his mission, sat with attentive ears in his breastwork behind the line. Not the faintest sound escaped him; the cry of a bird, the barking[9] of a squirrel, the noise of the wind among the pines —all were anxiously noted by his overstrained sense. Suddenly, directly in front of his line, he heard a faint, confused rumble[10], like the clatter of a falling building translated by distance. At the same moment an officer approached him on foot from the rear and saluted.

"Lieutenant," said the aid, "the colonel directs you to move forward your line and feel the enemy if you find him.

---

1. **perhaps all three...ambition**: par ce commentaire acide, la voix narrative fait preuve d'humour noir et prend une distance ironique par rapport à ce "héros".

2. **swoop down**: *descendre en piqué, fondre*; **the soldiers swooped down on the terrorists**: *les soldats ont fondu sur les terroristes.*

3. **prey**: *proie*; **bird of prey**: *oiseau de proie.*

4. **hoarse** [hɔːs]: *rauque, enroué*; **be hoarse**: *avoir la voix prise, enrouée*; **he shouted himself hoarse**: *il a crié à en perdre la voix.*

5. **roar**: *vrombissement, grondement*; **roars of laughter**: *de gros éclats de rire*; **the roars of the crowd**: *les clameurs de la foule.*

6. **timber**: *madrier, poutre.*

ou peut-être les trois à la fois (car bien qu'il eût à plusieurs reprises refusé son avancement, le soldat Searing n'était pas dénué d'une certaine sorte d'ambition), il entendit un bruit d'avalanche traverser l'air, semblable au bruit des ailes d'un grand oiseau fondant sur sa proie. Avant qu'il ait eu le temps d'évaluer l'intensité du son, celui-ci s'amplifia en une explosion rauque et redoutable tandis que le projectile qui le provoquait jaillissait du ciel vers lui et frappait avec un bruit assourdissant l'un des poteaux soutenant l'enchevêtrement de poutres placé au-dessus de lui, le brisait en mille éclats et faisait basculer l'édifice délabré dans un fracas retentissant au milieu d'un nuage de poussière aveuglante.

Le lieutenant Adrian Searing, commandant le poste de garde à l'endroit de la ligne que son frère Jerome avait traversé en partant exécuter sa mission, était posté, l'oreille aux aguets, dans sa tranchée située derrière la ligne. Aucun son, aussi léger fût-il, ne lui échappait : un cri d'oiseau, un piaillement d'écureuil, le bruit du vent dans les sapins, tout était fiévreusement enregistré par son ouïe aiguisée. Soudain, droit devant lui, il entendit un léger grondement indistinct, semblable au fracas, atténué par la distance, d'un bâtiment qui s'écroule. Au même moment, un officier venu à pied de l'arrière s'approcha de lui et le salua :

« Lieutenant », dit l'aide de camp, « le colonel vous ordonne d'avancer votre ligne et d'entrer en contact avec l'ennemi si vous le trouvez.

---

7. **smash** : *casser, briser, fracasser ;* **the waves smashed the boat on the rocks** : *les vagues ont fracassé le bateau contre les rochers.*
8. **matchwood** : *bois d'allumettes ;* **smash something to matchwood** : *pulvériser quelque chose, le réduire en miettes.*
9. **bark** : *aboyer, glapir ;* **his barking is worse than his bite** : *il fait plus de bruit que de mal.*
10. **rumble** : *grondement* (canon, tonnerre).

If not, continue the advance until directed to halt. There is reason to think that the enemy has retreated."

The lieutenant nodded and said nothing; the other officer retired. In a moment the men, apprised of their duty by the non-commissioned officers[1] in low tones, had deployed[2] from their rifle pits and were moving forward in skirmishing[3] order, with set[4] teeth and beating hearts. The lieutenant mechanically looked at his watch. Six o'clock and eighteen minutes.

When Jerome Searing recovered consciousness, he did not at once understand what had occurred. It was, indeed, some time before he opened his eyes. For a while he believed that he had died and been buried, and he tried to recall some portions of the burial service. He thought that his wife was kneeling[5] upon his grave, adding her weight to that of the earth upon his chest. The two of them, widow and earth, had crushed[6] his coffin. Unless the children should persuade her to go home, he would not much longer be able to breathe. He felt a sense of wrong[7]. "I cannot speak to her," he thought; "the dead have no voice; and if I open my eyes I shall get them full of earth."

He opened his eyes —a great expanse of blue sky, rising from a fringe of the tops of trees. In the foreground[8], shutting out some of the trees, a high, dun mound, angular in outline and crossed by an intricate, patternless system of straight lines; in the centre a bright ring of metal

---

1. **commissioned officer**: *officier;* **he was commissioned in 1970**: *il a été nommé officier en 1970;* **he was commissioned sub-lieutenant**: *il a été promu au grade de sous-lieutenant.*

2. **deploy**: *se déployer,* ou *faire prendre* (aux troupes) *leurs postes de déploiement.*

3. **skirmish**: *s'engager dans une escarmouche, une échauffourée.*

4. **set**: *fixe, figé, arrêté;* **set fair** (météo): *au beau fixe;* **set phrase**: *expression toute faite, locution figée.*

5. **kneel (knelt, knelt)**: *s'agenouiller;* (fig.) **kneel down to/before somebody**: *se mettre à genoux devant quelqu'un.*

Sinon, continuez votre avance jusqu'à ce que vous receviez l'ordre de vous arrêter. Il y a lieu de croire que l'ennemi a battu en retraite. »

Le lieutenant acquiesça sans rien dire ; l'autre officier se retira. Aussitôt les hommes, informés de leur mission à mi-voix par les sous-officiers, sortirent de leurs tranchées, et, déployés en tirailleurs, se mirent en route, les dents serrées, le cœur battant. Le lieutenant regarda machinalement sa montre : six heures dix-huit minutes.

Lorsque Jerome Searing reprit connaissance, il ne comprit pas tout de suite ce qui s'était passé. À vrai dire, il lui fallut un certain temps avant d'ouvrir les yeux. Tout d'abord il se crut mort et enterré, et il essaya de se remémorer certains moments du service funèbre. Il lui sembla que sa femme, agenouillée sur sa tombe, ajoutait son propre poids à celui de la terre qui pesait sur sa poitrine. La terre et sa veuve avaient écrasé son cercueil. Si les enfants ne la persuadaient pas de rentrer à la maison, il ne pourrait bientôt plus respirer. Il éprouva un sentiment d'injustice.

« Je ne peux pas parler », pensa-t-il, « les morts n'ont pas de voix et si j'ouvre les yeux ils vont s'emplir de terre. »

Il ouvrit les yeux : un grand pan de ciel bleu lui apparut au-dessus des frondaisons. Au premier plan, il vit, faisant écran à quelques arbres, un monticule brun aux contours anguleux, strié par un réseau désordonné de lignes droites. Au centre, un cercle de métal brillant —

---

6. **crush :** *écraser, broyer.*

7. **wrong :** *injustice, tort ;* **he suffered great wrong :** *il a été victime de graves injustices ;* **right a wrong :** *réparer une injustice ;* **you do me wrong in thinking :** *vous êtes injuste envers moi de penser.*

8. **in the foreground :** *au premier plan ;* ≠ **in the background :** *à l'arrière-plan.*

—the whole an immeasurable distance away— a distance so inconceivably great that it fatigued him, and he closed his eyes. The moment that he did so he was conscious of an insufferable[1] light. A sound was in his ears like the low, rhythmic thunder of a distant sea breaking in successive waves upon the beach, and out of this noise, seeming a part of it, or possibly coming from beyond it, and intermingled with its ceaseless undertone, came the articulate[2] words: "Jerome Searing, you are caught like a rat in a trap —in a trap, trap, trap."

Suddenly there fell a great silence, a black darkness, an infinite tranquillity, and Jerome Searing, perfectly conscious of his rathood[3], and well assured of the trap that he was in, remembered all, and nowise[4] alarmed, again opened his eyes to reconnoitre, to note the strength of his enemy, to plan his defence.

He was caught in a reclining[5] posture, his back firmly supported by a solid beam. Another lay across his breast, but he had been able to shrink a little way from it so that it no longer oppressed him, though it was immovable. A brace[6] joining it at an angle had wedged[7] him against a pile of boards on his left, fastening the arm on that side. His legs, slightly parted and straight along the ground, were covered upward to the knees with a mass of débris which towered above his narrow horizon. His head was rigidly fixed as in a vice[8]; he could move his eyes, his chin —no more. Only his right arm was partly free.

---

1. **insufferable**: *insupportable, intolérable.*

2. **articulate** [ɑːˈtɪkjʊlət]: *net, distinct, bien articulé;* **articulate thought**: *pensée claire;* **articulate person**: *personne qui sait s'exprimer.*

3. **rathood**: le suffixe **-hood** sert à passer du particulier au général; **man**: *l'homme;* **manhood**: *l'âge d'homme, la virilité;* **neighbour**: *le voisin,* **neighborhood**: *le voisinage, le quartier.* Ici le mot est formé par dérision, et trahit l'ironie caustique du narrateur.

4. **nowise = noway(s)** (U.S.): *aucunement, en aucune façon.*

le tout à une distance incommensurable, tellement inconcevable qu'il en referma les yeux de fatigue. Au même moment, il eut conscience d'être inondé par une lumière insoutenable. Tel le roulement sourd et rythmé d'une mer lointaine déferlant sur la grève en vagues successives, un bourdonnement lui emplissait les oreilles. Semblant émaner de ce bruit ou provenir de plus loin, se détachaient sur ce bourdon incessant ces mots bien distincts : « Jerome Searing, tu es fait comme un rat, fait comme un rat, un rat, un rat. »

Soudain un grand silence tomba, obscurité profonde, calme infini : très conscient de sa condition de rat et bien au fait du piège qui l'enserrait, Jerome Searing se rappela tout et, sans s'inquiéter le moins du monde, rouvrit les yeux pour reconnaître le terrain, évaluer les forces de l'ennemi, organiser un plan de défense.

Il était immobilisé, allongé, le dos fermement calé contre une grosse poutre. Une autre poutre lui barrait la poitrine, mais il avait pu s'en écarter légèrement de sorte que, sans pouvoir la déplacer, il n'en était plus oppressé. Une entretoise qui formait un angle avec elle l'avait coincé contre un tas de planches sur sa gauche, paralysant son bras de ce côté-là. Ses jambes, légèrement écartées et allongées tout droit sur le sol étaient ensevelies jusqu'aux genoux sous un amas de débris surplombant son horizon limité. Sa tête était fixée aussi fermement que par un étau : il pouvait tout juste bouger les yeux et le menton, c'était tout. Seul son bras droit était en partie libre.

---

5. **recline** : *être couché, être allongé ;* **she was reclining in the armchair** : *elle était allongée dans le fauteuil ;* **reclining chair** : *chaise longue ;* **reclining seat** : *siège à dossier réglable.*

6. **brace** : *attache, agrafe, entretoise.*

7. **wedge** : *caler ;* **wedge a door open** : *maintenir une porte ouverte à l'aide d'une cale ;* **the car was wedged between two trucks** : *la voiture était coincée entre deux camions.*

8. **vice** : *étau.*

"You must help us out of this," he said to it. But he could not get it from under the heavy timber athwart[1] his chest, nor move it outward more than six inches at the elbow.

Searing was not seriously injured, nor did he suffer pain. A smart[2] rap[3] on the head from a flying fragment of the splintered[4] post, incurred simultaneously with the frightfully sudden shock to the nervous system, had momentarily dazed[5] him. His term of unconsciousness, including the period of recovery[6], during which he had had the strange fancies, had probably not exceeded a few seconds, for the dust of the wreck[7] had not wholly cleared away[8] as he began an intelligent survey[9] of the situation.

With his partly free right hand he now tried to get hold of the beam which lay across, but not quite against, his breast. In no way could he do so. He was unable to depress the shoulder so as to push the elbow beyond that edge of the timber which was nearest his knees; failing in that, he could not raise the forearm and hand to grasp the beam. The brace that made an angle with it downward and backward prevented[10] him from doing anything in that direction, and between it and his body the space was not half as wide as the length of his forearm. Obviously he could not get his hand under the beam nor over it; he could not, in fact, touch it at all. Having demonstrated his inability, he desisted, and began to think if he could reach any of the débris piled upon his legs.

---

1. **athwart** [ə'θwɔːt] : *en travers de ;* (naut.) *par le travers ;* **run athwart a ship's course :** *croiser la route d'un vaisseau.*

2. **smart :** *vif, rapide, prompt ;* **that was smart work! :** *tu n'as pas perdu de temps !*

3. **rap :** *petit coup sec ;* **give somebody a rap on the knuckles :** *taper sur les doigts de quelqu'un.*

4. **splinter :** *fendre en éclats, briser en éclats ;* **splinter :** *écharde, esquille.*

5. **daze :** *stupéfier, étourdir, hébéter.*

6. **recovery :** *guérison, rétablissement, récupération ;* **best wishes for a speedy recovery :** *tous nos vœux de prompt rétablissement.*

« Il faut que tu nous aides à nous tirer de là », dit-il. Mais il ne parvint pas à l'extirper de dessous la grosse pièce de charpente qui lui barrait la poitrine, ni à le faire bouger latéralement de plus de six pouces à partir du coude.

Searing n'était pas gravement blessé et il ne souffrait pas. Un éclat du poteau déchiqueté lui avait infligé un coup sec et brutal sur la tête au moment même où son système nerveux recevait soudain une secousse violente, et il en avait été momentanément étourdi. La durée de son évanouissement, y compris la période où, ayant recouvré ses sens, il avait eu ces étranges hallucinations, n'avait pas duré plus de quelques secondes, car la poussière des décombres ne s'était pas encore tout à fait dissipée lorsqu'il se mit à examiner lucidement la situation.

De sa main droite partiellement libre, il essaya ensuite de saisir la poutre qui lui barrait la poitrine sans la toucher tout à fait. Il lui fut impossible d'y parvenir. Il fut incapable de baisser l'épaule de façon à pousser son coude au-delà du bord du madrier qui était le plus proche de ses genoux. Cet échec lui interdisait de lever l'avant-bras et la main pour agripper la poutre. L'étai qui formait un angle avec cette entretoise, vers le bas et par-derrière, l'empêchait de faire le moindre geste dans cette direction. En outre, l'espace compris entre l'étai et son corps était moitié moins large que la longueur de son avant-bras. À l'évidence, il ne pouvait poser la main ni sur la poutre ni sous elle. En fait, il ne pouvait pas la toucher du tout. Ayant établi la preuve de son impuissance, il renonça et se demanda s'il pourrait seulement atteindre un morceau des débris entassés sur ses jambes.

---

7. **wreck** : *ruines, décombres, accident ;* **the car was a complete wreck** : *la voiture était bonne à mettre à la ferraille.*

8. **clear away** : *se dissiper.*

9. **survey** : *étude, vue d'ensemble ;* **he gave a general survey of the situation** : *il a passé la situation en revue ;* **survey of public opinion** : *sondage d'opinion.*

10. **prevent somebody from doing something** : *empêcher quelqu'un de faire quelque chose.*

In surveying the mass with a view to[1] determining that point, his attention was arrested by what seemed to be a ring of shining metal immediately in front of his eyes. It appeared to him at first to surround some perfectly black substance, and it was somewhat[2] more than a half inch in diameter. It suddenly occurred[3] to his mind that the blackness was simply shadow, and that the ring was in fact the muzzle[4] of his rifle protruding from the pile of débris. He was not long in satisfying himself[5] that this was so —if it was a satisfaction. By closing either eye he could look a little way along the barrel —to the point where it was hidden by the rubbish[6] that held it. He could see the one side, with the corresponding eye, at apparently the same angle as the other side with the other eye. Looking with the right eye, the weapon[7] seemed to be directed at a point to the left of his head, and *vice versa*. He was unable to see the upper surface of the barrel, but could see the under surface of the stock[8] at a slight angle. The piece was, in fact, aimed at the exact centre of his forehead.

In the perception of this circumstance, in the recollection that just previously to[9] the mischance of which this uncomfortable situation was the result, he had cocked the gun and set the trigger so that a touch would discharge it, Private Searing was affected with a feeling of uneasiness. But that was as far as possible from fear: he was a brave man, somewhat familiar with the aspect of rifles from that point of view, and of cannon, too;

---

1. **with a view to (doing)**: *en vue de (faire).*

2. **somewhat**: *quelque peu;* **somewhat surprised**: *quelque peu surpris;* **he was more than somewhat proud of**: *il n'était pas peu fier de.*

3. **occur**: *venir à l'esprit;* **it occurred to me that**: *l'idée m'est venue que;* **it didn't occur to him to refuse**: *il n'a même pas pensé à refuser.*

4. **muzzle**: *bouche, gueule, museau, muselière;* **muzzle loader**: *arme qu'on charge par le canon.*

5. **satisfy oneself of**: *s'assurer de quelque chose;* **satisfy**: *convaincre, assurer;* **I am satisfied that you have done your best**: *je suis convaincu*

En examinant cette masse pour répondre à la question, il eut l'attention attirée par ce qui ressemblait à un cercle de métal brillant placé juste devant ses yeux. Il lui sembla tout d'abord que ce cercle entourait une substance entièrement noire, et qu'il mesurait un peu plus d'un demi-pouce de diamètre. Il s'avisa soudain que le noir n'était que de l'ombre, et que le cercle était le canon de son fusil émergeant du tas de débris. Il ne mit pas longtemps à se rassurer sur ce fait — si tant est que ce fût rassurant. En fermant un œil puis l'autre il pouvait suivre la ligne du canon jusqu'au point où il s'enfonçait dans le tas qui le tenait prisonnier. Vu d'un œil, le côté du canon formait apparemment le même angle que l'autre côté vu de l'autre œil. Lorsqu'il regardait de l'œil droit, l'arme semblait dirigée vers un point situé à gauche de sa tête et *vice versa*. Il lui était impossible de voir le dessus du canon, mais il voyait le dessous de la crosse légèrement de biais. En fait, l'arme était pointée vers le beau milieu de son front.

Devant cette situation, et en se rappelant que juste avant l'accident, responsable de cette position désagréable, il avait armé son fusil et réglé la détente de manière à ce qu'une simple pression fît partir le coup, le soldat Searing fut saisi d'une sensation de malaise. Mais il était très loin de ressentir la peur. C'était un homme courageux, déjà quelque peu préparé à voir fusils et canons sous tous les angles.

---

que vous avez fait de votre mieux. Ici le narrateur joue sur le double sens de *conviction* et de *satisfaction,* comme pour insister sur le caractère désespéré de la situation.
6. **rubbish** : *détritus, décombres.*
7. **weapon** ['wepən] : *arme.*
8. **stock** : *fût* et *crosse.*
9. **previously to** : *avant de.*

and now he recalled, with something like amusement, an incident of his experience at the storming[1] of Missionary Ridge, where, walking up to[2] one of the enemy's embrasures from which he had seen a heavy gun throw charge after charge of grape[3] among the assailants, he thought for a moment that the piece had been withdrawn; he could see nothing in the opening but a brazen[4] circle. What that was he had understood just in time to step aside as it pitched[5] another peck[6] of iron down that swarming[7] slope. To face firearms is one of the commonest incidents in a soldier's life —firearms, too, with malevolent eyes blazing[8] behind them. That is what a soldier is for. Still, Private Searing did not altogether relish the situation, and turned away his eyes.

After groping[9], aimless, with his right hand for a time, he made an ineffectual attempt to release his left. Then he tried to disengage his head, the fixity of which was the more annoying from his ignorance of what held it. Next he tried to free his feet, but while exerting the powerful muscles of his legs for that purpose it occurred to him that a disturbance of the rubbish which held them might discharge the rifle; how it could have endured what had already befallen it he could not understand, although memory assisted him with various instances in point. One in particular he recalled, in which, in a moment of mental abstraction, he had clubbed his rifle and beaten out another gentleman's brains,

---

1. **storm**: *prendre, emporter d'assaut*; (fig.) **angry ratepayers stormed the townhall**: *les contribuables en colère ont envahi la mairie*.

2. **walk up to**: *s'approcher de*.

3. **grape** (sous-entendu: **grape-shot**): *mitraille*; **fire grape-shot on troops, pepper troops with grape-shots**: *mitrailler les troupes*; **discharge of grape-shot**: *mitraillade*.

4. **brazen**: *de cuivre* (jaune), *de laiton*; (fig.) *impudent, effronté*; **brazen lie**: *mensonge effronté*; **brazen it out**: *crâner*.

5. **pitch**: *jeter, lancer*.

C'est alors qu'il se remémora, avec un sentiment proche de la gaieté, un incident auquel il avait été confronté lors de la prise d'assaut de Missionary Ridge : en s'avançant vers l'un des postes ennemis d'où il avait vu un lourd fusil décharger des salves successives de mitraille, il avait cru un instant que l'arme avait été retirée, car dans l'ouverture il ne voyait plus rien qu'un cercle de bronze. Il avait compris ce que c'était juste à temps pour faire un pas de côté tandis que l'arme déversait une autre rafale de feu sur cette pente grouillant de soldats. Rencontrer des armes à feu est l'un des épisodes les plus banals de la vie d'un soldat. De plus, ce sont des armes à feu derrière lesquelles brillent des regards hostiles. Voilà à quoi sert un soldat. Pourtant le soldat Searing avait du mal à se sentir à l'aise et il détourna les yeux.

Après avoir un moment tâtonné au hasard avec sa main droite, il fit une vaine tentative pour libérer la gauche. Puis il tenta de dégager sa tête dont la raideur lui était d'autant plus intolérable qu'il en ignorait la cause. Ensuite il tenta de dégager ses pieds, mais en déployant toute la force musculaire de ses jambes il comprit qu'en déplaçant les décombres qui les retenaient il pourrait faire partir le fusil. Il ne voyait pas comment l'arme avait déjà résisté à la charge qui pesait sur elle, bien qu'il se souvînt de plusieurs exemples similaires. Il en retrouva un en particulier, où dans un moment d'absence il avait utilisé son fusil comme une massue pour fracasser le crâne d'un autre homme.

---

6. **peck :** (mesure) *boisseau, picotin ;* (fig.) **a peck of troubles ;** *bien des ennuis.*

7. **swarm** [swɔːm] : *fourmiller, pulluler, grouiller ;* **the children swarmed round his car :** *les enfants s'agglutinaient autour de sa voiture ;* **swarm :** *essaim, nuée.*

8. **blaze :** *flamboyer, jeter un vif éclat ;* **his eyes blazed with anger :** *ses yeux lançaient des flammes de colère.*

9. **grope :** *tâtonner, aller à l'aveuglette ;* **grope for something :** *chercher quelque chose à l'aveuglette ;* **grope for words :** *chercher ses mots.*

observing afterward that the weapon which he had been diligently swinging[1] by the muzzle was loaded, capped, and at full cock[2] —knowledge of which circumstance would doubtless have cheered his antagonist to longer endurance. He had always smiled in recalling that blunder[3] of his "green and salad days[4]" as a soldier, but now he did not smile. He turned his eyes again to the muzzle of the gun, and for a moment fancied that it had moved; it seemed somewhat nearer.

Again he looked away. The tops of the distant trees beyond the bounds of the plantation interested him; he had not before observed how light[5] and feathery they seemed, nor how darkly blue the sky was, even among their branches, where they somewhat paled it with their green; above him it appeared almost black. "It will be uncomfortably hot here," he thought, "as the day advances. I wonder which way I am looking."

Judging by such shadows as he could see, he decided that his face was due[6] north; he would at least not have the sun in his eyes, and north —well, that was toward his wife and children.

"Bah!" he exclaimed aloud, "what have they to do[7] with it?"

He closed his eyes. "As I can't get out, I may as well go to sleep. The rebels are gone, and some of our fellows are sure[8] to stray[9] out here foraging. They'll find me."

---

1. **swing (swung, swung)**: *balancer, faire osciller.*
2. **cock**: (fusil) *chien;* **at full cock**: *armé;* **at half cock**: *au cran de repos.*
3. **blunder**: (fam.) *bévue, impair, gaffe;* **make a blunder**: *faire une bourde.*
4. **"green and salad days"**: citation empruntée à Shakespeare, *Antoine et Cléopâtre*, acte I, sc. 5. L'expression évoque l'inexpérience et l'insouciance de la jeunesse.
5. **light**: *léger;* **lighter than air**: *plus léger que l'air;* **light as a feather**: *léger comme une plume.*
6. **due**: (tout) *droit;* **go due west**: *faire route plein ouest;* **sail due**

Il avait ensuite constaté que l'arme brandie par le canon était chargée, amorcée, armée. Ce détail, s'il en avait eu connaissance, eût sans nul doute encouragé son adversaire à résister plus longtemps. Le souvenir de cette bévue commise au cours de ses « jeunes et vertes années » de simple soldat l'avait toujours fait sourire, mais maintenant il ne souriait plus. Il tourna de nouveau les yeux en direction de la gueule du fusil et il crut un instant qu'elle avait bougé : elle lui sembla s'être rapprochée.

De nouveau il détourna le regard pour observer la cime lointaine des arbres au-delà des limites de la plantation : jamais auparavant elle ne lui avait semblé si légère et si vaporeuse, ni le ciel d'un bleu si profond, même parmi les branches où le bleu pâlissait quelque peu au contact du vert des feuilles. Juste au-dessus de lui le ciel paraissait presque noir. « La chaleur va devenir gênante ici, à mesure que le jour avancera », se dit-il. « Je me demande dans quelle direction je regarde. »

En se fondant sur les ombres qu'il pouvait voir, il se dit qu'il devait faire face au nord. Au moins il n'aurait pas le soleil dans les yeux et, après tout, le nord c'était la direction où se trouvaient sa femme et ses enfants.

« Bah ! » s'exclama-t-il à haute voix, « qu'est-ce que cela peut bien leur faire ? »

Il ferma les yeux. « Puisque je ne peux pas bouger, autant dormir. Les rebelles sont partis et quelques-uns des nôtres pousseront sûrement jusqu'ici en cherchant du fourrage. Ils me trouveront bien. »

---

north : *faire cap au nord ;* **due east of the village** : *plein est par rapport au village.*

7. **have something to do with** : *avoir un rapport avec ;* **money has a lot to do with it** : *c'est surtout une question d'argent ;* **that has nothing to do with it** : *cela n'a rien à voir.*

8. **sure** : *sûr, certain ;* **he is sure to come** : *il est certain qu'il viendra.* Le soldat essaie de se convaincre qu'il va bientôt être sauvé, afin de ne pas perdre espoir.

9. **stray** : *s'égarer ;* **stray away from** : *s'écarter de, dévier.*

But he did not sleep. Gradually he became sensible of a pain in his forehead —a dull ache, hardly perceptible at first, but growing more and more uncomfortable. He opened his eyes and it was gone— closed them and it returned. "The devil!" he said irrelevantly, and stared again at the sky. He heard the singing of birds, the strange metallic note of the meadow[1] lark[2], suggesting the clash of vibrant blades. He fell into pleasant memories of his childhood, played again with his brother and sister, raced across the fields, shouting to alarm the sedentary larks, entered the sombre forest beyond, and with timid steps followed the faint path to Ghost Rock, standing at last with audible heartthrobs[3] before the Dead Man's Cave and seeking to penetrate its awful[4] mystery. For the first time he observed that the opening of the haunted[5] cavern was encircled by a ring of metal. Then all else vanished, and left him gazing into the barrel of his rifle as before. But whereas before it had seemed nearer, it now seemed an inconceivable distance away, and all the more[6] sinister for that. He cried out, and, startled[7] by something in his own voice —the note of fear— lied to himself in denial[8]: "If I don't sing out I may stay here till I die."

He now made no further attempt to evade the menacing stare of the gun barrel. If he turned away his eyes an instant it was to look for assistance (although he could not see the ground on either side the ruin),

---

1. **meadow** ['medəʊ]: *pré, prairie.*
2. **lark**: *alouette;* **rise with the lark**: *se lever au chant du coq;* **as happy as a lark**: *gai comme un pinson.*
3. **heartthrob** = **heartbeat**: *battement de cœur;* **throb**: *pulsation, battement.*
4. **awful**: *affreux, terrible, atroce.*

Dans sa demi-inconscience le soldat retrouve les émotions fortes de l'enfance. Le choix du prétérit simple, temps du récit, crée l'illusion qu'il revit réellement tous ces épisodes et permet la superposition de l'anneau de métal sur ces images du passé.

Mais il ne pouvait pas dormir. Petit à petit il eut conscience d'une douleur au front, douleur sourde, à peine perceptible au début, mais qui devenait de plus en plus pénible. Quand il ouvrait les yeux elle disparaissait, quand il les refermait elle revenait. « Au diable ! » dit-il hors de propos, et il se remit à fixer le ciel. Il entendait le chant des oiseaux, le son étrange et métallique de l'alouette des prés qui évoquait un entrechoc de lames vibrantes. Il s'abandonna à d'agréables souvenirs d'enfance : il joua de nouveau avec son frère et sa sœur, courut à travers champ en criant pour effrayer l'alouette sédentaire, pénétra dans la sombre forêt lointaine, et à pas timides suivit le petit sentier menant à Ghost Rock, pour s'arrêter enfin devant la Caverne du Mort, le cœur battant à tout rompre, cherchant à en percer le redoutable mystère. Pour la première fois il remarqua que l'ouverture de la caverne hantée était cerclée d'un anneau de métal. Puis tout le reste s'évanouit et il se retrouva les yeux fixés sur le canon de son arme, comme auparavant. Mais tandis qu'avant il lui avait semblé plus proche, le canon avait l'air maintenant à une distance inconcevable, ce qui ajoutait à son caractère sinistre. Il poussa un cri, et quelque chose dans sa voix l'effraya : l'accent de la peur, et il se mentit à lui-même en le niant :

« Si je ne chante pas à tue-tête, je vais mourir là. »

Sur ce, il n'essaya plus d'échapper au regard fixe et menaçant du canon de l'arme. S'il détournait les yeux un instant c'était pour chercher du secours (quoi qu'il lui fût impossible de voir le sol de part et d'autre de la ruine),

---

5. **haunted** ['hɔ:ntɪd] : *hanté ;* **haunted look :** *air égaré ;* **haunted face :** *visage hagard.*

6. **all the more :** *d'autant plus ;* **he is all the more happy as :** *il est d'autant plus heureux que.*

7. **startle :** *faire sursauter, tressaillir ;* **it startled him out of his sleep :** *cela l'a réveillé en sursaut.*

8. **denial** [dɪ'naɪəl] : *dénégation, démenti ;* **he met the accusation with a flat denial :** *il a nié catégoriquement l'accusation ;* **issue a denial :** *publier un démenti.*

and he permitted them to return, obedient to the imperative fascination. If he closed them, it was from weariness[1], and instantly the poignant[2] pain in his forehead —the prophecy and menace of the bullet— forced him to reopen them.

The tension of nerve and brain was too severe; nature came to his relief with intervals of unconsciousness. Reviving from one of these, he became sensible of a sharp, smarting[3] pain in his right hand, and when he worked his fingers together, or rubbed[4] his palm with them, he could feel that they were wet and slippery. He could not see the hand, but he knew the sensation; it was running blood. In his delirium he had beaten it against the jagged[5] fragments of the wreck, had clutched[6] it full of splinters. He resolved that he would meet his fate more manly. He was a plain, common soldier, had no religion and not much philosophy; he could not die like a hero, with great and wise last words, even if there were someone to hear them, but he could die "game[7]", and he would. But if he could only know when to expect the shot!

Some rats which had probably inhabited the shed[8] came sneaking[9] and scampering about. One of them mounted the pile of débris that held the rifle; another followed, and another. Searing regarded them at first with indifference, then with friendly interest; then, as the thought flashed into his bewildered mind that they might touch the trigger of his rifle, he screamed at them to go away. "It is no business of yours," he cried.

---

1. **weariness** ['wɪərɪnɪs]: *lassitude, abattement, épuisement.*

2. **poignant** ['pɔɪnənt]: *poignant, intense, vif;* **poignant regret**: *regret amer;* **poignant retort**: *repartie caustique.*

3. **smart**: *faire mal, brûler, piquer;* **my eyes were smarting**: *j'avais les yeux irrités;* **the smoke made his throat smart**: *la fumée lui irritait la gorge.*

4. **rub**: *frotter;* **rub one's nose**: *se frotter le nez;* (fig.) **rub something in**: *insister;* **don't rub it in!**: *ne remuez pas le couteau dans la plaie!*

puis il permettait à son regard, obéissant à une fascination impérieuse, de se fixer à nouveau. S'il fermait les yeux c'était d'épuisement, mais la douleur perçante au front (menace anticipée de la balle) le forçait aussitôt à les rouvrir.

La tension nerveuse et mentale était par trop pénible. La nature vint à son aide en lui ménageant des moments d'inconscience. Revenant à lui après l'un de ces évanouissements, il fut conscient d'une douleur vive et cuisante à la main droite, et en bougeant les doigts ou en les frottant sur sa paume, il sentit qu'ils étaient humides et glissants. Sans voir sa main il reconnut la sensation : son sang coulait. Dans son délire, il s'était frappé la main contre les morceaux déchiquetés des décombres et s'y était enfoncé des éclats de bois. Il résolut d'être plus viril face à son destin. Il n'était qu'un simple soldat ordinaire, sans religion ni beaucoup de sagesse. Même s'il avait eu un public, il ne pouvait pas mourir en héros en prononçant d'ultimes paroles belles et mesurées, mais il pouvait mourir avec du « cran », et il le ferait. Si seulement il avait pu savoir quand le coup partirait...

Quelques rats qui avaient sans doute élu domicile dans l'abri vinrent fureter çà et là. L'un d'eux grimpa sur le tas de débris qui soutenait le fusil, suivi d'un autre puis d'un autre. Tout d'abord Searing les contempla avec indifférence, ensuite avec un intérêt amical, puis, comme son esprit épouvanté était traversé par la pensée fulgurante qu'ils pourraient toucher la détente, il leur hurla de décamper. « Cela ne vous regarde pas », leur cria-t-il.

---

5. **jagged** ['dʒægɪd] : *irrégulier, déchiqueté, dentelé.*

6. **clutch** : *empoigner, saisir, agripper, serrer fort.*

7. **game** : *courageux, brave ;* **be game** : *avoir du cran ;* **are you game?** : *tu es partant ? ;* **he is game for anything** : *il ne recule devant rien, il est prêt à tout.*

8. **shed** : *abri, cabane ;* **bicycle shed** : *remise à vélos.*

9. **sneak in/out** : *entrer/sortir furtivement ;* **he sneaked into the house** : *il s'est glissé dans la maison ;* (fam.) **sneakers** : *chaussures de tennis, baskets.*

The creatures left; they would return later, attack his face, gnaw[1] away his nose, cut his throat —he knew that, but he hoped by that time to be dead.

Nothing could now unfix his gaze from the little ring of metal with its black interior. The pain in his forehead was fierce and constant. He felt it gradually penetrating the brain more and more deeply, until at last its progress was arrested by the wood at the back of his head. It grew momentarily more insufferable; he began wantonly[2] beating his lacerated hand against the splinters again to counteract that horrible ache[3]. It seemed to throb with a slow, regular, recurrence, each pulsation sharper than the preceding, and sometimes he cried out, thinking he felt the fatal bullet. No thoughts[4] of home, of wife and children, of country, of glory. The whole record[5] of memory was effaced. The world had passed away[6] —not a vestige[7] remained. Here, in this confusion of timbers and boards, is[8] the sole universe. Here is immortality in time —each pain an everlasting life. The throbs tick off eternities.

Jerome Searing, the man of courage, the formidable enemy, the strong, resolute warrior, was as pale as a ghost. His jaw was fallen; his eyes protruded; he trembled in every fibre; a cold sweat[9] bathed his entire body; he screamed with fear. He was not insane —he was terrified.

---

1. **gnaw**: *ronger;* **gnaw at/on a bone**: *ronger un os;* **gnaw a hole in something**: *faire un trou dans quelque chose à force de ronger.*

2. **wantonly**: *gratuitement, sans motif.*

3. **ache** [eɪk]: *douleur, souffrance;* **toothache**: *mal/rage de dents.*

4. **no thoughts,** etc.: la phrase sans verbe rend l'urgence de la situation, renforcée par la liste de ces valeurs devenues caduques.

5. **record**: *document, dossier;* **public records**: *annales;* **keep a record of**: *noter, consigner par écrit;* **there is no record of his having said it**: *il n'est noté nulle part qu'il ait dit cela;* **there is no record of it in history**: *l'histoire n'en fait pas mention.*

6. **pass away**: 1. *s'effacer, disparaître* 2. *mourir* (euphémisme), *s'éteindre.*

Les bestioles s'en allèrent. Elles reviendraient plus tard pour l'attaquer au visage, lui ronger le nez et lui trancher la gorge, il le savait, mais il espérait être mort avant que cela n'arrive.

Désormais rien ne pouvait plus détourner son regard du petit cercle de métal rempli de noir. Sa douleur au front était intense et constante. Il la sentait pénétrer son cerveau de plus en plus profondément, s'arrêtant juste contre le bois sur lequel reposait sa tête. Elle ne tarda pas à devenir insupportable, et il se mit sans raison à battre sa main lacérée contre les éclats de bois pour compenser l'horrible douleur. Elle semblait revenir à intervalles réguliers, chaque pulsation plus aiguë que la précédente, et il lui arriva de pousser un cri, croyant sentir la balle fatale. Il ne pensait plus à son foyer, à sa femme et à ses enfants, ni à la patrie ou à la gloire. Tout souvenir était effacé. Le monde entier avait disparu, sans laisser la moindre trace. Ici, dans cet enchevêtrement de poutres et de planches se trouvait le seul univers. Ici, le temps était immortel et chaque douleur une vie éternelle. Les pulsations marquaient des éternités.

Jerome Searing, cet homme de courage, cet ennemi redoutable, ce guerrier fort et déterminé, était d'une pâleur de spectre. La mâchoire pendante, les yeux exorbités, il tremblait de toutes ses fibres. Une sueur froide baignait son corps tout entier. Il hurla de peur. Il n'était pas fou, il était terrorisé.

---

7. **vestige** : *vestige, reste* ; (fig.) **not a vestige of truth** : *pas un grain de vérité* ; **a vestige of hope** : *un reste d'espoir*.
8. **here...is** : le passage sans transition au présent simple indique qu'il s'agit des pensées actuelles du soldat. Le présent annule la distance et nous fait pénétrer pour ainsi dire à l'intérieur de son esprit.
9. **cold sweat** [swet] : *sueurs froides*.

In groping about with his torn[1] and bleeding hand he seized at last a strip[2] of board, and, pulling, felt it give way[3]. It lay parallel with his body, and by bending his elbow as much as the contracted space would permit, he could draw it a few inches at a time[4]. Finally it was altogether loosened from the wreckage covering his legs; he could lift it clear of[5] the ground its whole length. A great hope came into his mind: perhaps he could work it upward, that is to say backward, far enough to lift the end and push aside the rifle; or, if that were too tightly wedged, so hold the strip of board as to deflect[6] the bullet. With this object he passed it backward inch by inch, hardly[7] daring to breathe, lest[8] that act somehow defeat[9] his intent, and more than ever unable to remove his eyes from the rifle, which might perhaps now hasten[10] to improve its waning[11] opportunity. Something at least had been gained; in the occupation of his mind in this attempt at self-defence he was less sensible of the pain in his head and had ceased to scream. But he was still dreadfully frightened, and his teeth rattled[12] like castanets.

The strip of board ceased to move to the suasion of his hand. He tugged[13] at it with all his strength, changed the direction of its length all he could, but it had met some extended obstruction behind him, and the end in front was still too far away to clear the pile of débris and reach the muzzle of the gun.

---

1. **tear (tore, torn)**: *déchirer;* **tear to pieces/to bits**: *déchirer en menus morceaux, en lambeaux, mettre en pièces.*

2. **strip**: *bande;* **strip of garden**: *jardin tout en longueur.*

3. **give (gave, given) way**: *céder.*

4. **at a time**: *à la fois;* **two at a time**: *deux à la fois.*

5. **clear of**: *débarrassé, libre de;* **clear of debts**: *libre de dettes;* **the coast is clear**: *la voie est libre.*

6. **deflect**: *faire dévier, détourner.*

7. **hardly**: *à peine, ne...guère.*

8. **lest**: *de peur que, de crainte de;* **he took the map lest he should get lost**: *il a pris la carte de peur de se perdre* (**should** exprime le souhait que cela n'arrive pas); **lest we forget**: *in memoriam.*

En tâtonnant de sa main déchirée et sanguinolente, il finit par saisir un morceau de planche, tira dessus et la sentit céder. Elle était parallèle à son corps, et en pliant le coude autant que le lui permettait l'espace restreint, il réussit à la faire bouger de quelques pouces. Elle finit par être complètement dégagée de l'amas qui recouvrait ses jambes, et il put la soulever du sol sur toute sa longueur. Un grand espoir l'envahit : peut-être pourrait-il la soulever vers le haut, c'est-à-dire vers l'arrière, assez loin pour en soulever l'extrémité et pousser le fusil de côté. Ou bien si ce dernier était trop profondément enfoncé, la placer de façon à faire dévier la balle. Dans ce but, il l'amena en arrière pouce par pouce, osant à peine respirer de peur de faire par là même échouer son projet, et plus que jamais incapable de détourner son regard du fusil, qui allait peut-être tourner cette situation précaire à son avantage. Au moins en retirerait-il quelque bénéfice. L'esprit ainsi occupé par ses tentatives de survie, il sentait moins la douleur dans sa tête et avait cessé de hurler. Pourtant il était toujours en proie à une peur effroyable et ses dents claquaient comme des castagnettes.

Le morceau de planche cessa de bouger sous la pression persuasive de sa main. Il tira dessus de toutes ses forces, en changeant la direction autant qu'il le put, mais il avait rencontré un obstacle important derrière lui et devant lui l'extrémité était encore trop éloignée pour atteindre la gueule du fusil sans rencontrer l'amas de décombres.

---

9. **defeat** : *vaincre, faire échouer* ; **defeat one's own object** : *aller à l'encontre de ses propres intentions* ; **that plan will defeat its own ends** : *ce projet sera autodestructeur.*

10. **hasten** ['heɪsn] : *se hâter, se presser* ; **I hasten to add** : *je m'empresse d'ajouter* ; **hasten somebody's departure** : *hâter le départ de quelqu'un.*

11. **wane** : *décroître, décliner, être à son déclin.*

12. **rattle** : *bruit de ferraille, cliquetis* ; **baby rattle** : *hochet.*

13. **tug** : *tirer fort, sec* (**at**, **sur**) ; *remorquer* ; **tug-boat** : *remorqueur* ; **tug-of-war** : (sport) *lutte à la corde* ; (fig.) *lutte acharnée.*

It extended, indeed, nearly as far as the trigger-guard, which, uncovered by the rubbish, he could imperfectly see with his right eye. He tried to break the strip with his hand, but had no leverage[1]. Perceiving his defeat, all his terror returned, augmented tenfold[2]. The black aperture of the rifle appeared to threaten a sharper and more imminent death in punishment of his rebellion. The track[3] of the bullet through his head ached with an intenser anguish. He began to tremble again.

Suddenly he became composed[4]. His tremor subsided[5]. He clinched[6] his teeth and drew down his eyebrows. He had not exhausted his means of defence; a new design had shaped itself in his mind —another plan of battle. Raising the front end of the strip of board, he carefully pushed it forward through the wreckage at the side of the rifle until it pressed against the trigger guard. Then he moved the end slowly outward until he could feel that it had cleared[7] it, then, closing his eyes, thrust[8] it against the trigger with all his strength[9]! There was no explosion; the rifle had been discharged as it dropped from his hand when the building fell. But Jerome Searing was dead.

A line of Federal skirmishes swept across the plantation toward the mountain. They passed on both sides of the wrecked building, observing nothing. At a short distance in their rear[10] came their commander, Lieutenant Adrian Searing.

---

1. **leverage** ['li:vərɪdʒ]: *force de levier;* (fig.) *influence, prise sur.*

2. **...fold**: *fois;* **twentyfold**: *vingt fois, par vingt;* **twofold**: *double.*

3. **track**: *trace, piste, trajectoire;* **the hurricane destroyed everything in its track**: *l'ouragan a tout détruit sur son passage;* (fig.) **be on the right tracks**: *être sur la bonne voie.*

4. **composed**: *calme, tranquille, posé.*

5. **subside**: *baisser, décroître;* **the flood is subsiding**: *la crue diminue;* **the fever is subsiding**: *la fièvre commence à céder*

6. **clinch**: *river un clou;* (fig.) **clinch an agreement**: *sceller un pacte;* **a clinching argument**: *un argument décisif.*

Cette extrémité atteignait presque le pontet, dégagé des débris, qu'il apercevait de son œil droit. Il essaya de casser le bout de planche de la main, mais il n'avait aucun point d'appui. Comprenant son échec, il fut à nouveau saisi d'une terreur dix fois plus grande. L'ouverture noire du fusil semblait le menacer d'une mort plus cruelle et plus imminente pour le punir de sa rébellion. Le trajet de la balle qui lui transperçait la tête vibrait d'une douleur plus intense. Il se remit à trembler.

Tout à coup il retrouva son calme. Son tremblement s'apaisa. Il serra les dents et fronça les sourcils. Il n'avait pas épuisé ses moyens de défense. Un nouveau stratagème avait pris forme dans son esprit, un autre plan de bataille. Soulevant l'extrémité avant du morceau de planche, il la poussa soigneusement à travers les décombres entassés à côté du fusil pour qu'elle touche le pontet. Puis il la déplaça lentement jusqu'à sentir qu'elle avait complètement dépassé le cercle d'acier, et il la jeta de toutes ses forces contre la gâchette ! Il n'y eut pas d'explosion car le fusil s'était déchargé en lui tombant des mains au moment où la bâtisse s'était effondrée. Mais Jerome Searing était mort.

Une ligne de tirailleurs de l'armée fédérale traversa rapidement la plantation en direction de la montagne. Ils passèrent de part et d'autre du bâtiment en ruine sans rien remarquer. À peu de distance derrière eux, s'avançait leur chef, le lieutenant Adrian Searing.

---

7. **clear** : *sauter, franchir, passer par-dessus* (sans toucher), *éviter* (obstacle), (naut.) *éviter* (rochers) ; **the car cleared the lamppost** : *la voiture a évité le lampadaire de justesse.*

8. **thrust (thrust, thrust)** : *pousser brusquement, violemment.*

9. **with all his strength!** : le point d'exclamation est une sorte de commentaire implicite qui sous-entend l'inutilité dérisoire du geste, ce qui s'explique à la phrase suivante.

10. **rear** : *arrière* ; **bring up the rear** : *fermer la marche.*

He casts[1] his eyes curiously upon the ruin and sees a dead body half buried in boards and timbers. It is so covered with dust that its clothing is Confederate grey[2]. Its face is yellowish white; the cheeks are fallen in, the temples sunken, too, with sharp ridges about them, making the forehead forbiddingly[3] narrow; the upper lip, slightly lifted, shows the white teeth, rigidly clinched. The hair is heavy with moisture, the face as wet as the dewy grass all about. From his point of view the officer does not observe the rifle; the man was apparently killed by the fall of the building.

"Dead a week," said the officer curtly[4], moving on, mechanically pulling out his watch as if to verify his estimate of time. Six o'clock and forty minutes[5].

---

1. Le choix du présent simple dans ce dernier paragraphe accentue l'impression d'immédiateté comme si la distance entre le moment de l'histoire et celui de sa narration était réduite au minimum.

2. **Confederate grey**: ce détail porte l'ironie du sort à son comble; non seulement Searing n'est pas mort en héros, mais son propre frère le prend pour un soldat ennemi sans le reconnaître.

3. **forbidding**: *menaçant, sévère;* **a forbidding look**: *un aspect rébarbatif.*

Il regarde les décombres avec curiosité et voit un cadavre à moitié enseveli sous les planches et les poutres. Ses vêtements sont tellement recouverts de poussière qu'ils ont la couleur grise de l'uniforme confédéré. Le visage est d'un blanc cireux, les joues sont creuses, les tempes enfoncées aussi et leurs arêtes anguleuses font paraître le front d'une étroitesse repoussante. La lèvre supérieure légèrement relevée découvre des dents blanches fortement serrées. Les cheveux sont poisseux d'humidité, le visage est aussi moite que l'herbe tout autour est mouillée de rosée. D'où il est placé, l'officier ne remarque pas le fusil. L'homme semble avoir été tué par la chute de la baraque.

« Mort depuis une semaine », dit l'officier laconique, sans s'arrêter, et en sortant machinalement sa montre comme pour vérifier son estimation du temps. Six heures quarante.

---

4. **curtly :** *avec brusquerie, sèchement, d'un ton cassant.*
5. **six o'clock and forty minutes :** autrement dit (voir p. 174) l'agonie de Searing n'a duré que vingt-deux minutes. En attirant ainsi l'attention sur la durée de l'histoire, Bierce souligne la distinction entre l'événement raconté et sa narration, le temps de l'histoire et le temps du récit.

Jack London (1876-1916)

Fils illégitime d'un astrologue itinérant, Jack London connaît une enfance misérable. Il quitte l'école à l'âge de treize ans, et à quatorze ans il achète un *sloop* avec lequel il se livre au pillage des bancs d'huîtres dans la baie de San Francisco. Sa jeune vie est ainsi ponctuée d'épisodes aventureux comme son expédition au Klondike avec les chercheurs d'or. À vingt ans il a accumulé une somme d'expériences et d'aventures suffisante pour nourrir la plupart de ses récits. La tragédie qu'il imagine dans *Martin Eden* (1909) sera la sienne : il se suicide à quarante ans.

Attiré par le parti socialiste, il lit Darwin, Spencer et Marx. Moins connues, ses œuvres politiques *The Iron Heel* (*Le Talon de fer*, 1908), science-fiction inspirée par Nietzsche, ou *War of the Classes* (*La Guerre des classes*), sont aussi moins convaincantes que ses romans ou nouvelles : *Love of Life* (*L'Amour de la vie*, 1907) ou *Lost Face* (*La Face perdue*, 1910) qui révèlent un goût romantique et désordonné de l'aventure.

Écrivain très prolifique, il évoque un univers sauvage et envoûtant dans ses recueils d'histoires du Klondike ou des mers du Sud : *The Call of the Wild* (*L'Appel de la forêt*, 1903), *The Sea-Wolf* (*Le Loup des mers*, 1904), *White Fang* (*Croc Blanc*, 1906).

Hanté par la violence primitive qui anime les hommes, Jack London fait de la nature, et en particulier des paysages blancs du Grand Nord, un écran sur lequel il projette une ambivalence fondamentale : tout en exaltant la vie sous les climats les plus rudes, il révèle sa fascination pour la mort.

TO BUILD A FIRE

LE POURVOYEUR DE FEU

Day had broken cold and gray, exceedingly cold and gray, when the man[1] turned aside from the main Yukon[2] trail and climbed the high earth-bank, where a dim and little-traveled trail led eastward through the fat spruce[3] timberland. It was a steep bank, and he paused for breath at the top, excusing the act to himself by looking at his watch. It was nine o'clock. There was no sun nor hint of sun, though there was not a cloud in the sky. It was a clear day, and yet there seemed an intangible pall[4] over the face of things, a subtle gloom that made the day dark, and that was due to the absence of sun. This did not worry the man. He was used to the lack of sun. It had been days since he had seen the sun, and he knew that a few more days must pass before that cheerful orb, due south, would just peep[5] above the sky-line and dip immediately from view.

The man flung[6] a look back along the way he had come. The Yukon lay a mile wide and hidden under three feet of ice. On top of this ice were as many feet of snow. It was all pure white, rolling in gentle undulations where the ice-jams[7] of the freeze-up[8] had formed. North and south, as far as his eye could see, it was unbroken white, save for a dark hair-line that curved and twisted[9] from around the spruce-covered island to the south, and that curved and twisted[9] away into the north, where it disappeared behind another spruce-covered island.

---

1. **the man**: jamais London n'attribue de nom au héros, ce qui donne un tour parabolique à son récit. *L'homme* et *l'animal* ou *la bête* (également anonyme) sont aux prises avec une nature qui les dépasse. Les lieux sont en revanche ancrés dans une réalité géographique repérable.
2. **Yukon**: grand fleuve du nord-ouest de l'Amérique du Nord : traversant le territoire du Yukon, au Canada, et l'Alaska, il se jette dans la mer de Behring. C'est dans cette vallée qu'affluèrent les chercheurs d'or à partir de 1870.
3. **spruce**: *épicéa, spruce.*
4. **pall**: *drap mortuaire, linceul, manteau.*
5. **peep**: *jeter un coup d'œil furtif ;* **peep over a wall**: *passer la tête par-dessus un mur ;* **a peeping Tom**: *un voyeur.*

L'aube, ce jour-là, était froide et grise, infiniment froide et grise, lorsque l'homme se détourna de la piste du Yukon et gravit le haut talus pour rejoindre la piste à peine marquée et peu fréquentée qui menait vers l'est à travers une région richement boisée d'épicéas. Le talus était à pic, et une fois arrivé au sommet, l'homme fit une pause pour reprendre haleine, et regarda sa montre comme pour se donner une raison de s'arrêter. Il était neuf heures. Pas le moindre rayon de soleil, ni espoir de le voir, dans un ciel pourtant sans nuage. C'était une journée claire, mais il semblait malgré tout qu'un voile impalpable recouvrait toutes choses, comme une ombre subtile assombrissant le jour à cause de l'absence de soleil. L'homme ne s'en inquiéta point. Il avait l'habitude du manque de soleil. Il y avait plusieurs jours qu'il ne l'avait pas aperçu, et il savait qu'il s'en écoulerait encore plusieurs avant que le globe joyeux ne pointe juste au-dessus de la ligne d'horizon, vers le sud, avant de disparaître aussitôt.

L'homme se retourna pour regarder le chemin qu'il venait de parcourir. Le Yukon s'étirait, large d'un mille, dissimulé sous trois pieds de glace. Et cette glace était ensevelie sous autant d'épaisseur de neige. D'une blancheur absolue, elle ondulait doucement là où s'étaient accumulés des blocs chaotiques, lors du gel du fleuve. Vers le nord comme vers le sud, aussi loin que portait son regard, tout était uniformément blanc, sauf une ligne foncée qui décrivait des courbes et des lacets. Depuis un îlot couvert de sapins au sud, elle s'enfonçait en courbes et en lacets vers le nord pour disparaître derrière un autre îlot planté de sapins.

---

6. **fling (flung, flung)**: *jeter, lancer ;* **he flung his opponent to the ground**: *il a jeté son adversaire à terre.*
7. **jam**: *embouteillage, encombrement ;* **jam-full, jam-packed**: *comble, plein à craquer.*
8. **freeze-up**: *gel.*
9. **curved and twisted**: la répétition des termes évoque un paysage où l'homme a du mal à prendre des repères, et où l'œil perçoit uniquement le contraste de la piste et du blanc uniforme de la neige.

This dark hair-line was the trail —the main trail— that led south five hundred miles to the Chilcoot Pass[1], Dyea, and salt water; and that led north seventy miles[2] to Dawson, and still on to the north a thousand miles to Nulato, and finally to St Michael on Bering Sea, a thousand miles and half a thousand more.

But all this — the mysterious, far-reaching hair-line trail, the absence of sun from the sky, the tremendous cold, and the strangeness and weirdness of it all— made no impression on the man[3]. It was not because he was long used to it. He was a new-comer in the land, a *chechaquo*[4], and this was his first winter. The trouble with him was that he was without imagination. He was quick and alert in the things of life, but only in the things, and not in the significances. Fifty degrees[5] below zero meant eighty-odd degrees of frost. Such fact impressed him as being cold and uncomfortable, and that was all. It did not lead him to meditate upon his frailty as a creature of temperature, and upon man's frailty in general, able only to live within certain narrow limits of heat and cold; and from there on it did not lead him to the conjectural field of immortality and man's place in the universe. Fifty degrees below zero stood for a bite of frost that hurt and that must be guarded against by the use of mittens, ear-flaps, warm moccasins, and thick socks. Fifty degrees below zero was to him just precisely fifty degrees below zero.

---

1. **Chilcoot Pass**: connue comme la voie d'accès la plus courte pour parvenir au Klondike, cette piste taillée au flanc de la montagne dans la glace voyait des cohortes d'hommes harassés tenter de regagner le fleuve pour rejoindre Dawson City, capitale du Klondike. Jack London a lui-même franchi ce défilé en 1897, en portant de lourdes charges à chaque ascension.

2. **one mile**: *un mille* = 1 609 m.

3. **made no impression on the man**: l'attitude passive de l'homme face à ces lieux et ces conditions climatiques exceptionnelles est expliquée par son manque d'imagination. Il n'a pas peur, non pas grâce à son courage, mais par inconscience.

Cette ligne foncée c'était la piste, la piste principale, qui menait sur cinq cent milles au sud vers la passe de Chilcoot, vers Dyea et vers l'eau salée. Vers le nord, la piste conduisait à Dawson, distant de soixante-dix milles, puis mille après mille vers Nulato puis Fort Saint Michel sur la mer de Behring.

Mais ni cette ligne de piste mystérieuse et sans fin, ni l'absence de soleil dans le ciel, ni le froid terrible qui sévissait, ni l'impression fantastique et bizarre qui se dégageait de l'ensemble ne touchaient l'homme. Non pas qu'il y fût habitué de longue date : c'était un nouveau venu dans le pays, un *chechaquo*, et c'était son premier hiver dans le Grand Nord. Son manque total d'imagination était son principal défaut. Autant il avait l'esprit vif et rapide devant les événements, autant il ne s'attardait pas sur leur signification. Cinquante degrés au-dessous de zéro cela voulait dire environ quatre-vingts degrés de gel. Tout ce qui l'intéressait dans un froid pareil c'est qu'il était gênant, et rien de plus. Il n'en arrivait pas à une méditation sur sa fragilité d'animal à sang chaud, ou sur celle de l'homme en général, seulement capable de survivre entre certaines limites étroites de chaud et de froid. À partir de là, il n'en venait pas non plus à s'interroger sur le thème de l'immortalité, ni sur la place de l'homme dans l'univers. Cinquante degrés au-dessous de zéro c'était un froid mordant et désagréable contre lequel il fallait se protéger au moyen de moufles, de bonnets à rabats, de mocassins chauds et d'épaisses chaussettes. Cinquante degrés au-dessous de zéro, c'était pour lui cinquante degrés au-dessous de zéro, ni plus ni moins.

---

4. **a chechaquo** : surnom donné par les hommes déjà installés à Fort-Yukon, eux-mêmes appelés les **Sour-Doughs**, parce qu'ils préparaient sans levure une pâte à pain aigre, tandis que les nouveaux-venus faisaient lever le pain pour le cuire (voir ***White Fang***, *Croc-Blanc*).

5. **degrees** : sous-entendu Fahrenheit. D'après l'échelle de Fahrenheit, l'eau gèle à 32° et bout à 212°. Pour convertir les degrés Fahrenheit en degrés Celsius, il faut soustraire 32 et multiplier le reste par 5/9.

That there should be anything more to it than that was a thought that never entered his head[1].

As he turned to go on, he spat[2] speculatively. There was a sharp, explosive crackle that startled him. He spat again. And again, in the air, before it could fall to the snow, the spittle crackled. He knew that at fifty below spittle crackled on the snow, but this spittle had crackled in the air. Undoubtedly it was colder than fifty below —how much colder he did not know. But the temperature did not matter[3]. He was bound for the old claim[4] on the left fork of Henderson Creek, where the boys were already. They had come over across the divide[5] from the Indian Creek[6] country, while he had come the roundabout[7] way to take a look at the possibilities of getting out logs in the spring from the islands in the Yukon. He would[8] be in to the camp by six o'clock; a bit after dark, it was true, but the boys would be there, a fire would be going, and a hot supper would be ready. As for lunch, he pressed his hand against the protruding bundle under his jacket. It was also under his shirt, wrapped up in a handkerchief and lying against the naked skin. It was the only way to keep the biscuits from freezing. He smiled agreeably to himself as he thought of those biscuits, each cut open and sopped in bacon grease, and each enclosing a generous slice of fried bacon.

He plunged in among the big spruce trees. The trail was faint.

---

1. **was a thought that never entered his head**: d'emblée le narrateur insiste sur le manque de réflexion de "l'homme" qui se borne à enregistrer les données sans jamais faire aucune déduction.

2. **spit, spat, spat**: *cracher*; (fig.) **spitting image**: *portrait craché*.

3. **but the temperature did not matter**: cette pensée attribuée au personnage indique bien son manque de lucidité, que toute la nouvelle va cruellement illustrer.

4. **claim**: *concession* (minière), *lot à exploiter* par les chercheurs d'or.

5. **divide**: (géog.) *ligne de partage des eaux*; **the Great Divide**: *ligne de partage des Montagnes Rocheuses*.

Que cela pût signifier autre chose était une pensée qui ne lui vint jamais à l'esprit.

Comme il se retournait pour repartir, il cracha pour voir. Un crépitement sec et détonant le fit tressaillir. Il cracha de nouveau. Et de nouveau la salive crépita en vol avant d'avoir pu atteindre la neige. À cinquante degrés au-dessous de zéro le crachat crépitait sur la neige, il le savait, mais là il avait crépité en vol. Sans aucun doute, il faisait moins de cinquante au-dessous de zéro, mais combien, il n'en savait rien. Mais au fond que lui importait la température ? Il devait rejoindre la vieille concession sur la branche gauche de la Henderson Creek où les gars étaient déjà installés. Ils étaient venus du pays d'Indian Creek en franchissant la ligne de partage des eaux, pendant que lui prenait un chemin détourné pour aller voir s'il serait possible au printemps de trouver sur les îlots du Yukon des rondins pour la mine. Il serait au camp avant six heures ; un peu après la tombée de la nuit, peut-être, mais les gars seraient là autour d'un feu et un bon souper chaud l'attendrait. Quant au déjeuner, il posa la main sur le renflement qui bombait son blouson : il était sous sa chemise, enveloppé dans un mouchoir à même la peau. C'était le seul moyen d'empêcher les biscuits de geler. Il se sourit à lui-même, satisfait en songeant à ces biscuits ouverts en deux et trempés dans la graisse de porc. Chacun contenait une généreuse tranche de lard frit.

L'homme s'engouffra sous les grands sapins. La piste était à peine visible.

---

6. **Henderson Creek, Indian Creek :** creek désigne un *ruisseau*, un *petit cours d'eau*, un *affluent* en américain.

7. **roundabout :** *détourné, indirect ;* **we came by a roundabout way :** *nous avons pris un chemin détourné ;* **roundabout phrase :** *circonlocution.*

8. **would :** toute cette série de **would** témoigne de l'aveuglement du personnage, qui prend ses désirs pour des réalités (**would** = **will** + **ed** : pose une équivalence logique entre le sujet et le prédicat et peut se gloser par *à coup sûr, cela ne faisait aucun doute*).

A foot[1] of snow had fallen since the last sled had passed over, and he was glad he was without a sled, traveling light[2]. In fact, he carried nothing but the lunch wrapped in the handkerchief. He was surprised, however, at the cold. It certainly was cold[3], he concluded, as he rubbed his numb nose and cheek-bones with his mittened hand. He was a warm-whiskered man, but the hair on his face did not protect the high cheek-bones and the eager nose that thrust itself aggressively into the frosty air.

At the man's heels trotted a dog, a big native husky[4], the proper wolf-dog, gray-coated and without any visible or temperamental difference from its brother, the wild wolf. The animal was depressed[5] by the tremendous cold. It knew that it was no time for traveling. Its instinct told it a truer tale than was told to the man by the man's judgement. In reality, it was not merely colder than fifty below zero; it was colder than sixty below, than seventy below. It was seventy-five below zero[6]. Since the freezing point is thirty-two above zero, it meant that one hundred and seven degrees of frost obtained. The dog did not know anything about thermometers. Possibly in its brain there was no sharp consciousness of a condition of very cold such as was in the man's brain. But the brute[7] had its instinct. It experienced a vague but menacing apprehension that subdued it and made it slink along at the man's heels, and that made it question eagerly every unwonted movement of the man as if expecting him to go into camp or to seek shelter somewhere and build a fire.

---

1. **a foot**: *un pied* = 30,48 cm.
2. **travel light**: *voyager avec très peu de bagages.*
3. **It certainly was cold**: tel un leitmotiv funeste, cette phrase est la seule que répète l'homme, comme si le niveau de sa prise de conscience s'arrêtait à ce truisme. Il est remarquable de constater que jamais il ne dépassera ce stade, comme si sa pensée elle-même était arrêtée, ce qui provoquera sa perte.
4. **husky** ['hʌskɪ]: *chien de traîneau, chien d'Esquimau* (étym. probable: **husky** serait une déformation de **Eskimo**).

Un pied de neige était tombé depuis le passage du dernier traîneau : il était content de ne pas avoir de traîneau et de voyager sans rien. À vrai dire, il n'avait sur lui que son déjeuner enveloppé dans un mouchoir. Ce froid, cependant, le surprenait. Pour sûr qu'il faisait froid, en conclut-il en se frottant de sa main gantée les pommettes et le nez engourdis. C'était un homme aux favoris bien fournis mais les poils de son visage ne protégeaient ni ses pommettes saillantes ni son nez proéminent qui fendait l'air glacé comme un cap.

Sur les talons de l'homme trottait un chien, un grand husky du pays, un vrai chien loup à la robe grise. Ni par son aspect ni par sa nature, il ne semblait différer de son frère le loup sauvage. L'animal était abattu par ce froid terrible. Il savait que ce n'était pas un temps pour voyager. Il pouvait se fier à son instinct plus sûrement que l'homme ne pouvait compter sur sa raison. En réalité, il ne faisait pas simplement moins de cinquante au-dessous de zéro, il faisait moins de soixante, moins de soixante-dix. Il faisait moins soixante-quinze, et comme le point de congélation est trente-deux, cela voulait dire cent sept degrés de gel effectif. Le chien ignorait tout des thermomètres. Son cerveau ne se représentait sans doute pas aussi clairement que l'homme ce qu'était une situation de froid intense. Mais la bête avait son instinct. En proie à une appréhension vague et menaçante, la bête se glissait, soumise, sur les talons de l'homme en épiant fiévreusement tous ses gestes inhabituels, comme si elle s'attendait à tout moment à le voir s'arrêter dans un campement ou chercher un refuge quelque part pour faire du feu.

---

5. **The animal was depressed...by the man's judgment :** l'opposition est claire ; l'animal est capable d'anticiper, et son instinct lui dicte des pensées et des sentiments supérieurs à ceux de l'homme trop sûr de lui.

6. **75º F below zero :** *env. moins 60º C.*

7. **the brute :** *la bête ;* l'ironie est que l'animal, malgré (ou grâce à) sa nature primitive est plus "intelligent" que l'homme face aux conditions climatiques du Grand Nord.

The dog had learned fire, and it wanted fire, or else to burrow[1] under the snow and cuddle[2] its warmth away from the air.

The frozen moisture of its breathing had settled on its fur in a fine powder of frost, and especially were its jowls[3], muzzle, and eyelashes whitened by its crystalled breath. The man's red beard and mustache were likewise frosted, but more solidly, the deposit taking the form of ice and increasing with every warm, moist breath he exhaled. Also, the man was chewing tobacco, and the muzzle of ice held his lips so rigidly that he was unable to clear his chin when he expelled the juice. The result was that a crystal beard of the color and solidity of amber was increasing its length on his chin. If he fell down it would shatter[4] itself, like glass, into brittle[5] fragments. But he did not mind the appendage[6]. It was the penalty all tobacco-chewers paid in that country, and he had been out before in two cold snaps[7]. They had not been so cold as this, he knew, but by the spirit[8] thermometer at Sixty Mile he knew they had been registered at fifty below and at fifty-five[9].

He held on through the level[10] stretch of woods for several miles, crossed a wide flat of nigger-heads, and dropped down a bank to the frozen bed of a small stream. This was Henderson Creek, and he knew[11] he was ten miles from the forks. He looked at his watch. It was ten o'clock. He was making four miles an hour, and he calculated that he would arrive at the forks at half-past twelve.

---

1. **burrow**: *creuser* (la terre, un terrier); (fig.) **burrow into the past**: *fouiller dans son passé*.

2. **cuddle (down)**: *se pelotonner*.

3. **jowl** [dʒaʊl]: *mâchoire, bajoue*.

4. **shatter**: *voler en éclats, se fracasser*.

5. **brittle**: *cassant, fragile, friable*; **as brittle as glass**: *fragile comme le cristal*.

6. **appendage** [ə'pendɪdʒ]: *appendice*.

7. **a cold snap**: *une brève vague de froid, un coup de froid*.
En utilisant ce terme, l'homme atténue la réalité, car dans le Grand Nord le froid ne se résume pas à un simple coup de froid (cf. les

Le chien avait appris ce qu'était le feu, et du feu il en voulait, ou alors il fallait s'enfouir sous la neige et se recroqueviller sur sa propre chaleur, à l'abri de l'air froid.

L'humidité gelée de son haleine avait poudré son poil de givre, et c'étaient surtout ses bajoues, son museau et ses cils qui étaient blanchis par les cristaux de vapeur d'eau. La barbe et la moustache rousses de l'homme étaient givrées de la même façon, mais le dépôt plus compact se durcissait et s'épaississait à chaque exhalaison d'humidité tiède. De plus, l'homme chiquait et la barre de glace formait un tel étau sur ses lèvres qu'il ne pouvait s'essuyer le menton quand il recrachait le jus. Ainsi s'allongeait sous son menton une barbe de cristal qui avait la couleur et la consistance de l'ambre. Si l'homme était tombé, elle se fût brisée en mille morceaux comme du verre. Mais il se souciait peu de cet appendice. C'était le prix à payer par les chiqueurs dans ce pays et il avait déjà fait deux sorties par temps froid. Il savait qu'il n'avait pas fait aussi froid que maintenant, mais le thermomètre à alcool de Sixty-Mile leur avait alors indiqué jusqu'à cinquante et cinquante-cinq au-dessous de zéro.

Il poursuivit son chemin sur plusieurs milles à travers une étendue de bois uniformément plate, traversa un grand marécage parsemé d'arbustes noirs, et descendit la pente d'une berge jusqu'au lit d'un petit cours d'eau gelé. C'était l'Henderson Creek et il sut qu'il était à dix milles de la fourche. Il regarda sa montre. Il était dix heures. Sachant qu'il marchait à une allure de quatre milles à l'heure, il en conclut qu'il serait arrivé pour midi et demi à la fourche.

---

températures glaciales qu'il mentionne plus loin).

8. **spirit** : *alcool ;* **preserved in spirit(s)** : *conservé dans l'alcool :* **spirits** : *spiritueux ;* **raw spirits** : *alcool pur.*

9. **—50º F.** = *env. —45º C. ;* **—55º F.** = *env. —50º C.*

10. **level** : *plat, plan, uni ;* **level ground** : *terrain plat ;* **a level spoonful** : *une cuillerée rase.*

11. **he knew** : la répétition de **he knew** est une manière de faire ressortir que l'homme a une confiance immodérée et injustifiée dans son expérience. Son absence de doute le mènera à sa perte.

He decided to celebrate that event by eating his lunch there.

The dog dropped in again at his heels, with a tail drooping discouragement, as the man swung along the creek-bed. The furrow of the old sled-trail was plainly visible, but a dozen inches of snow covered the marks of the last runners. In a month no man had come up or down that silent creek. The man held steadily on. He was not much given[1] to thinking[2], and just then particularly he had nothing to think about save that he would eat lunch at the forks and that at six o'clock he would be in camp with the boys. There was nobody to talk to; and, had there been, speech would have been impossible because of the ice-muzzle on his mouth. So he continued monotonously to chew tobacco and to increase the length of his amber beard.

Once in a while[3] the thought reiterated itself that it was very cold and that he had never experienced such cold. As he walked along he rubbed his cheek-bones and nose with the back of his mittened hand. He did this automatically, now and again[4] changing hands. But rub as[5] he would, the instant he stopped his cheek-bones went numb[6], and the following instant the end of his nose went numb. He was sure to frost his cheeks; he knew that, and experienced a pang[7] of regret that he had not devised a nose-strap of the sort Bud wore in cold snaps. Such a strap passed across the cheeks, as well, and saved them.

---

1. **given**: *enclin à;* **I am not given to doing that**: *je n'ai pas l'habitude de faire cela.*

2. **thinking**: régulièrement cette caractéristique de l'homme nous est rappelée; il n'a pas d'imagination et il ne pense pas.

3. **once in a while**: *une fois de temps en temps; une fois en passant.*

4. **now and again**: *de loin en loin; par moments.*

5. **as**: concessif; **big as the box is, it won't hold hold them all**: *si grande que soit la boîte, elle ne pourra pas les contenir tous;* **try as he would, he couldn't do it**: *il a eu beau essayer, il n'y est pas arrivé;* **be that as it may**: *quoi qu'il en soit.*

Il décida que pour fêter l'événement, il prendrait son déjeuner là-bas.

Le chien se rapprocha de nouveau de ses talons, la queue basse en signe de découragement, tandis que l'homme suivait le cours de la rivière de sa marche légèrement balancée. Le sillon de la vieille piste des traîneaux était bien visible, mais une douzaine de pouces de neige avait recouvert les dernières traces de pas humains. En un mois pas âme qui vive n'avait descendu ou remonté ce cours d'eau silencieux. L'homme continua d'un pas régulier. Il n'était pas porté à réfléchir et à ce moment précis il n'avait qu'une idée en tête : prendre son déjeuner à la fourche et arriver au campement à six heures pour retrouver les gars. Il n'avait personne à qui parler, et quand bien même il l'eût désiré la muselière de glace qui lui couvrait la bouche l'en eût empêché. Aussi continua-t-il inlassablement à chiquer et à allonger ainsi sa barbe d'ambre.

De temps en temps, resurgissait l'idée qu'il faisait très froid et qu'il n'avait jamais connu un froid pareil. Tout en marchant il se frottait les pommettes et le nez du revers de sa main gantée. Il faisait ce geste machinalement, tantôt d'une main, tantôt de l'autre. Mais il avait beau frotter, dès qu'il arrêtait ses pommettes s'engourdissaient et aussitôt après c'était au tour de son nez de s'engourdir. Il allait sûrement avoir les joues gelées, il le savait, et il ressentit un pincement de regret à l'idée qu'il aurait pu se fabriquer un masque comme celui que portait Bud par temps froid. Les courroies de ce masque passaient sur les joues et les protégeaient aussi.

---

6. **numb** [nʌm] : *gourd, paralysé;* **hands numb with cold** : *mains engourdies de froid;* **my fingers have gone numb** : *mes doigts se sont engourdis;* **numb with fright** : *transi de peur.*

7. **pang** : *serrement, pincement;* **pang of conscience** : *remords de conscience;* **pang of jealousy/remorse** : *affres de la jalousie/du remords.*

But it didn't matter much, after all. What were frosted cheeks? A bit painful, that was all; they were never serious.

Empty[1] as the man's mind was of thoughts, he was keenly observant, and he noticed the changes in the creek, the curves and bends and timber-jams, and always he sharply noted where he placed his feet. Once, coming around a bend, he shied[2] abruptly, like a startled horse, curved away from the place where he had been walking, and retreated[3] several paces back along the trail. The creek he knew was frozen clear to the bottom —no creek could contain water in that arctic winter— but he knew also that there were springs that bubbled out from the hillsides and ran along under the snow and on top the ice of the creek. He knew that the coldest snaps never froze these springs, and he knew likewise their danger. They were traps. They hid pools[4] of water under the snow that might be three inches deep, or three feet. Sometimes a skin[5] of ice half an inch thick covered them, and in turn was covered by the snow. Sometimes there were alternate[6] layers of water and ice-skin, so that when one broke through[7] he kept on[8] breaking through for a while, sometimes wetting himself to the waist[9].

That was why he had shied in such panic. He had felt the give under his feet and heard the crackle of a snow-hidden ice-skin.

---

1. **empty** : ainsi placé en tête de phrase et de paragraphe, l'adjectif prend une résonance sinistre. L'homme a vraiment la tête vide, il ne pense pas.

2. **shy (at)** : *broncher* (comme un cheval *devant* un obstacle).

3. **retreat** : *battre en retraite, se retirer, reculer.*

4. **pool** : *flaque, mare, plan d'eau.*

5. **skin** : *peau, pelure, mince pellicule.*

6. **alternate** ['ɔːltɜːnət] : *en alternance;* **a week of alternate rain and sunshine** : *une semaine de pluie et de beau temps en alternance;* **on alternate days** : *tous les deux jours, un jour sur deux.*

Mais au fond, quelle importance ? Qu'est-ce que c'était que des joues gelées ? C'était un peu douloureux, sans plus, mais ce n'était jamais bien grave.

Bien que l'homme eût l'esprit vide, c'était un fin observateur et il notait les changements du cours d'eau, les crochets et les courbes, ainsi que les amas de bois. Il était toujours très attentif à l'endroit où il plaçait les pieds. Soudain, au détour d'un virage, il fit un écart comme un cheval effarouché. Il contourna l'endroit où il venait de marcher et fit plusieurs pas en arrière le long de la piste. Il savait bien que le cours d'eau était entièrement gelé jusqu'au fond — car aucun cours d'eau ne saurait conserver une goutte liquide dans l'hiver arctique —, mais il savait aussi que des sources souterraines jaillissaient, en bouillonnant, au flanc des collines, couraient sous la neige et ressortaient sur la glace du cours d'eau. Il savait que même par les plus grands froids ces sources ne gelaient pas, et il en connaissait également le danger. Elles constituaient de véritables chausse-trapes. Elles dissimulaient sous la neige des mares d'eau qui pouvaient atteindre entre trois pouces et trois pieds de profondeur. Parfois une pellicule de glace d'un demi-pouce les recouvrait et le tout était enfoui sous la neige. Il arrivait parfois que des couches d'eau et des nappes de glace se superposent, de sorte que si la première épaisseur venait à se briser, celui qui tombait dedans s'enfonçait de couche en couche, jusqu'à se mouiller parfois jusqu'à mi-corps.

Voilà pourquoi il avait battu en retraite avec un tel effroi. Il avait senti la glace se dérober sous ses pas et entendu le craquement d'une nappe de glace enfouie sous la neige.

---

7. **break (broke, broken) through**: *enfoncer, percer.*
8. **keep (kept, kept) on** + **-ing**: *continuer, ne pas cesser;* **keep on reading**: *continuer à lire.*
9. **waist** [weɪst]: *taille;* **they were stripped to the waist**: *ils étaient torse nu;* **he was up to the/his waist in water**: *il avait de l'eau jusqu'à mi-corps.*

And to get his feet wet in such a temperature meant trouble and danger. At the very least[1] it meant delay, for he would be forced to stop and build a fire, and under its protection to bare[2] his feet while he dried his socks and moccasins. He stood and studied the creek-bed and its banks, and decided that the flow of water came from the right. He reflected a while, rubbing his nose and cheeks, then skirted[3] to the left, stepping gingerly[4] and testing the footing for each step. Once clear of the danger, he took a fresh chew of tobacco and swung along at his four-mile gait[5].

In the course of the next two hours he came upon[6] several similar traps. Usually the snow above the hidden pools had a sunken[7], candied appearance that advertised the danger. Once again, however, he had a close call[8]; and once, suspecting danger, he compelled[9] the dog to go in front. The dog did not want to go. It hung back until the man shoved it forward, and then it went quickly across the white, unbroken surface. Suddenly it broke through, floundered to one side, and got away to firmer footing. It had wet its fore-feet and legs, and almost immediately the water that clung[10] to it turned to ice. It made quick efforts to lick the ice off its legs, then dropped down in the snow and began to bite out the ice that formed between the toes. This was a matter of instinct. To permit the ice to remain would mean sore feet.

---

1. **at least** : *du moins, au moins ;* **at the very least** : *au minimum.*

2. **bare** [beə] : *mettre à nu, découvrir ;* **bare one's teeth** : *montrer les dents ;* **bare one's head** : *se découvrir la tête.*

3. **skirt (round)** : *contourner, longer, éviter ;* **the road skirts round the forest** : *la route longe* (ou *contourne*) *la forêt.*

4. **gingerly** : *avec précaution ;* **walk gingerly** : *avancer doucement ;* (fig.) **tread gingerly** : *y aller doucement (prendre des gants).*

5. **gait** [geɪt] : *démarche ;* **with an awkward gait** : *d'un pas gauche.*

6. **come (came, come) upon** : *tomber sur, trouver par hasard.*

7. **sunken** ['sʌŋkən] : *submergé* (rocher); *creux* (joues, yeux).

8. **have a close call/shave** (fam.) : *l'échapper belle, de justesse ;* **that was a close call!** : *il était moins une !*

Or, se mouiller les pieds par une telle température c'était s'exposer à de graves désagréments. Tout au moins cela le mettrait en retard car il serait forcé de s'arrêter pour faire un feu, et de se déchausser pour faire sécher, devant sa flamme, chaussettes et mocassins. Avant de repartir, il étudia le lit de la rivière ainsi que ses berges et en conclut que l'eau arrivait de la droite. Il réfléchit un instant en se frottant le nez et les joues, puis il reprit sa route en appuyant vers la gauche. Il marchait avec précaution en s'assurant à chaque pas de son assise. Une fois éloigné du danger, il prit une chique de tabac et repartit d'un bon pas, à son allure de quatre milles à l'heure.

Au cours des deux heures qui suivirent, il rencontra plusieurs de ces pièges. D'habitude la neige qui recouvrait ces mares invisibles était affaissée et avait une apparence cristalline qui l'avertissait. Cependant une fois encore, il frôla le danger ; et une autre fois, flairant le traquenard il obligea le chien à passer devant lui. Mais le chien ne voulait pas. Il restait en arrière jusqu'à ce que l'homme le bouscule pour le faire avancer ; alors il traversa très vite la surface blanche et lisse. Soudain la croûte se brisa sous ses pas, et il s'enfonça dans l'eau avant de reprendre appui sur la terre ferme. Il s'était mouillé les pattes avant et les jarrets ; presque aussitôt, l'eau s'était changée en glace. Il essaya tout de suite de se débarrasser de la glace en se léchant, puis il s'allongea sur la neige et se mit à arracher les glaçons qui s'étaient formés entre ses griffes. C'était un réflexe instinctif. Car permettre à la glace de rester collée, cela voudrait dire avoir mal aux pattes.

---

9. **compel** : *contraindre, obliger ;* **be compelled to do** : *être forcé de faire.*
10. **cling (clung, clung)** : *coller, s'attacher ;* (fam.) **clinging-vine** : *pot-de-colle, personne collante.*

It did not know this, it merely[1] obeyed the mysterious prompting[2] that arose from the deep crypts of its being. But the man knew[3], having achieved a judgement on the subject, and he removed the mitten from his right hand and helped tear out the ice-particles. He did not expose his fingers more than a minute, and was astonished at the swift numbness that smote them. It certainly was cold. He pulled on the mitten hastily, and beat the hand savagely across his chest.

At twelve o'clock the day was at its brightest. Yet the sun was too far south on its winter journey to clear the horizon. The bulge of the earth intervened between it and Henderson Creek, where the man walked under clear sky at noon and cast no shadow. At half past twelve, to[4] the minute, he arrived at the forks of the creek. He was pleased at the speed he had made. If he kept it up, he would certainly be with the boys by six. He unbuttoned his jacket and shirt and drew forth his lunch. The action consumed no more than a quarter of a minute, yet in that brief moment the numbness laid hold of the exposed fingers. He did not put the mitten on, but, instead struck the fingers a dozen smashes against his leg. Then he sat down on a snow-covered log to eat. The sting[5] that followed upon the striking of his fingers against his leg ceased so quickly that he was startled. He had had no chance to take a bite of biscuit.

---

1. **merely** [mɪəlɪ] : *purement, simplement, seulement ;* **he merely nodded :** *il se contenta de faire un signe de la tête.*

2. **prompt :** *pousser, inciter ;* (théâtre) *souffler ;* **prompting :** *incitation ;* **he did it without any prompting :** *il l'a fait de son propre chef.*

3. **it did not know this...but the man knew :** une fois encore l'opposition entre *savoir* et *instinct* est mise en acte. Une fois encore est valorisée l'action instinctive de la bête par rapport au jugement (limité) de l'homme. Le mot **crypts** évoque des profondeurs cachées donc des ressources potentielles, alors que tous les termes s'appliquant à l'homme indiquent plutôt la superficialité et la courte vue (cf.

La bête n'en savait rien, mais elle obéissait à ce qui lui était mystérieusement dicté du plus profond de son être. L'homme, lui, le savait, car il avait eu le temps de se forger une idée sur la question, et il enleva sa moufle de la main droite pour l'aider à arracher les particules de glace. Il n'avait pas exposé ses doigts à l'air libre depuis plus d'une minute, qu'à sa grande stupéfaction, ils furent rapidement frappés d'engourdissement. Pour sûr qu'il faisait froid. Il remit sa moufle en toute hâte et se frappa sauvagement la main contre la poitrine.

À midi, la clarté atteignit son apogée. Le soleil, cependant, était trop loin au sud sur son trajet hivernal pour pointer à l'horizon. La rotondité de la terre s'interposait entre lui et Henderson Creek, où l'homme marchait sous un ciel clair en plein midi, sans projeter aucune ombre. À midi et demi juste, l'homme arriva à la fourche de la rivière. Il était satisfait de la vitesse à laquelle il avait marché. S'il la maintenait, il aurait certainement rejoint les gars avant six heures. Il déboutonna sa veste et sa chemise pour sortir son déjeuner. Il ne lui avait pas fallu plus d'un quart de minute pour accomplir ce geste, mais ce court laps de temps avait suffi pour que l'engourdissement s'emparât de ses doigts exposés à l'air. Sans remettre sa moufle, il frappa ses doigts contre sa jambe une douzaine de fois. Puis il s'assit sur un rondin couvert de neige pour manger. Le picotement qu'il avait ressenti juste après s'être frappé les doigts sur la jambe s'arrêta si vite qu'il s'en étonna. Il n'avait pas encore réussi à goûter au biscuit.

---

astonished, et la répétition de **it certainly was cold**, sans jamais en tirer aucune déduction pratique).

4. **to the minute :** *à la minute près ;* **they perished to a man :** *pas un seul n'a survécu ;* **nine years ago to the day :** *il y a neuf ans jour pour jour.*

5. **sting :** *piqûre, douleur cuisante ;* **I felt the sting of the rain on my face :** *la pluie me cinglait le visage.*

He struck the fingers repeatedly and returned them to the mitten, baring the other hand for the purpose of eating. He tried to make a mouthful, but the ice-muzzle prevented. He had forgotten to build a fire and thaw out[1]. He chuckled[2] at his foolishness, and as he chuckled he noted the numbness creeping into the exposed fingers. Also, he noted that the stinging which had first come to his toes when he sat down was already passing away. He wondered whether the toes were warm or numb. He moved them inside the moccasins and decided that they were numb.

He pulled the mitten on hurriedly and stood up. He was a bit frightened. He stamped up and down until the stinging returned into the feet. It certainly was cold, was his thought. That man from Sulphur Creek[3] had spoken the truth when telling how cold it sometimes got in the country. And he had laughed at him at the time! That showed one must not be too sure of things. There was no mistake about it, it *was* cold. He strode[4] up and down, stamping[5] his feet and threshing his arms, until reassured by the returning warmth. Then he got out matches and proceeded to make a fire. From the undergrowth, where high water of the previous spring had lodged a supply of seasoned[6] twigs, he got his firewood. Working carefully from a small beginning, he soon had a roaring[7] fire, over which he thawed the ice from his face and in the protection of which he ate his biscuits.

---

1. **thaw (out)** [θɔː] : *faire dégeler, faire fondre, décongeler.*

2. **chuckle (over, at)** : *glousser, rire (de).*

3. **that man from Sulphur Creek** : le vieux de Sulphur Creek sert de point de référence. Selon sa disposition d'esprit du moment, l'homme lui donne tort ou raison. Ici, l'on pourrait croire que sa belle assurance s'effrite, mais ce n'est que momentané. En suivant ce que l'homme dit du vieux de Sulphur Creek il est possible de tracer une courbe de son optimisme, qui varie d'ailleurs en fonction de sa perception du froid extérieur.

4. **stride (strode, stridden)** : *marcher à grands pas;* **he was striding up and down the room** : *il arpentait la pièce.*

Il se frappa les doigts à plusieurs reprises puis remit sa moufle, découvrant l'autre main afin de pouvoir manger. Il essaya de mordre dans le casse-croûte, mais sa muselière de glace l'en empêcha. Il avait oublié de faire un feu pour fondre la glace. Il ricana de sa propre sottise et tout en ricanant il remarqua que ses doigts exposés à l'air s'engourdissaient. De plus, il s'aperçut que le picotement qu'il avait senti dans les orteils en s'asseyant s'estompait déjà. Il se demanda si ses orteils étaient réchauffés ou au contraire engourdis. Après les avoir remués dans ses mocassins, il en conclut qu'ils étaient gourds.

 Il remit sa moufle en toute hâte et se releva. Il était un peu effrayé. Il battit la semelle jusqu'à éprouver de nouveau une sensation de picotement dans les pieds. Pour sûr qu'il faisait froid, pensa-t-il. L'homme de Sulphur Creek n'avait pas menti en lui disant combien il pouvait faire froid dans ce pays. Et dire qu'à l'époque il s'était moqué de lui ! Cela prouvait bien qu'il ne faut jamais être trop sûr de rien. Il n'y avait pas d'erreur possible : il faisait vraiment très froid. Il marcha de long en large en tapant du pied et en se battant les bras jusqu'à être rassuré par la sensation de chaleur qui revenait. Puis il sortit des allumettes et entreprit de faire un feu. Il trouva de la broussaille dans le sous-bois où les crues du printemps précédent avaient rejeté quantité de brindilles séchées. À partir d'une petite flamme, il obtint, à force de patience, une belle flambée au-dessus de laquelle il fit fondre la glace qui lui couvrait le visage, et, protégé par les flammes, il mangea ses biscuits.

---

 5. **stamp one's foot** : *taper du pied ;* **stamp one's feet** : *trépigner* (de rage) ou *battre la semelle* (pour se réchauffer).

 6. **seasoned** : *séché, desséché ;* (fig.) *expérimenté ;* **a seasoned actor** : *un comédien chevronné.*

 7. **roaring** : *vrombissant, ronflant ;* **the roaring forties** : *les quarantièmes rugissants ;* (fig.) **a roaring success** : *un succès fou.*

For the moment the cold of space[1] was outwitted[2]. The dog took satisfaction in the fire, stretching out close enough for warmth and far enough away to escape being singed.

When the man had finished, he filled his pipe and took his comfortable time over a smoke. Then he pulled on his mittens, settled the earflaps of his cap firmly about his ears, and took the creek trail up the left fork. The dog was disappointed and yearned[3] back toward the fire. This man did not know cold. Possibly all the generations of his ancestry had been ignorant of cold, of real cold, of cold one hundred and seven degrees below freezing point. But the dog knew; all its ancestry knew, and it had inherited the knowledge[4]. And it knew that it was not good to walk abroad in such fearful cold. It was the time to lie snug[5] in a hole in the snow and wait for a curtain of cloud to be drawn across the face of outer space whence[6] this cold came. On the other hand, there was no keen intimacy between the dog and the man. The one was the toil-slave of the other, and the only caresses it had ever received were the caresses of the whiplash and of harsh and menacing throat-sounds that threatened the whiplash. So the dog made no effort to communicate[7] its apprehension to the man. It was not concerned in the welfare of the man; it was for its own sake that it yearned back toward the fire. But the man whistled, and spoke to it with the sound of whiplashes, and the dog swung in at the man's heel and followed after.

---

1. **the cold of space** : par cette expression utilisée seulement deux fois dans la nouvelle (cf. p. 226), le champ s'élargit à l'espace tout entier, ce qui a pour effet de rendre les moindres gestes de l'homme minutieusement décrits encore plus minuscules face à l'immensité.

2. **outwit** : *se montrer plus malin que.* Le terme met en relief l'erreur manifeste d'évaluation que l'homme commet pratiquement à chaque pas.

3. **yearn (for, after)** : *aspirer (à), languir (après).*

4. **it had inherited the knowledge** : la vision est agrandie à l'espèce tout entière. Faut-il voir là une allusion à la théorie darwinienne de

Pour l'instant il avait conjuré le froid sidéral. Le chien trouva du réconfort devant le feu, s'allongeant juste assez près pour se réchauffer et assez loin pour ne pas se roussir le poil.

Lorsqu'il eut fini, l'homme bourra sa pipe et, sans se presser, en savoura les bouffées. Puis il renfila ses gants, ajusta les rabats de son bonnet sur ses oreilles et reprit la piste en suivant la branche gauche de la fourche formée par le cours d'eau. Le chien était déçu et il n'aspirait qu'à une chose : retourner auprès de la flamme. Cet homme ne connaissait vraiment rien au froid. Sans doute aucun de ses ancêtres pendant des générations et des générations n'avait-il connu le froid, le vrai froid, le froid à cent sept degrés au-dessous du point de congélation. Mais le chien, lui, connaissait le froid ; tous ses ancêtres aussi et il avait hérité de cette connaissance. Il savait que cela ne vaut rien de s'aventurer dehors par un froid si redoutable. C'est le moment de se blottir dans un trou de neige et d'attendre qu'un rideau de nuages vienne barrer l'horizon lointain d'où ce froid a surgi. Mais, d'autre part, il n'y avait aucune complicité entre l'homme et le chien. L'un était l'esclave de l'autre, et les seules caresses qu'il ait jamais reçues étaient celles du fouet et de ces bruits de gorge rauques et menaçants qui annonçaient les coups. Aussi le chien ne tenta-t-il pas de faire partager son appréhension à l'homme. Le bien-être de l'homme lui importait peu ; c'était pour lui-même qu'il aspirait à retourner auprès de la flamme. Mais alors l'homme siffla, lui parla d'une voix coupante ; le chien reprit sa place sur ses talons et le suivit.

---

l'évolution et de la persistance du plus apte (**the survival of the fittest**) ?

5. **snug** : *confortable, douillet ;* **as snug as a bug in a rug** : *être bien au chaud, douillettement installé.*

6. **whence** : (lit.) *d'où* (= **from where**).

7. **no effort to communicate...** : les rôles sont inversés ; malgré l'attitude brutale et méprisante de l'homme, ce n'est pas lui qui détient le pouvoir sur la bête. Le chien a le pouvoir de ne rien exprimer et d'abandonner ainsi l'homme à son sentiment de supériorité illusoire.

The man took a chew of tobacco and proceeded to start a new amber beard. Also, his moist[1] breath quickly powdered with white his mustache, eyebrows, and lashes. There did not seem to be so many springs on the left fork of the Henderson, and for half an hour the man saw no signs of any. And then it happened. At a place where there were no signs, where the soft, unbroken snow seemed to advertise solidity beneath, the man broke through. It was not deep. He wet himself halfway to the knees before he floundered out to the firm crust.

He was angry, and cursed[2] his luck aloud. He had hoped to get into camp with the boys at six o'clock, and this would delay him an hour[3], for he would have to build a fire and dry out his foot-gear[4]. This was imperative at that low temperature —he knew that much; and he turned aside to the bank, which he climbed. On top, tangled[5] in the underbrush about the trunks of several small spruce trees, was a high-water[6] deposit of dry firewood —sticks and twigs, principally, but also larger portions of seasoned branches and fine, dry, last-year's grasses. He threw down several large pieces on top of the snow. This served for a foundation and prevented the young flame from drowning[7] itself in the snow it otherwise would melt[8]. The flame he got by touching a match to a small shred[9] of birch[10] bark that he took from his pocket. This burned even more readily[11] than paper.

---

1. **moist** [mɔɪst] : *humide ;* **eyes moist with tears** : *yeux mouillés de larmes.*
2. **curse** : *maudire.*
3. **this would delay him an hour** : cette pensée attribuée à l'homme témoigne de son inconscience ; jamais il n'envisage le pire et il planifie son horaire comme s'il s'agissait d'une simple partie de campagne.
4. **gear** [gɪə] : *matériel, équipement, affaires ;* **the kitchen gear is in the cupboard** : *les ustensiles de cuisine sont dans le placard.*
5. **tangled** : *enchevêtré, emmêlé, entortillé.*
6. **high-water** : *hautes eaux* ou *marée haute ;* **high-water mark** : *ligne des hautes eaux.*

L'homme reprit une chique et la barbe d'ambre recommença à se former. Et non moins vite l'humidité de son haleine avait saupoudré de givre ses moustaches, ses sourcils et ses cils. Les sources semblaient moins nombreuses sur la fourche gauche de l'Henderson Creek, et pendant une demi-heure, l'homme n'en aperçut aucun indice. Puis ce fut l'accident. À un endroit qui ne décelait aucun indice visible, où la neige poudreuse et uniforme semblait garantir la solidité de son soubassement, l'homme s'enfonça. Le trou n'était pas profond. Il se mouilla jusqu'à mi-mollet avant de reprendre appui sur le sol ferme.

Il était furieux et se mit à pester contre son mauvais sort. Il avait espéré rejoindre les gars au campement à six heures et voilà qui allait le mettre une heure en retard, parce qu'il lui faudrait faire un feu pour sécher ses mocassins. C'était une nécessité impérieuse par une température aussi basse, il ne le savait que trop. Il se retourna donc vers la berge qu'il gravit. À son sommet, il trouva, mêlé à de la broussaille qui entourait les troncs de plusieurs sapins, un amas de bois sec déposé par les crues, surtout des branchages et des brindilles, mais aussi des morceaux plus importants de branches desséchées ainsi que des herbes fines et sèches de l'année passée. Il jeta plusieurs grosses bûches sur la neige. Elles servaient de socle et empêchaient la jeune flamme de s'enfoncer dans la neige que sinon elle ferait fondre. Il obtint du feu en frottant une allumette contre un petit morceau d'écorce de bouleau qu'il sortit de sa poche. L'écorce brûlait encore plus vite que le papier.

---

7. **drown** [draun] : *se noyer, être noyé.*
8. **melt** : (faire) *fondre ;* **melted butter** : *beurre fondu.*
9. **shred** : *lambeau, parcelle ;* (fig.) **not a shred of evidence** : *pas la plus petite preuve ;* **her dress hung in shreds** : *sa robe était en lambeaux.*
10. **birch (tree)** : *bouleau.*
11. **readily** ['redılı] : *volontiers, de bon cœur, aisément.*

Placing it on the foundation, he fed the young flame with wisps[1] of dry grass and with the tiniest[2] dry twigs.

He worked slowly and carefully, keenly aware of his danger. Gradually, as the flame grew stronger, he increased the size of the twigs with which he fed it. He squatted[3] in the snow, pulling the twigs out from their entanglement in the brush and feeding directly to the flame. He knew there must[4] be no failure. When it is seventy-five below zero, a man must not fail in his first attempt to build a fire —that is, if his feet are wet. If his feet are dry, and he fails, he can run along the trail for half a mile and restore his circulation. But the circulation of wet and freezing feet cannot be restored by running when it is seventy-five below. No matter how fast he runs, the wet feet will freeze the harder.

All this the man knew[5]. The old-timer on Sulphur Creek had told him about it the previous fall, and now he was appreciating the advice. Already all sensation had gone out of his feet. To build the fire he had been forced to remove his mittens, and the fingers had quickly gone numb. His pace[6] of four miles an hour had kept his heart pumping blood[7] to the surface of his body and to all the extremities. But the instant he stopped, the action of the pump eased down. The cold of space smote the unprotected tip of the planet, and he, being on that unprotected tip[8], received the full force of the blow.

---

1. **wisp**: *brin, fine mèche* (de cheveux), *petit bout* (de fil); (fig.) **a little wisp of a girl**: *une fillette menue*.

2. **tiny** ['taɪnɪ]: *minuscule*.

3. **squat** [skwɒt]: *s'accroupir, s'asseoir sur ses talons*.

4. **there must be no failure**: l'homme ressent la nécessité impérative d'allumer un feu. Cette obligation de réussir est renforcée par la phrase suivante, énoncée au présent de vérité générale, comme si l'homme se raccrochait à des notions toutes faites.

5. **all this the man knew**: cette façon d'insister sur ce que l'homme sait est une manière de souligner en creux ce qu'il ignore, et surtout ce qu'il n'anticipe pas.

En la posant sur le socle il nourrit la jeune flamme à l'aide des touffes d'herbe sèche et de minuscules brindilles desséchées.

L'homme procédait méthodiquement et sans hâte, bien conscient du danger qu'il courait. Petit à petit comme la flamme s'enhardissait, il prit des brindilles plus grosses pour la nourrir. Accroupi dans la neige, il extirpait les brindilles enchevêtrées dans les broussailles, et les présentait directement à la flamme. Il savait qu'aucune erreur ne lui était permise. Par soixante-quinze au-dessous de zéro, il importe de ne pas commettre d'erreur ; il faut réussir son feu du premier coup... surtout si l'on a les pieds mouillés. Si l'on a les pieds secs et que l'on échoue, on peut toujours courir le long de la piste sur un demi-mille et faire revenir la circulation. Mais en courant par soixante-quinze degrés au-dessous de zéro, on ne peut pas faire revenir la circulation dans des pieds mouillés et en train de geler. Car même si l'on court très vite, ils ne feront que geler davantage.

Tout cela, l'homme le savait. Le vieux de Sulphur Creek le lui avait bien dit l'automne précédent, et maintenant il commençait à comprendre la portée de ses conseils. Déjà il ne sentait plus ses pieds. Pour faire le feu, il avait été obligé de retirer ses moufles, et les doigts n'avaient pas tardé à s'engourdir. Son rythme de quatre milles à l'heure avait activé sa pompe cardiaque qui avait irrigué la surface de son corps jusqu'aux extrémités. Mais dès l'instant où il s'était arrêté, l'action de la pompe s'était ralentie. Le froid sidéral frappait la pointe exposée de la planète et comme il se trouvait sur cette pointe exposée, il était frappé de plein fouet.

---

6. **pace** : *pas, allure* ; **go at a quick pace** : *aller d'un bon pas.*

7. **pumping blood** : cette présentation du cœur comme une pompe donne une vision mécaniste du corps de l'homme, réduit à faire avancer sa machine.

8. **the cold of space...unprotected tip** : la victime du froid n'est pas seulement l'homme, mais tout ce pan de monde, qui subit le froid comme une véritable agression (**full force of the blow**).

The blood of his body recoiled[1] before it. The blood was alive[2], like the dog, and like the dog[3] it wanted to hide away and cover itself up from the fearful cold. So long as he walked four miles an hour, he pumped that blood, willy-nilly[4], to the surface; but now, it ebbed[5] away and sank down into the recesses of his body. The extremities were the first to feel its absence. His wet feet froze the faster, and his exposed fingers numbed the faster; though they had not yet begun to freeze. Nose and cheeks were already freezing, while the skin of all his body chilled[6] as it lost its blood.

But he was safe. Toes and nose and cheeks would be only touched by the frost, for the fire was beginning to burn with strength. He was feeding it with twigs the size of his finger. In another minute he would be able to feed it with branches the size of his wrist[7], and then he could remove his wet foot-gear and, while it dried, he could keep his naked feet warm by the fire, rubbing them at first, of course, with snow. The fire was a success. He was safe. He remembered the advice of the old-timer on Sulphur Creek, and smiled. The old-timer had been very serious in laying down the law that no man must travel alone in the Klondike after fifty below. Well, here he was; he had had the accident; he was alone; and he had saved himself. Those old-timers were rather womanish, some of them, he thought. All a man had to do was to keep his head; and he was all right.

---

1. **recoil**: *avoir un mouvement de recul.*
2. **the blood was alive**: tout se passe comme si le sang était doué d'une vie autonome, avec des réactions distinctes de celles de l'homme. Cela annonce déjà la fragmentation du corps qui va aller en s'accentuant.
3. **like the dog**: ce mouvement rhétorique de répétition dans un texte dénué de toute emphase attire notre attention sur l'opposition entre l'homme et l'animal; petit à petit l'homme se dissocie de son corps qui acquiert une vie autonome. La vie est incarnée en l'homme, mais l'homme n'habite plus son corps, donc n'est plus vraiment vivant.
4. **willy-nilly** [wɪlɪ'nɪlɪ]: *bon gré mal gré.*

Le sang qui coulait dans ses veines se figea. Le sang était vivant comme le chien, et, comme le chien, il voulait se mettre à l'abri de ce froid redoutable. Tant que l'homme avançait à quatre milles à l'heure, il poussait ce sang, tant bien que mal, vers la surface ; mais à présent le sang refluait et s'enfonçait dans les profondeurs de son corps. Les extrémités furent les premières à en ressentir l'absence. Ses pieds mouillés étaient les plus prompts à geler, et ses doigts exposés à l'air les plus prompts à s'engourdir ; pourtant ils n'avaient pas encore commencé à geler. Le nez et les joues gelaient déjà, tandis que toute la peau de son corps refroidissait à mesure que le sang se retirait.

Mais il était hors de danger. Les orteils, le nez et les joues ne seraient qu'effleurés par le froid car le feu commençait à prendre de la vigueur. L'homme le nourrissait de brindilles grosses comme son doigt. Dans une minute, il pourrait lui donner des branches grosses comme son poignet, et alors il pourrait enlever ses chaussures mouillées et en attendant qu'elles sèchent, il garderait les pieds nus bien au chaud près du feu, non sans les avoir d'abord frictionnés avec de la neige. Le feu prenait bien. L'homme était hors de danger. Il se rappela les conseils du vieux de Sulphur Creek avec un sourire. Le vieux avait déclaré avec beaucoup de sérieux que personne ne devait voyager seul dans le Klondike, par cinquante au-dessous de zéro. C'était une loi. Eh bien voilà : l'accident lui était arrivé. Il était tout seul et il s'était bien tiré d'affaire. Ces vieux, ou du moins certains d'entre eux, étaient tout de même des mauviettes. L'essentiel c'est de garder toute sa tête et alors tout va bien.

---

5. **ebb** : *refluer, descendre* (marée) ; **ebb and flow** : *monter et baisser* ; **ebb tide** : *marée descendante, reflux.*
6. **chill** : *rafraîchir, se refroidir* ; **chill somebody's blood** : *glacer le sang de qqun.*
7. **the size of his fingers...the size of his wrist** : l'homme n'a que lui-même comme point de comparaison ; il est dans ce grand espace blanc la mesure de toute chose.

Any man who was a man could travel alone[1]. But it was surprising the rapidity with which his cheeks and nose were freezing. And he had not thought[2] his fingers could go lifeless in so short a time. Lifeless they were, for he could scarcely make them move together to grip a twig, and they seemed remote[3] from his body and from him[4]. When he touched a twig, he had to look and see whether or not he had hold of it. The wires[5] were pretty well down between him and his finger-ends.

All of which counted for little. There was the fire, snapping and crackling and promising life with every dancing flame. He started to untie his moccasins. They were coated[6] with ice; the thick German socks were like sheaths[7] of iron halfway to the knees; and the moccasins strings were like rods[8] of steel all twisted and knotted as by some conflagration. For a moment he tugged with his numb fingers, then, realizing the folly of it, he drew his sheath-knife.

But before he could cut the strings, it[9] happened. It was his own fault or, rather, his mistake. He should not have built the fire under the spruce tree. He should have built it in the open. But it had been easier to pull the twigs from the bush and drop them directly on the fire. Now the tree under which he had done this carried a weight of snow on its boughs. No wind had blown for weeks, and each bough was fully freighted.

---

1. **any man...** : cette pensée rapportée est une pensée de l'homme qui se rassure par des aphorismes creux.

2. **not thought (that) his fingers...** : c'est précisément ce qui le caractérise, l'absence d'idée.

3. **remote** : *lointain, éloigné* ; **in the remote past** : *dans le passé lointain.*

4. **from his body and from him** : il y a déjà une dissociation entre lui et son corps qui ne font plus un.

5. **wire** : *fil électrique, fil de fer.*

6. **coat** : *enduire, couvrir, enrober* ; **coat the wall with paint** : *passer une couche de peinture sur le mur.*

Un homme digne de ce nom doit pouvoir voyager seul. Tout de même il était surprenant de voir à quelle vitesse ses joues et son nez gelaient. Et il n'aurait jamais cru sentir ses doigts s'engourdir en si peu de temps. Ils étaient bien gourds puisqu'il pouvait à peine les faire bouger pour agripper une brindille : on aurait dit qu'ils étaient coupés de son corps et de lui-même. Quand il touchait une brindille, il lui fallait regarder pour s'assurer qu'il l'avait bien en main. Le courant ne passait plus très bien entre lui et l'extrémité de ses doigts.

Tout cela ne comptait guère. Le feu était là qui crépitait et grésillait. Chaque flamme dansait dans l'air en apportant une promesse de vie. Il commença à délacer ses mocassins. Ils étaient recouverts d'une croûte de glace. Les grosses chaussettes allemandes qui enserraient les mollets étaient roides comme des fourreaux de fer, et les lacets des mocassins ressemblaient à des barres d'acier toutes tordues et nouées comme après un incendie. Pendant un instant, il tira dessus de ses doigts gourds, puis, se rendant compte de la folie du geste, il sortit son couteau de sa gaine.

Avant qu'il eût pu couper les lacets, l'accident survint. C'était sa faute, ou plutôt son erreur. Il n'aurait pas dû s'installer sous les sapins pour faire un feu. Il aurait dû rester à découvert. Mais il avait été plus facile de tirer les brindilles de dessous la broussaille et de les jeter directement dans le feu. Or les branches de l'arbre sous lequel il s'était placé étaient alourdies par la neige. Il n'y avait pas eu un souffle de vent depuis des semaines et chaque branche portait une charge maximale.

---

7. **sheath** [ʃi:θ] : *gaine, fourreau, étui ;* **sheath-knife** : *couteau à gaine.*
8. **rod** : *baguette, tige, tringle.*
9. **it happened** : comme plus haut (p. 224) **it happened** ponctue la catastrophe avant d'expliquer en quoi elle a consisté. Bien qu'indéterminé en soi, **it** a un sens bien précis qui est élucidé par la suite immédiate du texte.

231

Each time he had pulled a twig he had communicated a slight agitation to the tree —an imperceptible agitation, so far as he was concerned, but an agitation sufficient to bring about the disaster. High up in the tree one bough capsized[1] its load of snow. This fell on the boughs beneath, capsizing them. This process continued, spreading out[2] and involving the whole tree. It grew like an avalanche[3], and it descended without warning[4] upon the man and the fire, and the fire was blotted out[5]! Where it had burned was a mantle of fresh and disordered snow.

The man was shocked. It was as though he had just heard his own sentence of death[6]. For a moment he sat and stared at the spot where the fire had been. Then he grew very calm. Perhaps the old-timer[7] on Sulphur Creek was right. If he had only had a trail-mate he would have been in no danger now. The trail-mate could have built the fire. Well, it was up to him[8] to built the fire over again, and this second time there must be no failure. Even if he succeeded, he would most likely lose some toes. His feet must[9] be badly frozen by now, and there would be some time before the second fire was ready.

Such were his thoughts, but[10] he did not sit and think them. He was busy all the time they were passing through his mind. He made a new foundation for a fire, this time in the open, where no treacherous tree could blot it out.

---

1. **capsize** [kæp'saɪz]: *renverser;* (naut.) *chavirer, faire chavirer.*

2. **spread (spread, spread) out**: *s'étendre, se propager.*

3. **avalanche** ['ævəlɑːnʃ]: *avalanche* (également sens fig.).

4. **warning**: *avertissement, préavis;* **it fell without warning**: *c'est tombé inopinément;* **they came without warning**: *ils sont arrivés à l'improviste.*

5. **blot out**: *biffer, rayer, effacer, annihiler;* **blotting paper**: (*papier*) *buvard.*

6. **sentence of death**: *condamnation à mort, arrêt de mort;* **under sentence of death**: *condamné à mort.*

7. **old-timer**: *vieillard, ancien.*

8. **it was up to him**: *cela dépendait de lui, c'était à lui de;* **shall I do it?**

À chaque fois qu'il avait tiré sur une brindille, il avait communiqué une légère vibration à l'arbre — vibration imperceptible pour lui, mais suffisante pour être la cause du désastre. Au faîte de l'arbre, une branche se délesta de sa cargaison de neige. Celle-ci tomba sur les branches d'en dessous, qui se délestèrent à leur tour. Le processus continua et s'amplifia jusqu'à gagner l'arbre entier. Ce fut une véritable avalanche qui s'abattit sans prévenir sur l'homme et le feu, et éteignit le foyer ! À l'endroit du brasier, il ne restait plus qu'une couche de neige fraîche en désordre.

L'homme fut frappé de stupeur. C'était comme s'il venait d'entendre prononcer son arrêt de mort. Pendant un instant, il resta assis les yeux fixés à l'endroit du foyer disparu. Puis le calme l'envahit. Peut-être le vieux de Sulphur Creek avait-il dit vrai. Si seulement il avait eu un compagnon de route, il ne serait pas en danger à présent. Son compagnon aurait pu faire un feu. Eh bien, il ne lui restait plus qu'à recommencer, mais cette fois-ci aucune erreur n'était plus permise. Même s'il y arrivait, il y laisserait sûrement quelques orteils. Il devait avoir les pieds sévèrement gelés à présent, et il faudrait encore un peu de temps avant que le deuxième feu ne soit prêt.

Voilà quelles étaient ses pensées, mais il ne resta pas assis à les ruminer. Il s'activa pendant tout le temps où elles lui occupèrent l'esprit. Il prépara un nouveau socle pour le feu, mais cette fois-ci à découvert, loin des arbres perfides qui auraient pu l'éteindre.

—it's up to you : *je le fais ? —cela ne tient qu'à vous, c'est à vous de décider.*

9. **his feet must be badly frozen by now** : **must** indique que pour lui il est très probable que ses pieds sont gelés. Comme il a perdu toute sensation il en est réduit à formuler des jugements de probabilité.

10. **such were his thoughts but...** : le narrateur omniscient (puisqu'il pénètre dans les pensées de son héros) marque bien la distinction entre les pensées de l'homme et ses gestes.

Next, he gathered dry grasses and tiny twigs from the high-water flotsam[1]. He could not bring his finger together to pull them out, but he was able to gather them by[2] the handful. In this way he got many rotten twigs and bits of green moss that were undesirable, but it was the best he could do. He worked methodically, even collecting an armful of the larger branches to be used later when the fire gathered[3] strength. And all the while the dog sat and watched him, a certain yearning wistfulness[4] in its eyes, for it looked upon him as the fire-provider[5], and the fire was slow[6] in coming.

When all was ready, the man reached in his pocket for a second piece of birch bark. He knew the bark was there, and, though he could not feel it with his fingers, he could hear its crisp[7] rustling[8] as he fumbled[9] for it. Try as he would, he could not clutch hold of it. And all the time, in his consciousness, was the knowledge that each instant his feet were freezing. This thought tended to put him in a panic, but he fought against it and kept calm. He pulled on his mittens with his teeth, and threshed his arms back and forth, beating his hands with all his might[10] against his sides. He did this sitting down, and he stood up to do it; and all the while the dog sat in the snow, its wolf-brush of a tail curled around warmly over its forefeet, its sharp wolf-ears pricked forward intently as it watched the man.

---

1. **flotsam**: *épave* (flottante).
2. **by**: *à* (quantité); **sell by the kilo**: *vendre au kilo*; **pay by the hour**: *payer à l'heure*; **rent a house by the month**: *louer une maison au mois*.
3. **gather**: *ramasser, rassembler*; **gather speed**: *prendre de la vitesse*.
4. **wistfulness**: *nostalgie, mélancolie, regret*. Depuis le début, c'est le chien qui exprime des émotions "humaines" tandis que l'homme apparaît dénué de sentiments.
5. **provider** [prə'vaɪdə]: *pourvoyeur, fournisseur*.
6. **slow**: *lent*; **he was slow in understanding**: *il a mis du temps à comprendre*; **he was not slow in noticing**: *il n'a pas mis longtemps à remarquer*.

Ensuite il rassembla de l'herbe sèche et de menues brindilles déposées par la crue. Il n'arrivait pas à serrer les doigts pour extraire sa récolte, qu'il pouvait cependant prendre à grosses poignées. Il ramassa de la sorte beaucoup de brindilles pourries ainsi que des morceaux de mousse verte qu'il eût fallu rejeter, mais c'était ce qu'il pouvait faire de mieux. Il procédait avec méthode, allant jusqu'à rassembler une brassée de branches plus grosses pour les utiliser plus tard lorsque le feu aurait pris de la vigueur. Et pendant tout ce temps-là, le chien l'observait, assis, le regard empreint d'une tristesse mêlée d'impatience, car il voyait en l'homme le pourvoyeur du feu. Or le feu tardait à venir.

Quand tout fut prêt, l'homme chercha dans sa poche un deuxième morceau d'écorce de bouleau. Il savait qu'il y en avait un, et bien qu'il ne pût le sentir avec ses doigts en fouillant dans sa poche, il entendait un froissement d'écorce. Malgré tous ses efforts, il ne parvint pas à saisir ce morceau. Cependant il ne perdait pas la conscience qu'au fil des secondes ses pieds continuaient de geler. À cette seule pensée, il faillit être pris de panique, mais il se domina et conserva son calme. À l'aide de ses dents, il renfila ses gants et agita les bras d'avant en arrière, se fouettant les mains contre les flancs de toute sa force. Il fit cela assis puis debout. Pendant tout ce temps-là, assis dans la neige, le panache de sa queue chaudement enroulé sur ses pattes de devant, ses oreilles pointues de loup dressées en avant, le chien observait l'homme de toute son attention.

---

7. **crisp**: *craquant, croquant, croustillant.*
8. **rustle** ['rʌsl]: *bruire, produire un froissement, froufrouter.*
9. **fumble (for)**: *fouiller, tâtonner;* **fumble for something in a pocket/a drawer**: *fouiller dans une poche/un tiroir pour trouver quelque chose;* (fig.) **fumble for words**: *chercher ses mots.*
10. **might** [maɪt]: *puissance, force;* **might is right**: *la force prime le droit* (proverbe).

And the man, as he beat and threshed with his arms and hands, felt a great surge[1] of envy as he regarded the creature that was warm and secure in its natural covering.

After a time he was aware of the first far-away signals of sensation in his beaten fingers. The faint tingling[2] grew stronger till it evolved into a stinging ache that was excruciating[3], but which the man hailed[4] with satisfaction. He stripped the mitten from his right hand and fetched forth the birch bark. The exposed fingers were quickly going numb again. Next he brought out his bunch of sulphur matches[5]. But the tremendous cold had already driven the life out of his fingers. In his effort to separate one match from the others, the whole bunch fell in the snow. He tried to pick it out of the snow, but failed. The dead fingers could neither touch nor clutch[6]. He was very careful. He drove the thought of his freezing feet, and nose, and cheeks, out of his mind, devoting his whole soul to the matches. He watched, using the sense of vision in place of touch, and when he saw his fingers on each side the bunch, he closed them —that is, he willed[7] to close them, for the wires were down, and the fingers did not obey. He pulled the mitten on the right hand, and beat it fiercely against his knee. Then, with both mittened hands he scooped the bunch of matches, along with much snow, into his lap[8]. Yet he was no better off.

---

1. **surge**: *vague* (d'enthousiasme), *montée*; **he felt a surge of anger**: *il a senti la colère monter en lui*.

2. **tingle**: *picoter, fourmiller*; **her cheeks were tingling with cold**: *le froid lui brûlait les joues*; **my fingers are tingling**: *j'ai des fourmis dans les doigts*.

3. **excruciating** [ɪkˈskruːʃɪeɪtɪŋ]: *atroce, déchirant, insupportable*.

4. **hail** [heɪl]: *saluer, acclamer* (**as**, *comme*); **his appearance was hailed with long applause**: *son entrée fut saluée par de longs applaudissements*.

5. **sulphur matches**: *allumettes soufrées*.

6. **neither touch nor clutch**: les deux verbes sont sans complément car

Et l'homme, tout en agitant les bras et se fouettant les mains, ressentit une grande bouffée d'envie à la vue de cette bête que la nature avait pourvue d'une couverture chaude pour la maintenir à l'abri.

Au bout d'un moment, il commença à percevoir les premiers signes ténus d'une sensibilité retrouvée dans ses doigts fouettés. Le léger picotement s'accrut et se mua en une douleur perçante que l'homme accueillit avec satisfaction bien qu'elle fût atroce. Il arracha le gant de sa main droite, et se remit à chercher l'écorce de bouleau. Les doigts exposés à l'air s'engourdissaient de nouveau très vite. Puis il sortit son paquet d'allumettes soufrées. Mais le froid intense avait déjà chassé toute vie de ses doigts. En s'efforçant de séparer une allumette des autres, il laissa tomber tout le paquet dans la neige. Il tenta de le ramasser. En vain. Ses doigts inertes ne pouvaient plus rien toucher ni rien saisir. Il fit très attention. Il chassa de son esprit la pensée que ses pieds, son nez, et ses joues étaient en train de geler pour concentrer toute son énergie sur les allumettes. Suppléant par la vue au sens du toucher, il regarda bien, et lorsqu'il vit ses doigts de part et d'autre du paquet, il les serra — ou plutôt il leur donna l'ordre de serrer, car le courant ne passait plus et les doigts n'obéissaient plus. Il remit sa main droite dans son gant, et la frappa violemment contre son genou. Puis à l'aide de ses deux mains gantées il ramassa le paquet d'allumettes comme avec une pelle et le posa sur ses genoux, non sans emporter en même temps beaucoup de neige. Il n'était pas plus avancé pour autant.

---

c'est la notion même de toucher et de saisie qui lui est devenue étrangère, indépendamment de l'objet.

7. **will**: *vouloir*; **it is as God wills**: *c'est la volonté de Dieu*; **you must will it really hard if you wish to succeed**: *pour réussir, il faut le vouloir très fort.*

8. **lap**: *genoux, giron*; **sitting on his mother's lap**: *assis sur les genoux de sa mère*; (fig.) **it is in the lap of the gods**: *c'est entre les mains des dieux*; **in the lap of luxury**: *dans un luxe inouï.*

After some manipulation he managed to get the bunch between the heels[1] of his mittened hands. In this fashion he carried it to his mouth. The ice crackled and snapped when by a violent effort he opened his mouth. He drew the lower jaw in, curled the upper lip out of the way, and scraped[2] the bunch with his upper teeth in order to separate a match. He succeeded in getting one, which he dropped on his lap. He was no better off[3]. He could not pick it up. Then he devised[4] a way. He picked it up in his teeth and scratched it on his leg. Twenty times he scratched before he succeeded in lighting it. As it flamed he held it with his teeth to the birch bark. But the burning brimstone[5] went up his nostrils and into his lungs, causing him to cough spasmodically. The match fell into the snow and went out[6].

The old-timer on Sulphur Creek was right, he thought in the moment of controlled despair that ensued[7]: after fifty below, a man should travel with a partner. He beat his hands, but failed in exciting any sensation. Suddenly he bared both hands, removing the mittens with his teeth. He caught the whole bunch between the heels of his hands. His arm-muscles not being frozen enabled him to press the hand-heels tightly against the matches. Then he scratched the bunch along his leg. It flared[8] into flame, seventy sulphur matches at once[9]! There was no wind to blow them out[10]. He kept his head to one side to escape the strangling[11] fumes[12], and held the blazing bunch to the birch bark.

---

1. **heel** : mot à mot : *talon*. Il s'agit de la partie inférieure de la paume de main. Il utilise ses deux mains comme un étau, puisque tout est gelé.

2. **scrape** : *gratter, racler*.

3. **He was no better off** : la répétition neutre de cette phrase devient lancinante, comme un arrêt de mort.

4. **devise** : *imaginer, inventer, concevoir*.

5. **brimstone** : *soufre* (brut).

6. **go (went, gone) out** : *s'éteindre* ; (fig.) **he was so tired, he went out**

Après quelques manipulations, il parvint à placer le paquet entre ses deux paumes, et de cette façon il le porta à sa bouche. La glace émit un craquement sec lorsque, par un violent effort, il ouvrit la bouche. Rentrant alors sa mâchoire inférieure et relevant sa lèvre supérieure, il racla le paquet avec les dents du haut pour essayer de détacher une allumette. Il réussit à en attraper une qu'il laissa tomber sur ses genoux. Il n'était pas plus avancé. Il ne pouvait la ramasser. Alors il eut une idée. Il la saisit avec les dents et la frotta contre sa jambe. Il dut la faire craquer vingt fois avant de parvenir à l'allumer. Il approcha de l'écorce de bouleau l'allumette enflammée qu'il tenait entre ses dents. Mais les vapeurs du soufre incandescent pénétrèrent ses narines et gagnèrent les poumons, provoquant des spasmes de toux. L'allumette tomba dans la neige et s'y éteignit.

Le vieux de Sulphur Creek avait raison, se dit-il pendant l'instant de désespoir maîtrisé qui s'ensuivit : à moins cinquante, il faut voyager avec un compagnon. Il se frappa les mains mais sans éveiller la moindre sensation. Tout à coup, arrachant les moufles avec les dents, il se découvrit les deux mains et saisit tout le paquet d'allumettes entre ses paumes. Comme les muscles de ses bras n'étaient pas gelés, il put serrer fort les allumettes. Puis il frotta le paquet contre sa jambe. Cela provoqua une belle flambée : soixante-dix allumettes au soufre qui brûlaient ensemble ! Il n'y avait pas de vent pour les éteindre. Détournant la tête de côté pour échapper aux émanations suffocantes, il approcha le paquet embrasé de l'écorce de bouleau.

---

like a light : *il était tellement fatigué qu'il s'est éteint comme une chandelle.*

7. **ensue** [ɪn'sjuː] : *s'ensuivre, résulter.*
8. **flare :** *s'enflammer.*
9. **at once** [wʌns] : *à la fois.*
10. **blow (blew, blown) out :** *éteindre, souffler* (bougie) ; **blow one's brains out :** *se faire sauter la cervelle.*
11. **strangle :** *étrangler ;* (fig.) *museler, étouffer ;* **strangle a laugh :** *étouffer un rire ;* **strangle a sneeze :** *réprimer un éternuement.*
12. **fume :** *exhalaison, émanation ;* **factory fumes :** *fumées d'usine.*

As he so held it, he became aware of sensation in his hand. His flesh was burning. He could smell it. Deep down below the surface he could feel it. The sensation developed into pain that grew acute[1]. And still he endured it, holding the flame of the matches clumsily[2] to the bark that would not light readily because his own burning hands were in the way, absorbing most of the flame.

At last, when he could endure no more, he jerked[3] his hands apart. The blazing matches fell sizzling[4] into the snow, but the birch bark was alight. He began laying dry grasses and the tiniest twigs on the flame. He could not pick and choose[5], for he had to lift the fuel between the heels of his hands. Small pieces of rotten wood and green moss clung to the twigs, and he bit them off as well as he could with his teeth. He cherished the flame carefully and awkwardly. It meant life, and it must not perish. The withdrawal of blood from the surface of his body now made him begin to shiver, and he grew more awkward. A large piece of green moss fell squarely on the little fire. He tried to poke[6] it out with his fingers, but his shivering frame made him poke too far, and he disrupted the nucleus[7] of the little fire, the burning grasses and tiny twigs separating and scattering. He tried to poke them together again, but in spite of the tenseness of the effort, his shivering got away with him, and the twigs were hopelessly[8] scattered[9].

---

1. acute: *aigu, vif;* (fig.) an acute scarcity: *une pénurie aiguë.*
2. clumsily: *maladroitement.*
3. jerk: *tirer brusquement;* apart exprime le résultat final du geste, et jerk la manière. She jerked her head up: *elle a redressé la tête brusquement;* he jerked himself free: *il s'est libéré d'une secousse.*
4. sizzle: *grésiller;* a sizzling noise: *un grésillement;* it's sizzling hot today: *il fait une chaleur étouffante aujourd'hui.*
5. pick and choose: *prendre son temps pour choisir;* (fig.) *faire le/la difficile.*
6. poke the fire: *tisonner le feu.*
7. nucleus [nju:klıəs] pl. nuclei ['nju:klıaı]: *noyau;* atomic nucleus: *noyau atomique;* the nucleus of the affair: *le fond de l'affaire.*

En le tenant ainsi, il prit conscience d'une sensation dans la main. C'était sa chair qui brûlait. L'odeur le lui disait. Tout au fond, au-dessous de la surface, il le sentait. La sensation se changea en une douleur qui se fit plus intense. Et pourtant il la supportait, approchant maladroitement les allumettes enflammées de l'écorce qui avait du mal à s'allumer car ses mains en feu formaient un écran et absorbaient presque toute la flamme.

Enfin lorsque la douleur fut intolérable, il écarta les mains d'un geste sec. Les allumettes embrasées tombèrent en grésillant dans la neige, mais au moins l'écorce de bouleau était-elle allumée. Sur cette flamme, l'homme commença à étendre de l'herbe sèche et de minuscules brindilles. Il ne pouvait pas faire de tri puisqu'il saisissait le combustible entre les paumes de ses mains. Lorsque de petits morceaux de bois pourri et de mousse verte étaient accrochés aux brindilles, il faisait de son mieux pour les arracher avec ses dents. Il choyait la flamme avec un mélange d'attention et de gaucherie. Elle représentait la vie et ne devait en aucun cas périr. Le sang s'était retiré de la surface de son corps, ce qui le faisait maintenant trembler, et aggravait sa maladresse. Un gros morceau de mousse verte tomba droit sur le petit foyer. Du bout des doigts il essaya de l'extirper mais le tremblement qui l'agitait tout entier lui fit manquer son geste, et déranger le cœur de ce petit foyer : herbe et brindilles en feu furent séparées et éparpillées. Il essaya de nouveau de les rassembler, mais malgré la tension de son effort, son tremblement prit le dessus et les brindilles furent irrémédiablement éparpillées.

---

8. **hopelessly** : *irrémédiablement.*

9. **scatter** : *éparpiller, répandre ;* (fig.) **scatter something to the four winds** : *éparpiller quelque chose aux quatre vents.*

Each twig gushed[1] a puff of smoke and went out. The fire-provider had failed. As he looked apathetically[2] about him, his eyes chanced on the dog, sitting across the ruins of the fire from him, in the snow, making restless[3], hunching[4] movements, slightly lifting one forefoot and then the other, shifting its weight back and forth on them with wistful eagerness.

The sight of the dog put a wild idea into his head. He remembered the tale of the man, caught in a blizzard, who killed a steer[5] and crawled inside the carcass, and so was saved. He would kill the dog and bury his hands in the warm body until the numbness went out of them. Then he could build another fire. He spoke to the dog, calling it to him; but in his voice was a strange note of fear that frightened the animal, who had never known the man to speak in such way before. Something was the matter[6], and its suspicious[7] nature sensed danger —it knew not what danger, but somewhere, somehow, in its brain arose an apprehension of the man. It flattened its ears down at the sound of the man's voice, and its restless, hunching movements and the liftings and shiftings of its forefeet became more pronounced; but it would not[8] come to the man. He got on his hands and knees and crawled toward the dog. This unusual posture again excited suspicion, and the animal sidled[9] mincingly[10] away.

---

1. **gush**: *jaillir* (eau); **spring that gushes from the earth**: *source qui sort à flots de la terre;* **tears gushed from her eyes**: *des pleurs jaillirent de ses yeux.*

2. **apathetically** [æpəˈθetɪkəlɪ]: *de manière apathique, avec indifférence.*

3. **restless**: *agité, remuant;* **I had a restless night**: *j'ai mal dormi.*

4. **hunch**: *arrondir* (le dos), *voûter* (les épaules); **with hunched shoulders**: *la tête rentrée dans les épaules;* **he sat hunched (up) over his books**: *il était assis penché sur ses livres.*

5. **steer**: *bœuf;* (U.S.) *bouvillon, taureau.*

6. **something was the matter**: *quelque chose n'allait pas;* **what's the**

Chaque brindille émet une petite bouffée de fumée et s'éteignit. Le pourvoyeur de feu avait échoué. Comme l'homme jetait autour de lui un regard vague, ses yeux tombèrent sur le chien, assis devant lui dans la neige, de l'autre côté des ruines du feu : le dos voûté, agité de mouvements inquiets, il soulevait légèrement ses pattes avant l'une après l'autre, déplaçant son poids en se dandinant, avec une impatience teintée de mélancolie.

La vue du chien fit germer dans la tête de l'homme une idée folle. Il se remémora l'histoire de ce voyageur qui, pris dans une tourmente de neige, avait tué un jeune taureau et avait sauvé sa vie en se nichant dans la carcasse de l'animal. Il allait tuer le chien et fourrer ses mains dans le corps chaud jusqu'à ce que l'engourdissement disparaisse. Et ensuite il pourrait faire un autre feu. Il parla au chien et l'appela ; mais il y avait dans sa voix une note étrange de crainte effrayante pour l'animal qui, jamais auparavant, n'avait entendu l'homme parler sur ce ton. Cela cachait quelque chose et sa nature méfiante flaira le danger — il ne savait pas lequel, mais un peur diffuse et indéterminée de l'homme naquit dans son cerveau. Il aplatit les oreilles en entendant la voix de l'homme, et ses mouvements inquiets, cette façon qu'il avait de lever une patte après l'autre, le dos voûté, s'accentua. Il refusait toujours de s'approcher de l'homme. Ce dernier se mit à quatre pattes et rampa vers le chien. Cette posture inhabituelle ne fit qu'aiguiser la méfiance de l'animal qui s'éloigna sournoisement de l'homme en rasant le sol.

---

matter? : *qu'est-ce qu'il y a ?* ; **what's the matter with him?** : *qu'est-ce qu'il a, qu'est-ce qui lui prend ?*

7. **suspicious** [sə'spıʃəs] : 1. (ici) *soupçonneux, méfiant* ; **suspicious of** : *se méfier de* ; 2. **suspicious-looking** : *louche, suspect*.

8. **it would not come to the man** : **would** (**will** + **ed**) **not** exprime un refus catégorique du chien, constaté par le narrateur.

9. **sidle** (**along, in, out**) : *avancer/entrer/sortir/de biais, de côté* ; **he sidled up to me** : *il s'est glissé vers moi*.

10. **mincingly** : *à petits pas* ; **mincing** évoque des manières affectées, qui manquent de naturel.

The man sat up in the snow for a moment and struggled[1] for calmness. Then he pulled on his mittens, by means of his teeth, and got upon his feet. He glanced down at first in order to assure himself that he was really standing up, for the absence of sensation in his feet left him unrelated to the earth. His erect[2] position in itself started to drive the webs[3] of suspicion from the dog's mind; and when he spoke peremptorily, with the sound of whiplashes in his voice, the dog rendered its customary[4] allegiance and came to him. As it came within reaching distance, the man lost his control. His arms flashed out to the dog, and he experienced genuine[5] surprise when he discovered that his hands could not clutch, that there was neither bend nor feeling in the fingers. He had forgotten for the moment that they were frozen and that they were freezing more and more. All this happened quickly, and before the animal could get away, he encircled[6] its body with his arms. He sat down in the snow, and in this fashion held the dog, while it snarled[7] and whined[8] and struggled.

But it was all he could do, hold its body encircled in his arms and sit there. He realized that he could not kill the dog. There was no way to do it. With his helpless hands he could neither draw nor hold his sheath-knife nor throttle[9] the animal. He released[10] it, and it plunged[11] wildly away, with tail between its legs, and still snarling. It halted forty feet away and surveyed him curiously, with ears sharply pricked forward.

---

1. **struggle**: (fig.) *se démener, s'efforcer* (**to do something**: *de faire quelque chose*); **he was struggling to make ends meet**: *il avait beaucoup de mal à joindre les deux bouts*.

2. **erect**: *droit, debout*.

3. **web**: *toile* (d'araignée), *tissu;* **a web of lies**: *un tissu de mensonges*.

4. **customary** ['kʌstəmərɪ]: *habituel, coutumier*.

5. **genuine** ['dʒenjʊɪn]: *authentique, véritable;* **a genuine diamond**: *un diamant véritable;* **display one's genuine character**: *montrer son véritable caractère*.

L'homme se redressa et resta un instant assis dans la neige, pour tenter de retrouver son calme. Puis il enfila ses gants à l'aide de ses dents et se remit sur pied. Il jeta tout d'abord un regard vers le bas pour s'assurer qu'il était bien debout car il ne sentait plus ses pieds et avait perdu le contact avec le sol. Sa position debout suffit à dissiper le voile de soupçon qui avait assailli le chien. Lorsque l'homme eut repris son ton péremptoire et sa voix coupante comme des claquements de fouet, le chien retrouva sa soumission coutumière et s'approcha de lui. Dès qu'il fut à sa portée, l'homme perdit tout contrôle de lui-même. Il lança ses bras en direction de la bête et fut véritablement surpris de s'apercevoir que ses mains ne répondaient plus et qu'il ne pliait plus ses doigts inertes. Il avait momentanément oublié qu'ils étaient gelés et qu'ils gelaient de plus en plus. Tout cela s'était passé très vite et avant que l'animal ait pu s'échapper, l'homme le tenait prisonnier dans ses bras. Il s'assit dans la neige, et dans cette position tint le chien qui grondait, gémissait et se débattait.

C'était tout ce qu'il pouvait faire : tenir le corps de l'animal entre ses bras en restant assis là. Il comprit qu'il ne pourrait pas tuer le chien. C'était impossible. Ses mains impuissantes ne pouvaient ni sortir son couteau de sa gaine, ni le tenir, ni étrangler la bête. Il la relâcha. D'un bond affolé, le chien s'écarta la queue entre les jambes, grondant toujours. Il s'arrêta à quarante pieds de l'homme en le regardant attentivement, les oreilles pointées en avant.

6. **encircle** [ɪn'sɜːkl] : *entourer, encercler.*
7. **snarl** : *gronder en montrant les dents, férocement.*
8. **whine** [waɪn] : *geindre, gémir.*
9. **throttle** : *étrangler, serrer la gorge de.*
10. **release** [rɪ'liːs] : *libérer, relâcher ;* **release somebody on bail** : *mettre quelqu'un en liberté provisoire sous caution.*
11. **plunge** : *se lancer, se précipiter ;* **he plunged down the stairs** : *il a dévalé l'escalier quatre à quatre.*

The man looked down at his hands in order to locate[1] them, and found them hanging on the ends of his arms. It struck him as curious[2] that one should have to use his eyes in order to find out where his hands were. He began threshing his arms back and forth, beating the mittened hands against his sides. He did this for five minutes, violently, and his heart pumped enough blood up to the surface to put a stop to his shivering. But no sensation was aroused in the hands. He had an impression that they hung like weights on the ends of his arms, but when he tried to run the impression down, he could not find it.

A certain fear of death, dull and oppressive, came to him. This fear quickly became poignant as he realized that it was no longer a mere matter of freezing his fingers and toes, or of losing his hands and feet, but that it was a matter of life and death[3] with the chances[4] against him. This threw him into a panic, and he turned and ran up the creek-bed along the old, dim trail. The dog joined in behind and kept up with him. He ran blindly, without intention, in fear such as he had never known in his life. Slowly, as he plowed and floundered through the snow, he began to see things again —the banks of the creeks, the old timber-jams, the leafless aspens, and the sky. The running made him feel better. He did not shiver[5].

---

1. **locate** [ləʊ'keɪt] : *repérer, localiser, trouver ;* **I can't locate the school on this map** : *je n'arrive pas à trouver l'école sur cette carte ;* **the doctors have located the source of the infection** : *les médecins ont localisé la source de l'infection.*

2. **it struck him as curious...** : l'homme continue à avoir une attitude passive. La situation mériterait un adjectif plus expressif que *curieux*. Mais l'étonnement du héros n'est pas très prononcé.

3. **no longer a mere matter of freezing his fingers...but a matter of life and death** : c'est la première fois que le personnage prend réellement conscience du danger de mort qui le menace ; mais bien sûr il est trop tard.

4. **chance** : *possibilité ;* **the chances are against that happening** : *il y a peu de chances pour que cela arrive.*

L'homme regarda en direction de ses mains pour voir où elles étaient, et les trouva suspendues au bout de ses bras. Il lui parut curieux d'avoir à utiliser ses yeux afin de trouver où étaient ses mains. Il se remit à agiter les bras d'avant en arrière, se frappant les mains gantées sur les flancs. Il continua pendant cinq minutes avec vigueur, si bien que son cœur pompa assez de sang vers la surface pour faire cesser son tremblement. Mais aucune sensation ne s'éveilla dans ses mains. Il avait l'impression qu'elles pendaient comme des poids au bout de ses bras, mais lorsqu'il essayait de traquer l'origine de cette impression, il ne la trouvait point.

Une peur de la mort sourde et accablante commença à s'emparer de lui. Cette peur ne tarda pas à l'étreindre lorsqu'il se rendit compte qu'il n'était plus question d'avoir simplement les doigts et les orteils gelés, ou de perdre ses mains et ses pieds. C'était désormais une question de vie ou de mort et il avait peu de chance de s'en sortir. Cette pensée le plongea dans un état de panique et d'un bond il se remit à courir le long du lit du fleuve en suivant la vieille piste effacée. Le chien le rejoignit et le suivit. L'homme courait comme un fou. De toute sa vie il n'avait jamais éprouvé une peur pareille. Petit à petit, comme il se battait pour avancer péniblement dans la neige, il recommença à voir ce qui l'entourait : les berges du fleuve, les vieux amas de branchages, les trembles sans feuilles et puis le ciel. Il se sentit mieux en courant. Il ne tremblait pas.

---

5. he did not shiver : le style volontairement économique rend bien compte ici de la façon de penser de l'homme. On aurait pu lire **he did not shiver any more** : *il ne tremblait plus*. La différence entre *ne...plus* et *ne...pas* est que dans un cas on fait un lien entre les événements et dans l'autre non. L'homme vit chaque instant comme un moment séparé. Si son corps est morcelé, sa pensée est fragmentaire

Maybe, if he ran on, his feet would thaw out; and, anyway, if he ran far enough he would reach camp and the boys. Without doubt he would lose some fingers and toes and some of his face; but the boys would take care of him, and save the rest of him when he got there. And at the same time there was another thought in his mind that said he would never get to the camp and the boys; that it was too many miles away, that the freezing had too great a start on him, and that he would soon be stiff and dead. This thought he kept in the background and refused to consider. Sometimes it pushed itself forward and demanded[1] to be heard, but he thrust[2] it back and strove[3] to think of other things.

It struck him as curious[4] that he could run at all on feet so frozen that he could not feel them when they struck the earth and took the weight of his body. He seemed to himself to skim[5] along the surface, and to have no connexion with the earth. Somewhere he had once seen a winged Mercury[6], and he wondered if Mercury felt as he felt when skimming over the earth.

His theory of running until he reached camp and the boys had one flaw[7] in it: he lacked[8] the endurance. Several times he stumbled[9], and finally he tottered[10], crumpled up, and fell. When he tried to rise, he failed. He must sit and rest, he decided, and next time he would merely walk and keep on going. As he sat and regained his breath, he noted that he was feeling quite warm and comfortable.

---

1. **demand**: *exiger, réclamer*; **he demands to be obeyed**: *il exige qu'on lui obéisse.*

2. **thrust (thrust, thrust)**: *pousser brusquement, violemment.*

3. **strive (strove, striven)**: *s'efforcer de, faire son possible pour.*

4. **it struck him as curious**: de nouveau l'expression frappe par son manque d'intensité, sa platitude; la peur semble paralyser les facultés d'émotion de l'homme qui n'étaient déjà pas très développées.

5. **skim the ground/water**: *raser/effleurer/frôler le sol/la surface de la terre.*

Peut-être s'il continuait à courir, ses pieds se dégèleraient-ils et de toute façon, s'il courait assez longtemps, il arriverait au campement où étaient les gars. Sans doute y laisserait-il quelques doigts et quelques orteils et un peu de son visage, mais les gars prendraient soin de lui, et sauveraient ce qui n'était pas encore gelé quand il arriverait. Mais au même moment une autre pensée lui disait qu'il n'arriverait jamais au campement, où étaient les gars : c'était beaucoup trop loin à des milles de là, le gel l'avait déjà trop saisi, et il serait bientôt raide mort. Mais cette pensée-là, il la repoussait et refusait de s'y attarder. Quelquefois elle s'imposait et exigeait d'être entendue, mais il la chassait et s'évertuait à penser à autre chose.

Il lui parut curieux de pouvoir courir sur des pieds si gelés qu'il ne les sentait pas quand ils touchaient le sol et recevaient le poids de son corps. Il avait l'impression d'effleurer la surface sans toucher terre. Il se souvenait d'avoir vu quelque part un Mercure ailé et il se demanda si Mercure avait la même impression que lui en effleurant la surface de la terre.

Son idée de courir jusqu'au campement où étaient les gars n'avait qu'une faille : il manquait d'endurance. Il avait trébuché plusieurs fois, et il finit par chanceler, se contracter et tomber. Lorsqu'il essaya de se relever, il n'y parvint pas. Il fallait qu'il reste assis à se reposer, se dit-il, et la prochaine fois il se contenterait de continuer en marchant. Comme il était assis à reprendre son souffle, il constata qu'il avait chaud et qu'il se sentait bien.

---

6. **Mercury** : *Mercure, dieu romain protecteur des commerçants et des voyageurs, assimilé à l'Hermès grec.*

7. **flaw** [flɔː] : *défaut, imperfection, vice de forme.*

8. **lack** : *manquer de ;* **he doesn't lack talent** : *ce n'est pas le talent qui lui manque.*

9. **stumble** : *trébucher, faire un faux pas.*

10. **totter** : *chanceler, vaciller, tituber.*

He was not shivering, and it even seemed that a warm glow had come to his chest and trunk. And yet, when he touched his nose or cheeks, there was no sensation. Running would not thaw them out. Nor would it thaw out his hands and feet. Then the thought came to him that the frozen portions of his body must be extending. He tried to keep this thought down, to forget it, to think of something else; he was aware of the panicky feeling that it caused, and he was afraid of panic. But the thought asserted itself, and persisted, until it produced a vision of his body totally frozen. This was too much, and he made another wild run[1] along the trail. Once he slowed down[2] to a walk, but the thought of the freezing extending itself made him run again.

And all the time the dog ran with him, at his heels[3]. When he fell down a second time, it curled[4] its tail over its forefeet and sat in front of him, facing him, curiously eager and intent. The warmth and security of the animal angered him, and he cursed[5] it till it flattened[6] down its ears appeasingly. This time the shivering came more quickly upon the man. He was losing in his battle with the frost[7]. It was creeping into his body from all sides. The thought of it drove him on[8], but he ran no more than a hundred feet[9], when he staggered[10] and pitched[11] headlong[12]. It was his last panic. When he had recovered his breath and control, he sat up and entertained in his mind the conception of meeting death with dignity.

---

1. **wild run**: *course éperdue.*
2. **slow down**: *ralentir.*
3. **at his heels**: *sur ses talons;* **they followed close on his heels**: *ils étaient sur ses talons.*
4. **curl**: *faire boucler;* **curl up**: *s'enrouler, se pelotonner;* **he lay curled up on the floor**: *il était couché en boule par terre.*
5. **curse**: *maudire.*
6. **flatten**: *aplatir, aplanir.*
7. **he was losing in his battle with the frost**: l'homme est vaincu et son corps est semblable à un champ de bataille envahi par les forces ennemies, le froid (**it was creeping into his body from all sides**).

Il ne tremblait pas et il lui semblait même qu'une douce chaleur irradiait sa poitrine et ses membres, et pourtant, lorsqu'il toucha son nez et ses joues, il ne ressentit aucune sensation. Ce n'est pas en courant qu'il les dégèlerait. Et il ne dégèlerait pas non plus ses mains et ses pieds. Puis l'idée lui vint que le gel gagnait d'autres parties de son corps. Il essaya de repousser cette idée, de l'oublier, de penser à autre chose. Il sentait bien l'affolement qu'elle faisait naître en lui et il redoutait cet affolement. Mais l'idée s'imposa et persista, au point qu'il eut une vision de son corps entièrement gelé. C'en était trop. Il reprit sa course éperdue le long de la piste. Il ralentit une fois, mais la pensée du gel qui progressait lui fit de nouveau accélérer le pas.

Et pendant tout ce temps-là, le chien courait sur ses talons. Lorsque l'homme tomba pour la deuxième fois, le chien enroula sa queue sur ses pattes avant, et s'assit devant lui en le regardant d'un air où se lisait un mélange curieux d'attention et d'impatience. La chaleur et la sécurité de l'animal mirent l'homme en colère et il l'insulta tant et si bien que ce dernier aplatit les oreilles en signe d'apaisement. Cette fois-ci l'homme fut plus vite saisi de frissons. Il perdait la bataille contre le froid qui s'infiltrait dans son corps de toutes parts. Cette pensée l'aiguillonna, mais il ne parcourut pas plus de quelques centaines de pieds avant de chanceler et de s'étaler de tout son long sur la neige. Ce fut son dernier accès de panique. Lorsqu'il eut recouvré son souffle et tout son contrôle, il se redressa et envisagea l'idée d'accueillir la mort dans la dignité.

---

8. **drive (drove, driven) on:** *pousser, inciter, entraîner.*
9. **a hundred feet:** *environ 300 m.*
10. **stagger:** *chanceler, tituber.*
11. **pitch:** *lancer.*
12. **headlong:** *la tête la première, tête baissée, à toute vitesse ;* **the car drove headlong into the wall:** *la voiture s'est littéralement jetée contre le mur.*

However, the conception did not come to him in such terms[1]. His idea of it was that he had been making a fool of himself, running around like a chicken with its head cut off —such was the simile[2] that occurred to him. Well, he was bound[3] to freeze anyway, and he might as well take it decently. With this new-found peace of mind came the first glimmerings[4] of drowsiness[5]. A good idea, he thought, to sleep off to death. It was like taking an anaesthetic. Freezing was not so bad as people thought. There were lots worse ways to die.

He pictured the boys finding his body next day. Suddenly he found himself with them[6], coming along the trail and looking for himself. And, still with them, he came around a turn in the trail and found himself lying in the snow. He did not belong with himself any more, for even then he was out of himself, standing with the boys and looking at himself in the snow. It certainly was cold, was his thought[7]. When he got back to the States he could tell the folks what real cold was. He drifted on from this to a vision of the old-timer on Sulphur Creek. He could see him quite clearly, warm and comfortable, and smoking a pipe.

"You were right, old hoss; you were right," the man mumbled to the old-timer of Sulphur Creek.

Then the man drowsed off into what seemed to him the most comfortable and satisfying sleep he had ever known. The dog sat facing him and waiting. The brief day drew to a close in a long, slow twilight.

---

1. **the conception did not come to him in such terms**: la distinction est bien établie entre le personnage qui pense par l'intermédiaire d'images et le narrateur qui applique des mots à ses pensées.

2. **simile** ['sımılı]: *comparaison* (souvent introduite par **like**: *comme*); **style rich with simile**: *style qui abonde en comparaisons*. Syn.: **comparison**.

3. **bound** (part. passé de **bind**): *obligé, sûr, certain*; **he's bound to say so**: 1. *il est tenu de le dire, il est de son devoir de le dire*; 2. *il ne manquera pas de le dire*. Ici c'est l'idée de certitude qui domine.

Cependant ce n'est pas dans ces termes qu'il formula cette pensée. Selon lui, il s'était ridiculisé à tourner en rond comme un poulet dont on a coupé la tête — car telle fut l'image qui lui vint. Puisqu'il était condamné à mourir de froid, autant prendre les choses bien. Cette sérénité nouvellement acquise s'accompagna des premiers signes de somnolence. Voilà une bonne idée, se dit-il, mourir en s'endormant. C'est comme si l'on prenait un anesthésique. Mourir de froid n'était pas si terrible que l'on pensait. Il y avait des façons bien pires de mourir.

Il se représenta les gars qui trouveraient son corps le lendemain. Tout à coup, il se vit avec eux, parcourant la piste pour se chercher lui-même. Et, toujours avec eux, il arrivait à un tournant de la piste et se trouvait étendu dans la neige. Il ne s'appartenait plus car là encore il était hors de lui, debout à côté des gars et contemplant son corps dans la neige. Pour sûr qu'il faisait froid, se dit-il. Quand il serait de retour aux États-Unis, il pourrait raconter aux autres ce qu'était un vrai froid. Cette vision céda la place à celle du vieux de Sulphur Creek. Il le voyait très distinctement au chaud, à l'abri, en train de fumer sa pipe. « Tu avais raison, vieille canaille, tu avais raison », murmura l'homme au vieux de Sulphur Creek.

Puis l'homme se laissa glisser dans ce qui lui apparut comme le sommeil le plus doux et le plus réparateur qu'il eût jamais connu. Assis en face de lui, le chien attendait. Cette courte journée s'achevait par un long crépuscule qui n'en finissait plus.

---

4. **glimmer** : *luire faiblement, miroiter.*
5. **drowsiness** : *somnolence, engourdissement.*
6. **suddenly he found himself with them** : d'après l'expérience de ceux qui ont approché la mort de près, tout se passe comme si la personne sortait de son corps pour se voir de l'extérieur.
7. **it certainly was cold, was his thought** : la distance entre le tragique de la situation et la neutralité de cette évidence, qui revient comme un refrain macabre, est ici à son comble.

There were no signs of a fire to be made, and, besides, never in the dog's experience[1] had it known a man to sit like that in the snow and make no fire. As the twilight[2] drew on, its eager yearning for the fire mastered it, and with a great lifting and shifting of forefeet, it whined softly, then flattened its ears down in anticipation of being chidden[3] by the man. But the man remained silent. Later, the dog whined loudly. And still later it crept close to the man and caught the scent of death. This made the animal bristle[4] and back away. A little longer it delayed, howling[5] under the stars that leaped and danced and shone brightly in the cold sky. Then it turned and trotted up the trail in the direction of the camp, where were the other food-providers and fire-providers[6].

---

1. **never in the dog's experience**: contrairement à l'homme, le chien se souvient et sait relier les différents moments de son expérience.

2. **twilight** ['twaɪlaɪt]: *crépuscule* ou *aube naissante*; **at twilight**: *à la tombée du jour*, ou *à l'aube naissante*; **in the twilight**: *dans le demi-jour*, ou *la pénombre*; (fig.) **in the twilight of history**: *dans les brumes de l'histoire*.

3. **chide (chid, ou chided, chidden ou chided)**: *gronder, réprimander*.

4. **bristle** [brɪsl]: *se hérisser*; (fig.) **bristling with difficulties**: *hérissé de difficultés*.

Il n'y avait aucun signe qu'un feu se préparait, et d'ailleurs, de mémoire de chien, on n'avait jamais vu un homme s'asseoir ainsi dans la neige sans faire de feu. Comme le crépuscule se prolongeait, il fut de plus en plus impatient de voir du feu, et, accentuant son dandinement d'une patte sur l'autre, il gémit doucement, puis aplatit ses oreilles, s'attendant à être réprimandé. Mais l'homme resta silencieux. Plus tard, le chien émit encore un gémissement plus sonore. Et plus tard encore, s'approchant de l'homme en rampant, il huma l'odeur de la mort. Le poil hérissé, l'animal s'éloigna. Il s'attarda encore un peu, hurlant sous les étoiles qui sautaient, dansaient et scintillaient dans le ciel glacé. Puis il fit demi-tour et remonta au trot vers le campement qu'il connaissait : il s'y trouverait d'autres pourvoyeurs de nourriture et d'autres pourvoyeurs de feu.

---

5. **howl** [haʊl] : *hurler, mugir.*

6. **the camp, where were the other food-providers and fire-providers :** cette dernière image du chien qui s'éloigne du cadavre de l'homme tire son intensité dramatique de la simplicité des termes choisis. Pour le chien il n'y a pas de difficulté à rejoindre la vie ; malgré sa dépendance vis-à-vis des pourvoyeurs de nourriture et de feu, il s'est montré plus apte que l'homme à la survie dans le Grand Nord.

Composition réalisée par COMPOFAC - PARIS

IMPRIMÉ EN FRANCE PAR BRODARD ET TAUPIN
Usine de La Flèche (Sarthe).
LIBRAIRIE GÉNÉRALE FRANÇAISE - 6, rue Pierre-Sarrazin - 75006 Paris.

ISBN : 2 - 253 - 04934 - 4 ◈ 30/8713/7